The Practice of
Airline Passenger Transport Airport Service

항공사 여객운송
공항서비스 실무

머리말

2024년도에는 다양한 트렌드가 떠오르고 있다.

변화에 유연하고 이색적인 것을 추구하는 이른바 'MZ세대'에 대한 관심이 커지고 있다는 것이 대표적이다.

최근 급변하는 경영환경 가운데 여객운송산업에도 'MZ세대'의 유입이 늘어나고 있다. 이들은 조직 내에서 일과 휴식, 즉 워라벨을 중요시 여기어 탄력적, 선택적 근로시간제도 등을 선호하는 경향이 있다. 인생의 목적을 오로지 일에만 두기보다는 자기개발이나 동기부여 욕구도 함께 충족시키기 위함이다.

또한 많은 항공사에서도 'MZ세대' 고객의 마음을 사로잡기 위한 다양한 이색 서비스를 제공하고 있다. MZ세대의 주요 성향인 '가치소비_{광고나 브랜드 이미지에 휘둘리지 않고 본인의 가치 판단을 토대로 하는 소비}에 적합한 다양한 서비스 상품을 제공하고 있는 것이 실정이다.

환경을 생각하는 여행에도 관심이 쏠리고 있다. 한 설문조사에 따르면 한국인 여행객의 74%가 '지속가능한 여행을 중요하게 생각한다'고 응답하기도 하였다. 항공업계는 지속가능한 기내식 서비스, 친환경 소재의 어메니티 등의 환경 친화적인 서비스를 제공하며 승객을 맞이하는데에 한창이다.

최근 여행의 트렌드를 감안해 '지속 가능한 관광sustainable tourism'을 가꾸어 나가는데에 필수적으로 요구되는 인적자원인 'MZ세대'가 본 교재의 주요 독자층일것이라고 생각한다.

본 교재는 가까운 미래에 여객운송 서비스 직무에 종사하게 될 지금의 어린 세대들이 반드시 알아두어야 할 여객운송의 의미와 기본적인 실무 지식의 내용들을 이해하고 익힐 수 있는 데에 중점을 두고 집필하였다.

본 교재를 통해 지속가능한 여행과 여객운송산업의 현재와 미래를 이끌어 나가는 데에 도움이 되었으면 하는 바램이다.

2024년 1월

계양산 자락에서 김한성, 강설민, 한향숙, 박세은 씀

차례

Chapter
01

항공운송산업의
이해

제1절 항공운송산업 기본 개념···2

1 하늘의 자유·운수권·항공협정 ··2

2 국내외 항공기구 ···12

3 항공사의 구분 ···17

4 항공사의 시간 ···18

Chapter
02

항공사 여객운송·
공항서비스의 이해

제1절 공항시설의 이해 ···22

1 Land Side ···23

2 Air Side(Ramp Side) ··23

제2절 우리나라 주요공항 및 국적항공사 보유 항공기 소개·······24

1 국내 주요 공항과 도심공항터미널 ···································24

2 국적항공사 보유 항공기 ···34

제3절 발권Ticketing과 탑승수속Check-in의 이해·························45

1 발권(Ticketing)과 항공권(Air Ticket) ······························45

2 탑승수속(Check-in)과 탑승권(Boarding Pass) ··············46

제4절 PSSPassenger Service System ·······································48

1 목적과 기능 ··49

2 주요 PSS ···50

제5절 항공사 여객운송 · 공항서비스 조직..................53

1 항공사 본사 운송공항서비스 관리 및 지원 조직..................53

제6절 국내 주요 항공사 상용고객 우대 프로그램 Frequent Flyer Program,

마일리지 제도..................56

1 대한항공..................56

2 아시아나항공..................60

3 국내 저비용항공사 상용고객우대프로그램..................63

Chapter
03

**항공사 여객운송 ·
공항서비스 실무**

제1절 공항에서의 업무..................70

1 공항 업무의 흐름..................70

2 국내선과 국제선..................70

제2절 출입국 규정..................75

1 여권..................75

2 각 국가의 출입국 규정..................78

3 사증면제(No-Visa)제도..................104

4 예외적 사증(VISA)제도 – 워킹홀리데이(Working Holiday)..................109

제3절 탑승자 사전확인제도..................110

1 탑승자 사전확인 제도(i-PreChecking System)..................110

2 탑승자 사전 확인 시스템 응답에 따른 조치 유형..................118

제4절 출 · 도착 및 환승 업무..................124

1 출발 업무..................124

2 도착 업무..................132

3 환승 업무..................134

제5절 도움이 필요한 승객..................135

1 비동반 소아..................135

2 장애인 승객..................137

3 휠체어 사용 승객..................140

4 감성보조동물의 동반탑승..................141

5 임산부..................142

6 주사기 소지 승객·····143

7 체내 의료용 장비가 삽입되어 있는 승객·····143

제6절 **Special Handling**·····144

1 Denied Boarding·····144

2 INAD & DEPO·····145

3 알코올/마약중독자, 위해가 의심되는 승객·····147

4 범죄인 등의 호송 절차·····147

제7절 **기타 업무**·····148

1 MAAS(Meet & Assist)·····148

2 공항 방송·····149

제8절 **수하물 업무**·····156

1 휴대수하물·····156

2 위탁수하물·····161

3 특수수하물·····162

4 수하물의 종가요금(Valuation Charge) 신고·····169

5 수하물 사고처리 업무·····169

Chapter
04

**탑재관리,
여객기의 항공화물,
위험품**

제1절 **탑재관리**·····178

1 Weight & Balance·····178

2 Load Control·····185

제2절 **여객기의 항공화물**·····191

1 항공화물운송·····191

2 화물 운송 공항서비스 실무·····196

제3절 **위험물**·····197

1 위험물의 분류·····198

2 여객운송에서의 위험물·····200

3 기장에 대한 통보사항(Notification to Captain)·····213

4 위험물의 라벨링·····214

Chapter
05

항공사의
여객운송 ·
공항서비스
업무 교육

제1절 법정교육 ··· 220

1 항공보안교육 ··· 220

2 SMS(Safety Management System) 교육 ············ 222

3 위험물교육 ··· 223

4 항공교통약자서비스 교육 ································ 225

5 개인정보보호교육 ·· 226

6 산업안전보건교육 ·· 227

7 직장 내 성희롱 예방교육 ································ 227

제2절 여객운송 · 공항서비스 교육 ······················· 228

1 직무교육 ··· 228

2 Phonetic Alphabet ······································ 230

3 항공용어 ··· 231

4 항공사의 IATA/ICAO 코드 ····························· 238

5 공항의 IATA/ICAO 코드 ································· 239

Chapter
06

비정상운항
처리 절차

제1절 비정상운항 ··· 252

1 비정상운항의 정의 ·· 252

제2절 비정상운항 시의 업무 ·································· 255

1 보상서비스 적용 대상 ····································· 255

2 비정상운항 보상서비스 기준 ·························· 256

3 지연 및 결항 시의 공항서비스 ······················ 257

4 이동지역 내 지연 발생시의 조치 ··················· 258

Chapter 07

운송약관 및
항공소비자 권익

제1절 여객운송약관 ·································· 262
　1 항공사의 여객운송약관 ···················· 262

제2절 바르샤바 조약과 몬트리올 협약 ············ 264
　1 바르샤바 조약(Warsaw Convention) ·········· 264
　2 헤이그 의정서(Hague Protocol) ············· 264
　3 몬트리올 협약(Montreal Convention) ········· 265
　4 각 조약과 협약의 책임한도 ················· 265

제3절 우리나라의 법령 ························· 266
　1 항공사업법 제5장 항공교통이용자보호 ········ 266
　2 항공교통이용자 보호기준 ·················· 272
　3 대한민국 상법 ···························· 273
　4 소비자분쟁해결기준 ······················ 274

항공 약어 및 용어 ···························· 277
참고문헌 ··································· 286

항공사 여객운송
공항서비스 실무

Chapter

01

항공운송산업의 이해

 제1절 항공운송산업 기본 개념

항공운송산업이란 협의적으로는 항공사_{항공운송사업자}의 항공기 상업운송을 통해 기업활동이 이루어지는 산업군을 의미하지만, 광의적으로는 여행사, 여객·화물 대리점, 항공기를 제작하는 항공기제작사, 공항을 운영하는 공항운영자, 항로 등을 관리하는 정부기관, 여객과 화물의 기내 탑재와 청소 등 항공사의 업무를 보조하는 지상조업사, 기내식공급업체 등 항공기를 이용해 여객과 화물을 운송하는 과정에서 발생하는 모든 기업과 정부기관들의 활동이 이루어지는 산업군으로 보아야 할 것이다.

이 책에서는 이러한 항공운송산업에 포함된 다양한 기업·기관의 활동 중 항공사 또는 관련 지상조업사의 실무에 관한 내용에 중점을 두고 기술한다.

1 하늘의 자유 · 운수권 · 항공협정

1) 하늘의 자유

'하늘의 자유'는 다자간 또는 양자간 체결된 항공협정에 따라 협정에 참여한 국가에 영공통과와 상업_{유상}운송을 허락하는 권리이다. 그렇기 때문에 당연히 국제선 운항에만 적용된다. 항공사 여객운송·공항서비스 담당자가 '하늘의 자유'의 여러 개념을 상세하게 이해할 필요는 없지만, 국제선 탑승수속에 필요한 카보타지Cabotage, 5자유와 6자유 등에 대해서는 기본적인 이해를 필요로 한다.

(1) 카보타지Cabotage

한 국가의 국내선은 해당 국가의 국적 항공사만이 상업운송을 할 수 있는 권리를 의미한다. 영토주권에 포함되는 중요한 국가 권리로, 카보타지를 위반하여 외국항공사가 국내선을 유상 운송할 경우 해당항공사에는 벌금부과, 운항정지 명령 등의 벌칙이 부과된다.

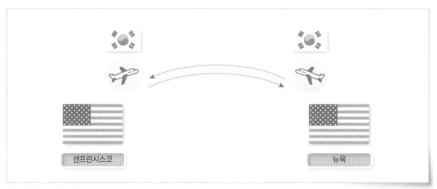

🔺 그림 1-1_카보타지

(2) 1자유영공통과권, Fly-over

상대국 영공을 비행하여 통과할 수 있는 권리를 의미한다. 대부분의 국가에서 사전에 영공통과를 허가 받고 영공통과료를 납부하거나 납부할 예정인 항공기에 대해서는 횟수에 제한없이 상대국의 영공을 통과할 수 있다. 그러나, 러시아영공통과권Trans-Siberian Route과 같이 주요 영공통과권은 운항횟수를 제한하기도 한다. 러시아항공청은 한국 국적항공사의 러시아영공통과권을 주90회로 한정하고 있으며, 허가된 주당 90회의 영공통과권은 전량 대한항공과 아시아나항공이 한국-유럽노선에 사용하고 있다.

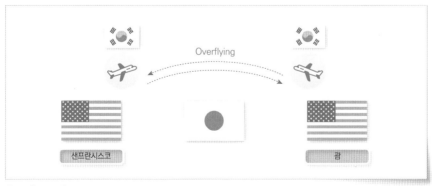

🔺 그림 1-2_1자유

(3) 2자유기술착륙권, Non Traffic Stop

항공협정 체결국의 항공기가 상대국 공항에 무상 착륙을 할 수 있는 권리를 의미한다. 여기에서 무상이라 하는 것은 비상업적 활동을 의미하는 것이며 2자유의 권리를 사용하는 항공기는 승객이나 화물 등을 해당 공항에 하기하거나 탑승·탑재할 수 없다. 단, 기술적 사유로 급유를 하거나 기내식 등을 보충하는 것은 가능하다.

⬤ 그림 1-3_2자유

(4) 3자유와 4자유상업운송권, Traffic Right

항공협정 체결국간 상호 상업유상 항공편을 운항할 수 있는 권리를 의미하며, 또한 3자유와 4자유의 이상의 권리가 설정되어 있어야 양국간 정기편Scheduled Flight 운항 및 유상운송이 가능하다.

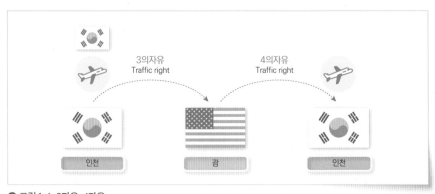

⬤ 그림 1-4_3자유, 4자유

　3자유는 협정체결국의 항공사가 자국에서 탑승·탑재한 여객과 화물을 협정체결 상대국으로 운송하여 하기할 수 있는 권리이며, 4자유는 반대로 상대국에서 탑승한 승객과 탑재한 화물을 자국으로 운송하여 하기할 수 있는 권리이다.

(5) 5자유3국운송권, Beyond-Traffic Right

　5자유 항공협정이 체결된 3개 국가 사이에 자국 이외에 협정이 체결된 상대국에서 유상으로 여객과 화물을 탑승·탑재한 후 협정이 체결된 다른 국가로 운송 및 하기를 할 수 있는 권리이다. 5자유에 의해 상대국의 항공사가 유상운송을 하기 위해서는 관련 3국간 모두 5자유 권리를 허용하는 항공협정이 체결되어야 한다. 예를 들어 대한항공의 KE001편처럼 인천-도쿄나리타-LA 구간에 모두 유상운송을 하기 위해서는 한국과 일본, 한국과 미국, 미국과 일본 등 각각의 항공협정 내에 해당 국가에 5자유 권리를 부여하는 5자유 권리가 체결되어야 한다. 제3국의 위치에 따라서 중간5자유와 이원3자유로 구분된다.

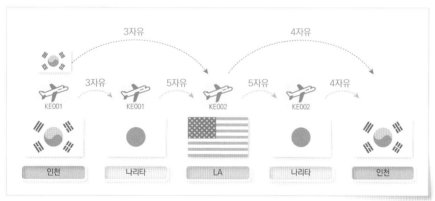

◎ 그림 1-5_5자유

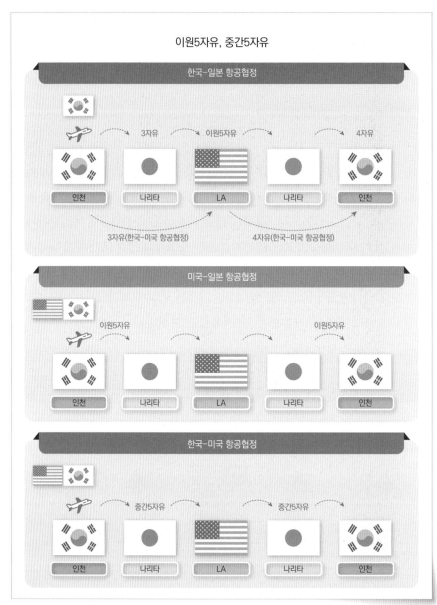

◐ 그림 1-6_이원 5자유, 중간 5자유

(6) 6자유 3자유와 4자유의 병합 활용, 1개사 환승

6자유는 상대국에 실은 여객과 화물을 자국을 거쳐 다른 국가로 실어 나르는 것으로 항공협정에 포함되지는 않는다. 다만 항공사 경쟁력이 약한 국가가 경

미국 교통부 아시아나항공에 75만달러 벌금 부과

2002년 10월 17일, 미국 교통부(DOT)는 LA-인천-사이판, 샌프란시스코-인천-괌 노선 등을 연계 판매하고 승객과 화물을 유상 운송한 것에 대해 75만불의 벌금을 부과했다. 아시아나항공은 샌프란시스코-인천 노선과 인천-괌 노선 등의 판매와 운송을 6자유(수요) 인식했으나, 실제로는 한번의 발권(Ticketing)으로 샌프란시스코-인천-괌 구간을 판매했으며 또한 승객과 화물에 대해서는 인천공항공에서 단기체류(Stopover 또는 Layover) 없이 동시간 환승·환적을 제공함으로써 실질적으로는 샌프란시스코-괌 노선의 미국 국내선을 판매한 것이 되었다. 이는 한국 항공사가 미국의 카보타지(Cabotage) 권리를 침해한 것이다.

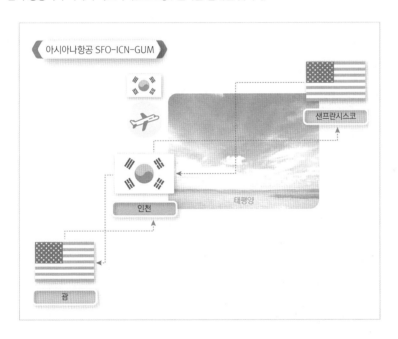

쟁력이 강한 국가와 항공협정을 체결할 때 자국 항공사를 보호하기 위해 일부 6자유 공급 제한 조항을 포함하기도 한다. 우리가 흔히 알고 있는 여객의 환승이나 화물의 환적 중 한 개 항공사의 항공기로 환승과 환적이 이루어지는 것이 여

기에 포함된다. 하늘의 자유에는 정식으로 포함되지는 않지만 항공사 영업에서는 6수요라 칭하며 대단히 중요한 시장이다.

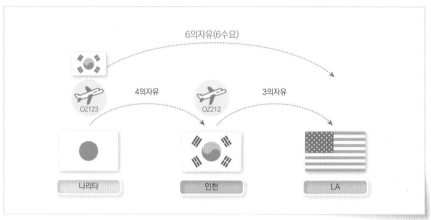

🔺 그림 1-7_6자유

(7) 7자유

자국에서 출발하지 않은 항공기가 타국과 제3국 사이의 국제선 구간을 유상운송 할 수 있는 권리로서, 과거 식민지 국가들이나 자국 항공사의 규모가 미약한 국가들이 타국 항공사에 자국 출도착 국제선의 유상운송을 허가한 사례가 있다.

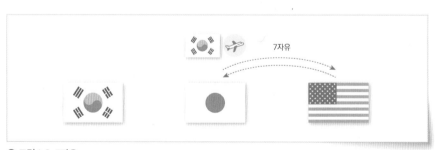

🔺 그림 1-8_7자유

(8) 8자유Cabotage

자국에서 출발한 항공기가 타국의 국내선을 유상운송 할 수 있는 권리이다. 현재는 항공협정에서 거의 다루지 않는 권리이다.

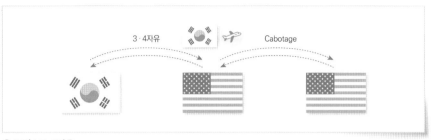

▲ 그림 1-9_8자유

 읽을 거리

루프트한자(LH)의 부산-인천-뮌헨

독일 국적사인 루프트한자는 장거리 국제선 불모지였던 부산 김해공항에서 인천을 경유하여 뮌헨으로 가는 항공편을 개설했다. 부산발 뮌헨행 수요 부족으로 인천을 경유하여 인천-뮌헨 이용 승객을 추가로 탑승 시켰다. 그런데 문제는 부산에서 탑승한 승객의 일부를 루프트한자의 인천-프랑크푸르트 노선 항공편에 환승을 시켰다는 것이다. 이러한 유상판매 방식은 부산-인천 구간의 국내선 구간을 유상 판매한 것으로 장시간 인식되지 못하고 있다가 국토교통부의 제지로 중단되었다.

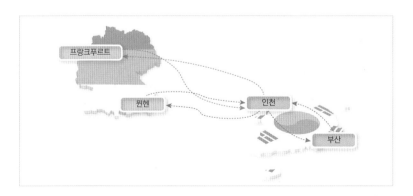

(9) 9자유Pure Cabotage

항공기가 타국 영토에 머무르며 타국 국내선을 유상운송 할 수 있는 권리이다. 현재는 항공협정에서 거의 다루지 않는 권리이다.

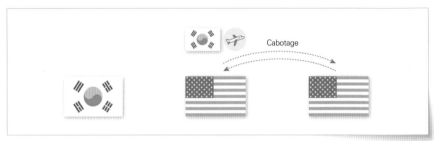

Cabotage

🔺 그림 1-10_9자유

2) 운수권과 항공자유화

'운수권Traffic Right'이란 하늘의 자유 중 1자유와 2자유를 제외한 나머지 자유를 하나로 묶은 것으로 항공협정 체결국이 가지는 여객과 화물 유상운송의 종합적 권리를 의미한다. 운수권은 항공협정에 의해 성립된다. 운수권은 1운항횟수 2노선구조 3지정항공사의 3요소로 구성되며, 이 3요소를 통해 국제선 노선 수와 공급량, 취항 항공사 수 등이 통제된다. 항공자유화Freedom of Air 항공협정 체결되면 운수권의 3요소 중 공급력 제한은 철폐되나 노선구조나 지정항공사 제도는 유지될 수 있다.

(1) 공급력운항횟수

항공협정 체결시 협정 체결국은 양국간 항공 운송량을 조절하기 위해 양국간의 공급력운항횟수를 한정하게 된다. 예를 들어 현재 한국과 인도네시아는 양국간 여객기의 공급력운항횟수을 주당 23회로 제한하고 있다.

(2) 노선구조

항공협정 체결시 협정 체결국은 특정 도시나 공항에 상대국 항공사의 취항을 제한할 수 있다. 예를 들어 한국과 독일은 양국간 제지점으로 주당 21회의 운수권이 설정되어 있다. 이는 한국과 독일의 항공사가 양국간 취항이 허가된 어느 공항이나 최대 주당 21회 이내에서 운항이 가능하다는 의미이다. 그러나 한국과 중국의 항공협정은 운수권을 인천-베이징노선 주당 31회, 부산-베이징노선 주당 21회 등 도시공항별로 구분함으로써 특정 도시공항의 운송량이 정해진 범위를 초과하지 않도록 하고 있다. 부산-베이징노선의 설정된 공급량은 인천-베이징노선에 사용할 수 없다.

(3) 지정항공사

항공협정 체결시 협정 체결국은 양국간에 운항할 수 있는 항공사의 수를 제한할 수 있는데 그것이 지정항공사 제도이다. 예를 들어 한국과 태국은 항공협정에서 양국간 운항할 수 있는 상대국 항공사 수를 최대 8개 항공사로 제한함으로써 일부 안전도가 떨어지는 상대국 항공사의 무차별적 자국 취항을 제한하고 있다. 한국과 태국노선에 이미 8개의 한국 국적항공사가 취항하고 있다면 9번째 항공사는 한국-태국노선에 취항할 수 없다.

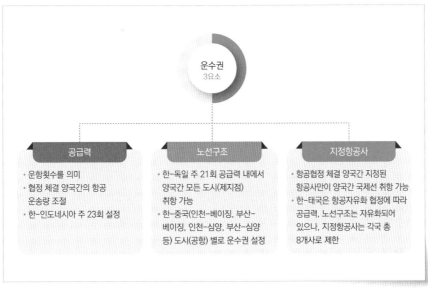

○ 그림 1-11_운수권의 3요소

(4) 항공자유화

항공자유화는 항공협정 체결 양국간 운수권의 3요소 중 공급력에 제한을 철폐하여 항공협정상의 운송량을 무제한으로 하는 것이다. 다만 운수권의 다른 요소인 노선구조와 지정항공사는 철폐되거나 유지될 수 있다. 예를 들어 한국과 대만은 인천-타이페이노선을 제외한 양국간 전노선에 대해 공급력 제한을 철폐하는 항공자유화 협정을 체결하였다. 이에 따라 인천-타이페이노선을 제외한 다른 노선은 무제한적으로 공급량을 증대할 수 있으나, 인천-타이페이노선은 주당 46회로 운항횟수가 제한되어 있다. 또한 한국과 태국은 공급력과 노선구조에 대해 자유화 협정을 체결하였으나, 양국간 지정항공사를 최대 8개 항공사로 제한함으로써 자유화임에도 불구하고 양국간 취항항공사 수를 제한하고 있다.

(5) 공항 Slot에 의한 공급량 제한

항공자유화에 따라 자유화가 체결된 국가 간에는 무제한적인 운송량 증가가 될 것으로 생각할 수 있으나, 각 공항은 시간당 최대이착륙횟수SLOT가 정해져 있다. 인천국제공항의 경우 시간당 최대 이착륙횟수는 63회이다. 따라서 항공자유화가 된다 해도 공항 슬롯SLOT의 제한에 의해 특정 공항의 운항횟수가 무제한적으로 증가하지는 않는다.

2 국내외 항공기구

항공운송산업은 대표적인 정부의 규제산업으로 항공운송사업면허, 운항증명AOC 발급부터 항공기 운항과 예약승객의 탑승수속, 항공화물의 탑재 등 모든 과정 전체가 국제규정을 따르며 국가 기관의 감독을 받게 되어 있다. 국내공항의 경우, 상시적으로 국토교통부 항공감독관이 탑승수속부터 승객 탑승과 화물탑재 및 항공기 이착륙 등 모든 과정을 감독한다. 경우에 따라서는 미국 교통안전청TSA 감독관이 국내공항으로 파견나와 직접 한국-미국노선의 안전과 보안규정 준수를 점검하기도 한다.

1) 국내 항공 관련 부서 및 기구

(1) 국토교통부 항공정책실

국토교통부 항공정책실은 국내 최상위의 항공정책 결정 부서로써 항공운송사업면허 발급과 취소, 항공 관련 세부법령의 제정과 개정, 국내 항공안전과 보안정책 결정, 외국정부 및 항공관련 국제기구와의 업무협조 등을 담당한다. 항공회담 및 항공협정은 국토교통부가 실무부처이기는 하나, 항공회담과 항공협정의 성격으로 인해 외교부가 주관한다.

(2) 지방항공청

각 지방항공청은 국토교통부 산하로 항공정책실이 결정한 항공정책에 대한 실제 운영을 담당한다. 주요 업무로는 항공교통관제, 공항 주요시설 관리, 공항별 이착륙절차 설정 및 개선, 공항별 SLOT 조정 및 임시편 인허가가 있다. 현재 국내에는 서울지방항공청, 부산지방항공청, 제주지방항공청 등 3개 지방항공청이 있으며, 서울지방항공청은 인천공항·김포공항·양양공항·청주공항·원주공항·군산공항을 관할한다. 부산지방항공청은 김해공항·제주공항·대구공항·무안공항·여수공항·울산공항·포항공항·광주공항·여수공항을, 제주지방항공청은 제주공항을 관할한다. 울진비행교육훈련원은 부산지방항공청 관할이다.

(3) 항공교통본부

국내 공역관리, 비행정보구역의 관제 및 비행정보업무 등을 담당한다.

2) 국제항공기구

(1) ICAO 국제민간항공기구, International Civil Aviation Organization

UN 산하 전문기구로서 전세계 민간항공의 평화적이고 건전한 발전을 위해 1947년 설립되었다. 항공관제, 항공기, 조종사 및 승무원 자격, 공항시설 설치와 운영 등 항공 관련 모든 분야의 표준화를 위해 각종 매뉴얼과 각종 권고를 생성

하고 있으며, ICAO의 매뉴얼과 권고는 국제표준으로써 인식되고 있다. ICAO은 국가가 가입 주체이며, 한국 1952년 가입했다.

(2) IATA국제항공운송협회, International Air Transport Association

IATA는 회원으로 가입된 항공사들의 조합체로서 순수민간단체이다. IATA는 국제선운임협의, 주요공항 슬롯SLOT 조정, 공항관련 사용료, 항공기 운항관련 비용 등에 대해 회원사의 이익을 대변한다. 한국 항공사로는 대한항공, 아시아나항공, 제주항공, 제주항공, 진에어, 이스타항공이 가입했다. IATA는 항공사가 가입 주체로서 순수민간단체이지만 ICAO는 국가가 가입주체로서 UN 산하기구라는 차이점이 있다.

(3) ICAO와 IATA의 항공사·공항 코드

표 1-1_ICAO와 IATA 주요 공항 코드

도시(공항)	ICAO	IATA	도시(공항)	ICAO	IATA
인천공항	RKSI	ICN	LA공항	KLAX	LAX
김포공항	RKSS	GMP	덴버공항	KDEN	DEN
부산공항	RKPK	PUS	토론토공항	CYYZ	YYZ
제주공항	RKPC	CJU	오클랜드공항	NZAA	AKL
나리타공항	RJAA	NRT	북경수도공항	ZBAA	PEK
후쿠오카공항	RJFF	FUK	홍콩공항	VHHH	HKG

표 1-2_ICAO와 IATA 국내 항공사 코드

도시(공항)	ICAO	IATA	도시(공항)	ICAO	IATA
대한항공	KAL	KE	티웨이항공	TWB	TW
아시아나항공	AAR	OZ	이스타항공	ESR	ZE
제주항공	JJA	7C	에어서울	ASV	RS
에어부산	ABL	BX	플라이강원	FGW	4V
진에어	JNA	LJ	에어인천	AIH	KJ

읽을 거리

대한항공이 KAL 인 이유

각 항공사마다 서로 다른 ICAO 및 IATA 항공사 코드를 가지고 있다. 2001년까지 대부분 정부기관이 운영하는 공항에서 ICAO 코드로 항공사를 표기했고, 항공사가 발권하는 항공권에는 IATA 항공사 코드가 표기되었다. 예를 들어 인천공항에서 일본 도쿄로 가는 대한항공 항공편은 항공권에는 KE001로, 공항 안내판에는 KAL001로 표기되어 탑승객들이 많은 혼란을 겪었다. 이에 따라 2002년부터 일반 승객들에게 노출되는 항공편은 모두 IATA 항공사 코드로 통일되었다. 우리가 아직도 대한항공을 KAL이라는 ICAO 코드로 익숙하게 여기는 것도 대한항공이 설립이후 수십년간 KAL로 표기되었기 때문이다.

3) 미국과 유럽의 항공기구

ICAO와 함께 미국 연방항공청FAA 등 미국의 항공기구와 유럽항공안정청EASA은 항공 안전과 보안 등과 관련한 국제적 위상을 인정받고 있으며, 특히 FAA와 EASA의 항공사 안전도 평가에서 낮은 평가를 받은 항공사는 국제선 취항에 제한을 받기도 한다.

(1) FAA미국연방항공청, Federal Aviation Administration

미국 교통부 산하의 항공전담조직으로서 미국 영토 내와 미국인이 탑승하는 항공편의 민간항공안전을 위한 규정정립, 항공기술의 개발, 항행관제시스템 운용과 개발, 항공관련 환경 문제 등을 주요 업무로 하고 있다. 특히 항공사가 FAA의 국제항공안전평가IASA:International Aviation Safety Assessment Program 2등급을 받을 경우 국제선 신규취항이나 증편에 제한을 받게 된다. 미국 항공기구의 안전도 평가가 외국 항공사에 큰 영향을 미칠 수 있다는 것이 의아해할 수 있으나, 그만큼 FAA의 국제적 신뢰도가 높다는 것으로 보면 될 것이다.

(2) NTS미국연방교통안전위원회, National Transportation Safety Board

미국 연방정부 산하의 독립기구로서 해운사고를 제외한 모든 종류의 교통사고를 조사하는 업무를 담당한다. 항공기 사고조사에 관련해 국제적인 위상을 가지고 있다.

(3) TSA미국교통안전청, Transportation Security Administration

미국 국토안보부 산하 기관으로 미국 내 모든 공공 교통 수단의 안전을 관리하며, 주로 미국 내 공항의 보안검색을 담당한다. 2001년 9.11사태 이후 주로 공항 보안검색을 강화하기 위해 설립되었다.

 읽을 거리

TSA 인증 여행가방과 자물쇠

모든 공항에서 보안을 담당하는 기관은 탑승객이 위탁한 수하물을 소유주의 동의 없이 열어서 보안검색을 할 수 있는 권한이 있으며, 수하물이 잠겨 있어 보안요원이 자물쇠를 강제로 부수고 열어도 소유주는 파손된 자물쇠의 보상을 요구할 수 없다. 그래서 등장한 것이 TSA 인증 여행가방과 자물쇠이다. 대부분의 공항 보안검색 담당부서는 TSA 열쇠꾸러미를 가지고 있으며, 다이아몬드 마크의 TSA 인증 여행가방이나 자물쇠를 TSA 규격 열쇠를 사용해 열 수 있다. 인천공항을 포함한 국내 주요 공항 보안검색 부서에서도 TSA 규격 열쇠를 보유하고 있다.

(4) EASA유럽항공안전청, European Aviation Safety Agency

2003년 설립된 유럽연합EU 산하 기관을 미국 FAA와 유사한 업무를 수행한다. FAA와 마찬가지로 EASA도 정기적으로 주요 항공사의 안전도를 평가하며, 이 평가에서 낮은 평가를 받는 항공사는 국제선 신규 취항이나 기존 노선의 증편에 제한을 받을 수 있다.

3 항공사의 구분

2000년대 초반까지 국내에는 대한한공과 아시아나항공이라는 대형항공사만 존재했기 때문에 항공사에 대한 분류가 불필요 했다. 다만 다양한 국내선이 발달한 미국이나 유럽에서 항공사를 항공기 보유대수나 취항지, 거점 공항을 중심으로 대형항공사Mega Carrier, 소규모항공사Small Carrier, 지역항공사Local Carrier, 국내선 전용항공사Domestic Carrier 등으로 구분했다. 국내에서는 2000년대 후반 저비용항공사Low Cost Carrier가 활성화되면 대한항공과 아시아나항공을 대형항공사Full Service Carrier로, 나머지 항공사를 저비용항공사Low Cost Carrier로 구분하게 되었다.

1) Full Service CarrierFSC와 Low Cost CarrierLCC의 구분

국내에서는 FSC의 특징으로 기내식제공, 퍼스트·비즈니스·일반석 등 좌석별 상이한 판매가격과 서비스 제동, 다양한 항공기 보유, 장거리 운항, 탑승 마일리지 제공 등으로 정의하고, LCC의 특징으로 낮은 운항비용, 좁은 좌석 간격, 동일 기종 운영, 전좌석 일반석 운영, 단거리 운항 등으로 정의한다. 그러나 현재는 항공사간의 경쟁 격화로 FSC인 대한항공과 아시아나항공도 비용 절감을 위해 기존 무료로 제공하던 서비스를 유료화 하고, 탑승 마일리지 적립이 안되는 항공권을 도입하는 등 LCC의 장점을 지속적으로 도입하고 있다. LCC 역시 장거리 취항을 위해 중대형기를 도입하고, 이코노미플러스좌석 설치, 기내식을 무상제공 하는 등 다양한 FSC의 특징을 항공사 운영에 반영하고 있다.

2) 항공사 구분의 미래

모든 산업분야의 기업들이 생존을 위해 경쟁사를 연구하고 모방하듯이 FSC
와 LCC도 서로를 연구하고 서로의 장점을 자사에 도입하도록 노력할 것이 자명
하며 따라서 궁극적으로는 FSC와 LCC의 구분보다는 항공기 보유대수가 많고
다양한 노선을 운영하는 대형항공사_{Mega Carrier}, 항공기 보유대수가 대형항공사
에 비해 상대적으로 적고 선별적 소수 노선을 운영하는 소형항공사_{Small Size Carri-}
_{er}, 특정 지역을 기반으로 해당 지역의 특화된 지역항공사_{Regional Carrier}로 구분될
것으로 보인다.

 읽을 거리

상용 여객기의 무인항공기(Unmanned Aerial Vehicle)화를
날려 버린 사건

2015년 3월 24일 독일의 저가항공사인 Germanwings의 4U9525편 A320 여객기가 프랑
스 동남부의 알프스 산악지역에 추락해 승객과 승무원 150명 전원이 사망한 사고가 발생했다.
사고 자체도 충격적이지만 더 충격적인 것은 사고의 원인이 사고기의 부기장에 의한 고의적인
추락(자살 비행)이란 것 이였다. 이 사고 이후로 모든 비행중인 상용기는 조종석(Cockpit)에는 항상
두명의 승무원이 머물러야 하는 규정이 국제적으로 적용되었다. 예를 들어 비행 중 기장이 화
장실에 가면 기장을 대신해 객실승무원이 조종실에 머물러야 한다. 이 비극적 사건은 항공기
안전규정 강화에도 많은 영향을 주었지만, 더 큰 영향은 상용 여객기의 무인항공기化 논의를 일
소시켰다는데 있다. 조종사가 자살비행을 하는 마당인데 어떻게 항공기 탑승하지도 않는 UAV
조종사를 신뢰할 수 있겠는가? 아마도 향후 수십년 동안은 조종석에 두명의 조종사가 비행하는
모습을 계속 보게 될 것이다.

4 항공사의 시간

1) 항공기 출도착 시간

일반과 달리, 항공운송에서는 여러가지 시간 개념이 사용된다. 항공사는 항공
권 판매를 위해 편명과 스케줄_{STD/STA}이 지정되어 있다가 공항에서 출발 항공기

준비 상황에 따라 출발 일정이 변경되어 고지되고_{ETD}, 최종 이륙 후 이륙 시간 ATD이 기록된다. 마찬가지로 출발한 항공기의 비행 상황에 따라 도착 일정이 변경되어 고지되며_{ETA}, 스케줄 상의 목적지 공항에 최종 착륙 후 착륙 시간_{ATA}이 기록된다.

표 1-3_ 항공사의 시간

약어	용어	의미	적용
STD	Scheduled time of departure	출발지 공항 스케줄상 출발 시간	항공권 예약, 발권에 사용되는 시간
ETD	Estimated time of departure	출발지 공항 출발 예정 시간	실제 출발까지 변경 가능
ATD	Actual time of departure	출발지 공항 실제 출발 시간	실제 출발 시간
STA	Scheduled time of arrival	도착지 공항 스케줄상 도착 시간	항공권 예약, 발권 사용되는 시간
ETA	Estimated time of arrival	도착지 공항 도착 예정 시간	실제 도착까지 변경 가능
ATA	Actual time of arrival	도착지 공항 실제 도착 시간	실제 도착 시간

2) 항공기 운항제한시간Curfew

항공기 운항 소음으로 인한 공항 인근 주민의 피해를 최소화하기 위하여, 특정공항의 야간 항공편 운항을 제한하는 제도이다. 이에 따라 김포국제공항은 23:00부터 익일 06:00 까지 항공기 이착륙이 금지된다. 그러나 긴급 이착륙이 필요한 항공기 또는 특별한 사정에 의하여 항공기 운항이 필요할 경우 일시적으로 항공기 이착륙이 허용되기도 한다.

표 1-4_ 국내공항 항공기 운항제한시간 현황

공항	Curfew	공항	Curfew
김포공항	23:00 ~ 06:00	대구공항	00:00 ~ 05:00
김해공항	23:00 ~ 06:00	울산공항	22:00 ~ 06:00
제주공항	23:00 ~ 06:00	광주공항	22:00 ~ 07:00

Chapter
02

항공사 여객운송 ·
공항서비스의 이해

제1절 공항시설의 이해

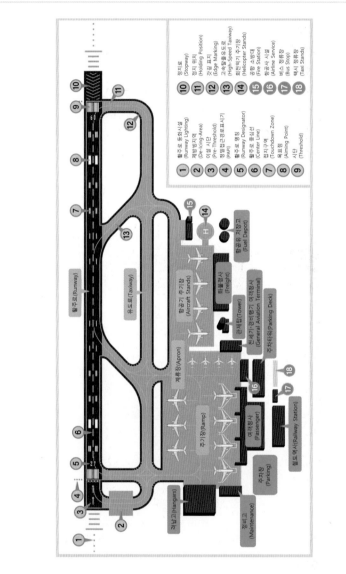

① 활주로 등화시설 (Runway Lighting)	⑩ 정지로 (Stopway)	
② 제빙방지지역 (De-Icing-Area)	⑪ 정지 위치 (Holding Position)	
③ 이륙 시단 (Pre-Threshold)	⑫ 갓길 표지 (Edge Marking)	
④ 정밀접근로표지시기 (PAPI)	⑬ 고속활출유도로 (High-Speed Taxiway)	
⑤ 활주로 영점 (Runway Designator)	⑭ 회전익기 주기장 (Helicopter Stands)	
⑥ 활주로 중심선 (Center Line)	⑮ 공항 소방대 (Fire Station)	
⑦ 접지지역 (Touchdown Zone)	⑯ 항공사 사옥 (Airline Service)	
⑧ 목표점 (Aiming Point)	⑰ 버스 정류장 (Bus Stop)	
⑨ 시단 (Threshold)	⑱ 택시 정류장 (Taxi Stands)	

◎ 그림 2-1_공항 주요 시설

항공사에서 이용하는 공항은 항공기가 이륙과 착륙하고 여객과 화물을 실을 수 있는 시설을 의미한다. 국제민간항공기구ICAO에서는 공항을 "항공기의 도착, 출발이나 지상이동을 위하여 일부 또는 전체가 사용되는 건물, 시설물, 장비 등이 포함된 육지나 수상의 일정구역"으로 정의하며 [Aerodrome]으로 표기한다. 또한 미국 연방항공청FAA에서는 공항을 "여객이나 화물을 항공기에 싣거나 내리기 위해 정기적으로 이용되어지는 착륙지역"으로 정의하고 [Airport]로 표기한다. ICAO의 [Aerodrome]은 FAA의 [Airport]를 함축할 수 있으나, [Aerodrome]은 [Airport] 초과하는 개념이다.

공항은 항공기가 이착륙 할 뿐 아니라 항공운송에 수반되는 다양한 업무가 이루어지는 장소이며 승객과 화물을 취급하기 위한 시설과 장비, 안전한 운항을 위한 항공기의 주기, 급유 및 정비가 이루어지는 항공사의 업무공간이기도 하다. 국제공항의 경우 국가와 국가를 연결하는 통로로 여객과 화물의 출입국, 세관, 검역 등의 역할도 이루어지는 다중복합시설이다. 따라서 이 책에서 다루는 항공사의 여객운송·공항서비스 업무는 모두 공항Airport에서 이루어지므로 항공사 직원의 공항 시설물의 위치, 용도에 대한 이해는 필수적이다. 공항시설은 크게 Landside와 AirsideRampside로 구분된다.

1 Land Side

Landside 란 일반 공항이용객과 출입국 수속을 마친 승객이 항공기 탑승전까지 이용할 수 있는 공항 시설을 의미한다. 여객청사, 화물청사, 공항진입로, 출국장과 입국장 및 면세품 판매시설과 음식점등 공항내 편의시설 등이 해당한다.

2 Air SideRamp Side

Air side 또는 Ramp side 란 공항운영자에 의해 특별히 허가 받은 사람만이 접근할 수있는 공항시설과 공항내 지역을 의미한다. 활주로, 유도로, 항공기 계류장, 수하물과 화물의 탑재 및 하기 공간 등이 해당한다.

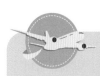 제2절 우리나라 주요공항 및 국적항공사
보유 항공기 소개

1 국내 주요 공항과 도심공항터미널

1) 인천국제공항Incheon International Airport, 仁川國際空港

· 출처: 인천국제공항공사 홈페이지

🔺 그림 2-2

인천국제공항은 2001년 3월 29일 개항한 우리나라 최대 공항으로서 국제선 운송 수요를 주도적으로 담당하고 우리나라와 동북아시아의 허브Hub공항으로서 역할을 수행하기 위해 건설되었다. 인천국제공항의 IATA 코드는 ICN, ICAO 코드는 RKSI 이다. 활주로는 총 4본을 가지고 있다. 2여객 청사를 기준으로 좌측에 1번과 2번 활주로를, 우측에 3번과 4번 활주로를 갖추고 있으며 2개의 여객 청사와 1개의 화물청사, 1개의 여객 탑승동을 보유하고 있다.

2) 김포국제공항 Gimpo International Airport , 金浦國際空港

1958년 국제공항으로 지정되었으며, 2003년 3월 인천국제공항이 개항하기 이전까지 우리나라의 관문공항 역할을 수행하였다.

· 출처: 한국공항공사 홈페이지, https://www.airport.co.kr

🔵 그림 2-3

IATA 코드는 GMP, ICAO 코드는 RKSS 이다. 인천국제항공 개항이후 모든 국제선 항공편을 인천국제공항에 이관하고 국내선만 운영하였다. 국제선 이관에 따른 김포국제공항 시설물 유휴화 문제가 발생하자 2003년 11월 김포공항과 일본 하네다공항도쿄을 연결하는 국제선 노선을 시작으로 중국 베이징과 상하이, 대만 타이페이 등 일부 국제선을 운영하고 있다. 김포국제공항의 국제선 취항은 국토교통부 내규인 "김포국제공항 국제선 전세편 운영규정"에 의해 제한받고 있다. 김포국제공항은 공항 인근지역의 소음문제로 인해 국제선을 증편하는데 많은 제약을 받고 있다.

3) 김해국제공항 Gimhae International Airport , 金海國際空港

김해국제공항은 1958년 국내선 운항을 시작했으며, 1963년 부산국제공항으로 승격되었다. 1976년 부산시 강서구로 이전하여 김해국제공항으로 개칭했다.

· 출처: 한국공항공사 홈페이지, https://www.airport.co.kr/

🔵 그림 2-4

IATA 코드는 PUS, ICAO 코드는 RKPK 이다. 2008년 저비용항공사 취항 급증으로 김해국제공항의 시설포화 상태가 예상되어 동남권신공항 건설계획이 추진되었다. 김해국제공항을 부산 가덕도 또는 밀양시 인근으로 이전한 후 김해국제공항 부지를 주택지 등으로 개발하여 신공항 사업비를 충당하는 것으로 계획되었으나, 환경 파괴와 경제성 부족 등으로 2011년 김해국제공항을 시설을 확장하여 향후 증가하는 수요를 처리하는 것으로 결정되었다.

4) 제주국제공항 Jeju International Airport , 濟州國際空港

제주특별자치도에 위치한 유일한 국제공항이다. IATA 코드는 CJU, ICAO 코드는 RKPC이다. 활주로 2본을 보유하고 있으며, B747 등 대형기 운항이 가능한 공항이다. 제주2공항이 2025년까지 제주특별자치도 성산읍 일대에 건설될 예정이며, 제주2공항이 개항하면 제주국제공항의 국내선 항공편의 50%가 제주2공항으로 이전된다. 국토교통부는 제주국제공항을 '주공항'으로, 제주2공항을 '부공항'으로 운항하겠다는 방침을 밝힌 바 있다.

· 출처: 한국공항공사 홈페이지, https://www.airport.co.kr/jeju/

🔺 그림 2-5

5) 양양국제공항Yangyang International Airport , 襄陽國際空航

강원도 양양군에 위치한 공항으로서 IATA 코드는 YNY, ICAO 코드는 RKNY 이다. 2002년 강릉공항과 속초공항 등 기존 영서권 공항의 대체공항으로 건설되었다. 시설규모는 제주국제공항 다음으로 국내에서 4번째로 크지만 항공편 운항 횟수 등은 미미한 규모이다. 주변에 운항에 제약을 주는 산이 없고 영서지역의 기후 특성으로 안개가 거의 끼지 않아 항공기 운항률이 높은 편이다.

· 출처: 한국공항공사 홈페이지, https://www.airport.co.kr/yangyang/

🔺 그림 2-6

6) 청주국제공항Cheongju International Airport , 淸州國際空港

충청북도 청주시에 위치한 국제공항이다. IATA 코드는 CJJ, ICAO 코드는 RKTU이다.

· 출처: 한국공항공사 홈페이지, https://www.airport.co.kr/cheongju/

🔺 그림 2-7

7) 무안국제공항Muan International Airport, 務安國際空港

2007년에 개항하였으며, 전라남도 무안군에 위치한 국제공항이다. IATA 코드는 MWX, ICAO 코드는 RKJB이다.

· 출처: 한국공항공사 홈페이지, https://www.airport.co.kr/muan/

🔺 그림 2-8

8) 대구국제공항Daegu International Airport , 大邱國際空港

· 출처: 한국공항공사 홈페이지, https://www.airport.co.kr/daegu/

🔺 그림 2-9

　대구광역시에 위치한 국제공항이다. IATA 코드는 TAE, ICAO 코드는 RKTN 이다. 대한항공과 아시아나항공 등의 국적항공사 뿐만 아니라 중국국제항공 등 다수의 중국 국적항공사가 취항하고 있다.

9) 국내 주요 지방공항

(1) 광주공항Gwangju Airport, 光州空港

　광주광역시 광산구에 위치한 국내공항이다. IATA 코드는 KWJ, ICAO 코드 는 RKJJ 이다. 1964년 국내선 취항 이후 국내선과 국제선을 운영하는 국제공항 이였으나, 2008년 무안국제공항 개청과 동시에 국제선 전체를 무안국제공항으 로 이전하였다. 현재는 국내선 항공편만 취항하고 있다.

· 출처: 한국공항공사 홈페이지, https://www.airport.co.kr/gwangju/

🔺 그림 2-10

(2) 여수공항 Yeosu Airport , 麗水空港

전라남도 여수시에 위치한 국내공항으로 1972년 운영을 시작하였다. IATA 코드는 RSU, ICAO 코드는 RKJY이다.

· 출처: 한국공항공사 홈페이지https://www.airport.co.kr/yeosu/

🔺 그림 2-11

(3) 사천공항Sacheon Airport , 泗川空港

경상남도 사천시에 위치한 국내공항으로 진주시 인근에 위치하여 진주공항이라고도 한다. IATA 코드는 HIN, ICAO 코드는 RKPS이다.

· 출처: 한국공항공사 홈페이지, https://www.airport.co.kr/sacheon/

🔺 그림 2-12

(4) 포항공항Pohang Airport , 浦項空港

경상북도 포항시에 위치한 국내공항으로 1970년 운영을 시작했다. IATA 코드는 KPO, ICAO 코드는 RKTH 이다.

· 출처: 한국공항공사 홈페이지, https://www.airport.co.kr/pohang/

🔺 그림 2-13

(5) 울진비행장 Uljin Airfield 蔚珍飛行場

· 출처: 부산지방항공청 홈페이지, http://www.molit.go.kr/

🔺 그림 2-14

경상북도 울진군에 위치한 비행장으로 IATA 코드는 UJN, ICAO 코드는 RKTL 이다. 원래는 대구공항과 포항공항 등 경상북도 지역 공항을 대체하는 일반공항으로 계획되었으나 수요 부족 문제로 공항 개항을 포기하고 2010년 비행장으로 지정되어 비행교육 훈련시설로 이용되고 있다.

10) 도심공항터미널

도심공항터미널은 서울 도심 또는 주요 기차역 등의 주요 교통요지에 위치한 시설이다. 인천국제공항 국제선 항공편의 탑승수속Check-in과 수하물 위탁, 출국심사 등을 도심공항터미널에서 미리하여 인천국제공항 여객청사의 혼잡도를 줄이고, 승객이 짐을 공항까지 직접 들고 가는 불편을 없게 하는 등 인천국제공항 이용객에 다양한 편의를 제공하기 위해 설치되었다. 도심공항터미널의 기능은 항공사의 여객운송·공항서비스 업무에 해당한다. 인천출발 미국도착 항공편 승객의 도심공항터미널 이용은 일부 제한될 수 있으므로 반드시 확인하여야 한다.

또한 도심공항터미널에서 탑승수속이 가능한 항공사일지라도 공동운항편Code Share에 대해서는 탑승수속이 불가능하다.

(1) 삼성동 도심공항터미널

서울시 강남구 삼성동 COEX 인근에 위치하고 있으며 국내 도심공항터미널 중 가장 많은 16개 항공사의 탑승수속이 가능하다. 인천국제공항 제1여객청사 운항항공사는 항공편 출발 3시간전까지 탑승수속이 가능하며, 제2여객청사 운항항공사는 출발 3시간 20분전까지 탑승수속이 가능하다. 터미널 1층에서 탑승수속 후 2층에 있는 법무부 출입국 심사대에서 출국심사를 받을 수 있다. 출국심사를 받은 승객은 인천국제공항 제1여객청사 3층, 제2여객청사 3층에 위치한 전용출국통로를 통해 빠르게 보안검색대로 이동할 수 있다.

(2) 서울역 도심공항터미널

서울역에 위치하고 있으며 일부 국적항공사와 소수 외국항공사의 탑승수속이 가능하다. 인천국제공항 제1여객청사 운항항공사는 항공편 출발 3시간전까지 탑승수속이 가능하며, 제2여객청사 운항항공사는 출발 3시간 20분전까지 탑승수속이 가능하다. 항공사별 탑승수속 후 법무부 출입국 심사대에서 출국심사를 받을 수 있다. 출국 심사를 받은 승객은 인천국제공항 여객청사별 전용출국통로를 통해 빠르게 보안검색대로 이동할 수 있다.

(3) 광명역 도심공항터미널

KTX 광명역에 위치하고 있으며, 일부 국적항공사의 탑승수속과 수하물 위탁이 가능하다. 수하물 위탁과 출입국심사가 가능하며 인천국제공항 제1여객청사는 출발 3시간 전, 제2여객청사는 출발 3시간 20분전까지 탑승수속이 가능하다. 항공사별 탑승수속 후 법무부 출입국 심사대에서 출국심사를 받을 수 있다. 인천국제공항 전용출국통로를 통해 빠르게 보안검색대로 이동할 수 있다.

2 국적항공사 보유 항공기

항공사는 항공기를 이용해 여객과 화물을 운송함으로써 수익을 창출하는 기업이다. 또한 여객운송과 공항서비스는 기본적으로 승객을 탑승수속하여 좌석을 배정하고, 환승객을 포함한 모든 승객을 안전하고 편안하게 항공기에 탑승 및 출발시키고, 도착한 항공기의 승객을 안전하게 하기할 수 있도록 지원하는 업무이다. 따라서 여객운송서비스 담당직원은 자신이 탑승수속 등을 담당하는 항공기의 명칭과 기본 좌석 배열 등을 숙지하고 있어야 한다. 특히 탑승객이 제한되는 비상구 좌석과 유상 판매되는 좌석 등에 대해서는 충분히 숙지하고 있어야 한다.

1) 대한항공 보유 항공기

(1) B777-300

B777은 미국의 항공기 제작사인 보잉사Boeing가 제작한 엔진 두개와 두개의 기내 복도를 가지고 있는 대형 항공기이다. 엔진 두개의 쌍발 여객기로는 가장 규모가 크다. 대한항공은 기본형 B777에서 동체를 확대하여 탑승객 수를 늘린 B777-300과 추가 연료탱크를 장착하여 운항거리와 최대이륙증량을 증가시킨 B777-200ER, B777-300ER 등 3가지의 버전의 B777 항공기를 보유하고 있다.

· 출처: 보잉사 홈페이지, https://www.boeing.com/

🔷 그림 2-15_B777-300

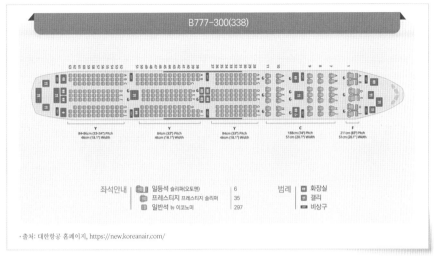

🔵 그림 2-16 _ 일등석(First) 35석, 비즈니스석(Prestige) 35석, 일반석(Economy) 297석 좌석배치도

(2) B787

B787은 미국의 항공기 제작사인 보잉사Boeing가 제작한 엔진 두개와 두개의 기내 복도를 가지고 있는 중형 항공기로서 1970년대 개발된 B757, B767 등을 대체하고자 제작된 기종이다. 보잉사 제작 항공기로는 최초로 탄소섬유소재로 동체를 제작하였다. 대한항공은 B787 항공기 중 장거리 운항 모델인 B787-9을 보유하고 있다.

🔵 그림 2-17_B787-9

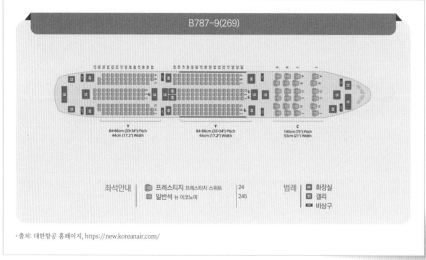

🔵 그림 2-18_비즈니스석(Prestige) 24석, 일반석(Economy) 245석 좌석배치도

(3) B747

B747은 미국의 항공기 제작사인 보잉사Boeing가 제작한 엔진 네 개와 2층의 객실 구조, 두개의 기내 복도를 가지고 있는 대형 항공기로서 1969년 첫 비행에 성공했다.

🔵 그림 2-19_B747-8i

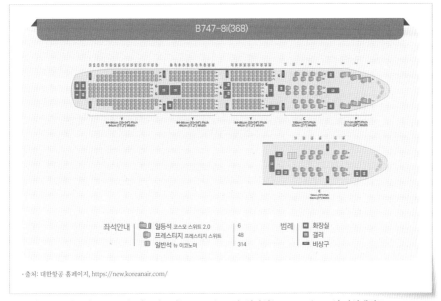

△ 그림 2-20 _ 일등석(First) 6석, 비즈니스석(Prestige) 48석, 일반석(Economy) 314석 좌석배치도

　　대한항공은 B747 항공기 여객기 버전 중 최신형인 B747-8i 와 일반형인 B747-400 버전의 항공기를 보유하고 있다.

(4) B737

△ 그림 2-21_ B737-900

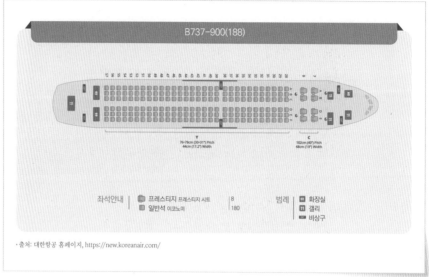

· 출처: 대한항공 홈페이지, https://new.koreanair.com/

🔺 그림 2-22_ 비즈니스석(Prestige) 8석, 일반석(Economy) 180석 좌석배치도

B737은 미국의 항공기 제작사인 보잉사Boeing가 제작한 엔진 두개와 한개의 기
내 복도를 가지고 있는 소형 항공기로서 1968년 첫 비행에 성공한 이후 현재까
지도 생산되고 있다. B737 기종 중 최신형은 B737 MAX이다. 대한항공은 B737
항공기 중 B737 NGNext Generation 버전에 속하는 B737-800, B737-900 및 B737-
900ER 등 3가지 버전의 B737 항공기를 보유하고 있다.

(5) A380

· 출처: 대한항공 홈페이지, https://new.koreanair.com/

🔺 그림 2-23_A380-800

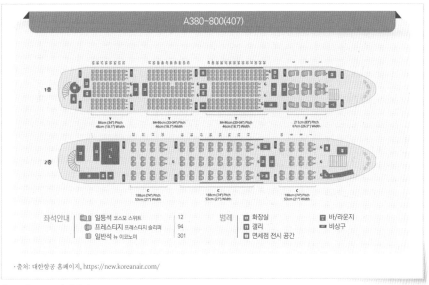

🔺 그림 2-24_좌석배치도

A380은 유럽의 다국적 항공기 제작사인 에어버스사Airbus가 제작한 엔진 네 개와 2층의 객실 구조, 두 개의 기내 복도를 가지고 있는 초대형 항공기이다. B747 항공기와 달리 동체 전체가 2층 구조이기 때문에 최대 853명의 승객을 태울 수 있다. A380 항공기는 A380-800 버전만 생산되었으며, 대한항공은 A380-800 버전을 보유하고 있다.

(6) A330

🔺 그림 2-25_A330-300

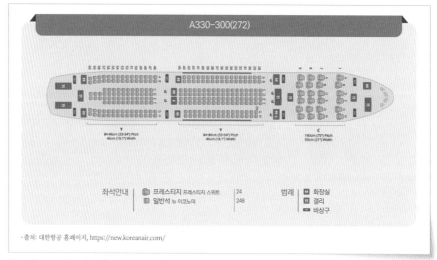

· 출처: 대한항공 홈페이지, https://new.koreanair.com/

🔺 그림 2-26_비즈니스석(Prestige) 24석, 일반석(Economy) 248석 좌석배치도

A330은 에어버스사Airbus가 제작한 엔진 두 개와 두 개의 기내 복도를 가지고 있는 중형 항공기이다. 대한항공은 다양한 A330 버전 중 기본형인 A330-300과 기본형의 동체를 줄이고 항속거리를 늘린 A330-200 버전을 보유하고 있다.

(7) A220

캐나대의 항공기 제작사인 봄바르디에Bombardier사가 개발한 CSeries를 에어버스사가 인수한 후 A220으로 변경했다. A220은 100~150석 규모의 한 개의 기내 복도협동체와 두개쌍발의 엔진 여객기이다.

· 출처: 대한항공 홈페이지

🔺 그림 2-27_A220-300

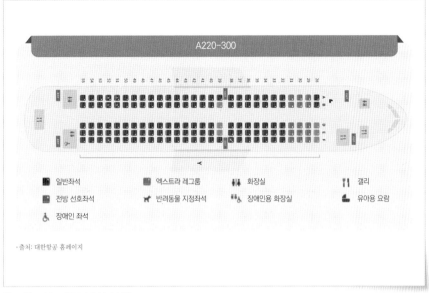

일반좌석   엑스트라 레그룸   화장실   갤리
전방 선호좌석   반려동물 지정좌석   장애인용 화장실   유아용 요람
장애인 좌석

· 출처: 대한항공 홈페이지

🔺 그림 2-28 _A220-300(140석)

2) 아시아나항공 보유 항공기

아시아나항공은 미국 항공기 제작사인 보잉사Boeing의 B747-400, B777-200ER, B767-300 기종과 유럽의 다국적 항공기 제작사인 에어버스사Airbus의 A380-800, A350-900, A330-300, A320 항공기 모델 중 A321-NEO/100/200와 A320-200 기종을 보유하고 있다. 대한항공 보유항공기에서 소개된 기종을 제외한 아시아나항공이 보유한 항공기를 소개하도록 한다.

(1) B767

B767은 미국의 항공기 제작사인 보잉사Boeing가 제작한 엔진 두개와 두개의 기내 복도를 가지고 있는 중형 항공기이다. 1981년 첫 비행을 시작하였으며, 현재 민간 여객기 모델은 생산하지 않고 있다. 아시아나항공이 보유한 B767-300은 기본형 모델의 동체를 연장하여 좌석수와 화물 탑재량을 늘린 버전이다.

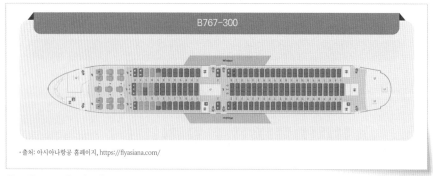

🔺 그림 2-29_비즈니스석(Business) 15석, 일반석(Economy) 235석 좌석배치도

(2) A350

유럽의 항공기 제작사인 에어버스사Airbus에서 제작한 A350은 두개의 엔진과 두개의 기내 복도를 가진 중형 항공기이다. 2013년 첫 비행을 시작한 에어버스사의 최신형 여객기로서 국내에서는 아시아나항공만이 도입했다. 아시아나항공이 보유하고 있는 A350-900 모델은 A350 버전 중 기본형 모델이다.

🔺 그림 2-30_A350-900

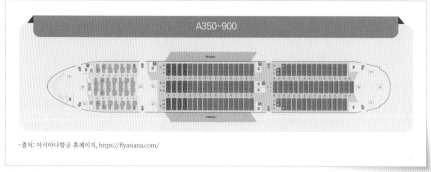

🔺 그림 2-31_비즈니스석(Business) 28석, 이코노미 플러스석(Economy Plus) 36석, 일반석(Economy) 247석 좌석배치도

(3) A320 Family

유럽의 항공기 제작사인 에어버스사_{Airbus}에서 개발한 두 개의 엔진, 한 개의 기내 복도를 가진 소형 항공기이다. A320 Family는 세부 모델이 매우 다양하여 A318, A319, 320, A320, A321 기종 등을 모두 포함한다. 아시아나항공은 A320 Family 중 A320-200, A321-100, A321-200, A321-NEO 모델을 보유하고 있다.

· 출처: 에어버스 홈페이지, https://www.airbus.com/aircraft/

🔺 그림 2-32_A321-NEO

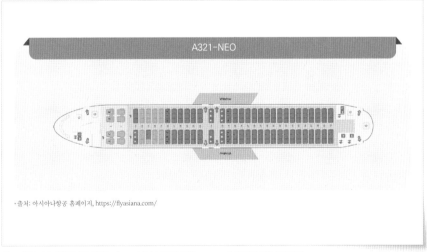

· 출처: 아시아나항공 홈페이지, https://flyasiana.com/

🔺 그림 2-33_비즈니스석(Business) 8석, 일반석(Economy) 180석 좌석배치도

3) 국내 저비용항공사 보유 항공기

(1) 제주항공

보잉사Boeing가 제작한 B737-800 단일 기종을 보유하고 있다. 제주항공이 보유한 B737-800은 전좌석 일반석Economy 189석으로 운용되고 있다. 제주항공은 좌석 간격이 기존 좌석보다 넓은 프리미엄 컴포트 좌석 12석과 일반 좌석 162석 등 총 174석이 장착된 새로운 기내 구조의 B737-800을 도입하기 시작했다.

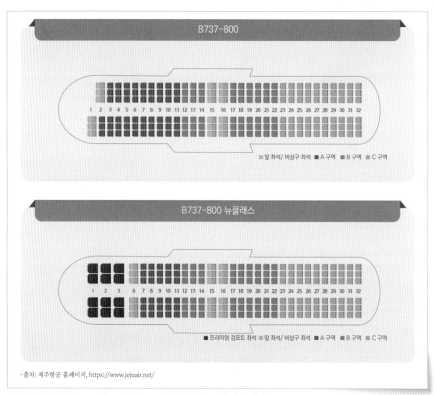

• 출처: 제주항공 홈페이지, https://www.jejuair.net/

🔵 그림 2-34_B737-800(189석) / B737 뉴클래스 (174석) 좌석배치도

(2) 진에어

대한항공의 자회사인 진에어는 보잉사Boeing가 제작한 B737-800과 B777-200ER 기종을 보유하고 있다. 진에어의 B737-800은 전좌석 일반석 189석으로

운영되며, B777-200ER은 이코노미 플러스석_{Economy Plus} 48석, 일반석_{Economy} 345석으로 운영 된다.

(3) 에어부산

아시아나항공의 자회사인 에어부산은 에어버스사_{Airbus}가 제작한 A320-200, A321-200, A321-LR 기종을 보유하고 있다. 에어부산의 보유 항공기는 전좌석 일반석으로 162석부터 최대 220석의 좌석이 장착되어 있다.

(4) 티웨이항공, 이스타항공, 에어서울, 플라이강원

티웨이항공, 이스타항공과 플라이강원은 보잉사_{Boeing}의 B737-800 단일 기종을 운영하고 있으며, 아시아나항공의 자회사인 에어서울은 에어버스사의 A321-200 단일 기종을 운영하고 있다.

제3절 발권Ticketing과 탑승수속Check-in의 이해

1 발권Ticketing과 항공권Air Ticket

1) 발권Ticketing의 의미

간단하게 표현하면 발권을 통해 항공사와 소비자 사이에 항공기를 이용한 운송계약이 체결된다. 발권은 소비자가 예약된 항공편을 이용하기 위해 항공사에 금전_{비용}을 지불하고, 항공사는 소비자가 지불한 금전을 근거로 소비자가 예약한 항공편에 대해 운송을 책임지는 계약이 이루어지는 과정을 의미한다. 소비자는 항공편을 예약함으로써 항공사에 대해 청약을 하고, 항공사는 소비자로부터 금

전을 받고 항공편을 확약하여 항공권Air Ticket을 소비자에게 발급함으로써 청약
에 대한 승낙을 표시한다.

2) 항공권Air Ticket

항공권은 일종의 기명 유가증권으로, 항공권에 표기된 소유자예약객만이 항
공권상에 표기된 항공편에 대한 탑승과 운송계약의 완료를 요구할 수 있다. 항
공권은 '국제항공운송규칙의 통일에 관한 조약바르샤바협약'이 정한 항공권의 소
유자, 운송 항공사, 출발지와 도착지, 발권 일자와 장소, 운송책임 등이 표시되
어야 한다.

· 출처: 대한항공 홈페이지, https://news.koreanair.com

🔺 그림 2-35 _항공권(Air Ticket) 예시

2 탑승수속Check-in과 탑승권Boarding Pass

1) 탑승수속의 의미와 종류

탑승수속은 체크인Check-in이라고도 하며 항공권을 발권한 예약객이 자신의 항

공권Airline Ticket을 항공기에 탑승할 수 있는 탑승권Boarding Pass으로 교환하는 절차이다. 예약객은 탑승수속을 마친 후 승객Passenger이 된다. 탑승수속을 위해서는 예약객은 항공권과 여권, 비자VISA와 같은 출입국에 필요한 서류Document를 탑승수속 담당직원에게 제공하여야 한다. 또한 탑승수속 과정에서 수하물의 위탁이 이루어진다.

탑승수속은 공항 탑승수속 카운터를 이용하는 것과 온라인 탑승수속, 모바일 탑승수속, 공항 키오스크Kiosk 탑승수속, 도심공항터미널 탑승수속 등이 있다. 탑승수속 종류별 세부절차는 3장에서 소개하도록 한다. 최근 항공사와 공항 운영당국은 여객청사의 혼잡도를 낮추고 인건비 등 비용절감을 위해 온라인과 모바일, 키오스크 탑승수속을 권장하고 있다. 항공사에 따라서는 공항의 탑승수속 카운터를 이용하는 예약객에 대해 추가 서비스요금을 징수하기도 한다.

2) 탑승권Boarding Pass

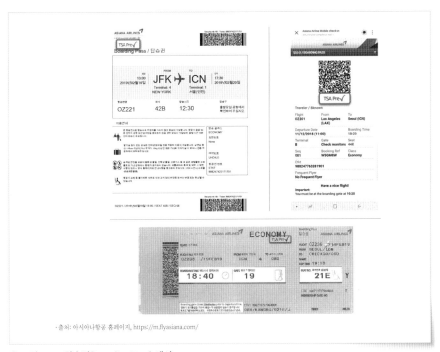

· 출처: 아시아나항공 홈페이지, https://m.flyasiana.com/

🔺 그림 2-36 _탑승권(Boarding Pass) 예시

탑승권은 보딩패스Boarding Pass라고도 하며, 국제민간항공기구ICAO가 요구하는 탑승객과 탑승 항공편의 정보가 담겨 있다. 전세계 항공사마다 일부 디자인과 색상에 차이가 있을 뿐 유사한 형태를 따르고 있다. 탑승권의 전면부는 승객과 탑승 예정 항공편을 특정하기 위한 정보만을 표기할 수 있으며 광고 등은 표기할 수 없다. 탑승권 후면부는 광고 등에 사용할 수 있다.

제4절 PSSPassenger Service System

항공사에는 다양한 분야에서 IT 시스템을 도입하여 업무에 활용하는데, 고객과의 거래 처리와 관련된 시스템은 Passenger Service System, PSS라 부르는 여객서비스시스템으로 통합하여 운영하고 있다.

· GDS Global Distribution System

일반적으로 항공권을 예약할 때 항공사 홈페이지보다 스카이스캐너 등 다른 웹사이트를 통해 구매하는 것이 더 저렴하다. 또한 그러한 웹사이트는 여러 항공사들의 운항편을 한꺼번에 조회가 가능하고 심지어 렌터카, 호텔 등도 예약할 수 있다.

이러한 기능은 GDS라는 시스템으로 구현이 가능하다. GDS란, 전세계 항공편 예약이 가능한 대형 예약 시스템이다. GDS는 손님이 한 웹사이트에서 전세계 대부분의 항공편 예약이 가능하게 구현하였다. 항공사에서도 자체적으로 판매하는 것보다도 훨씬 더 효과적인 수입창출이 가능하다.

현재 전세계에서 사용되는 GDS의 종류는 대표적으로 아마데우스(Amadeus), 세이버(Sabre), 월드스팬(Worldspan), 아바쿠스(Abacus), 갈릴레오(Galileo), 트래블스카이(TravelSky) 등이 있다.

PSS는 약 50년 전에 개발된 CRS로부터 그 출발을 찾아볼 수 있다. CRS는 Computerized Reservation System의 약자로, 항공예약시스템을 말한다. CRS는 컴퓨터를 통해 항공편의 예약, 발권, 호텔, 렌터카 등 여행과 관련된 종합적인 서비스를 제공하는 시스템으로, 대표적으로 SABRE 세이버가 있다. CRS는 기술 문명의 발전과 함께 많은 기능 개선되며, 이후 PSS라는 이름으로 업그레이드되어 CRS의 예약, 발권 기능에 더해 공항의 운송서비스와 기타 항공사 운영에 필요한 다양한 서비스를 통합한 시스템으로 발전되었다.

1 목적과 기능

PSS는 고객의 예약, 발권, 공항에서의 탑승수속 등의 운송 업무, FFP Frequent Flyer Program, 상용고객우대 마일리지프로그램 관리 등의 업무에 사용된다. 항공사에서는 여객운송·공항서비스와 관련된 다양한 서비스가 손님과 상호작용을 통해 이루어진다.

PSS는 항공사가 확보한 고객 뿐 아니라 잠재 고객에 대한 서비스와 예약, 발권, 여객운송·공항서비스 업무의 효율성을 극대화한다. PSS의 기능을 세분화하면 다음과 같다.

- 예약기능
- 발권기능
- 공항서비스 기능
- 마케팅 등 부가 기능

먼저 예약기능은 컴퓨터를 이용하여 항공편의 잔여석 등의 정보를 확인하고 고객이 희망하는 예약을 수행하게 해주는 기능이다. 항공편의 좌석 예약은 PSS를 운영하는 해당 항공사 뿐 아니라 그 항공사가 협약을 맺은 파트너 항공사의 운항편 등의 예약 업무도 수행할 수 있다.

발권기능은 고객이 희망하는 여행일정과 신분과 이벤트 등에 의해 적용되는 할인액을 계산하여 요금을 산정하고 그에 따른 항공권을 발급하는 기능이다. 발권기능 또한 예약기능과 같이 파트너 항공사의 운항편까지 발권이 가능하기도 하다.

공항서비스 기능은, 예약과 발권을 마친 고객이 여행 당일에 공항에서 항공기에 탑승하기 위해 거치는 탑승수속을 지원하기 위한 기능이다. 고객이 탑승하고자 하는 해당편의 좌석을 배정하고, 수하물을 위탁하고, 여행 서류 등을 확인하고 데이터를 각 정부 기관들에 보내는 역할을 맡는다.

마지막으로 부가기능은, 항공사의 수익을 극대화하기 위한 기능들로, 고객의 요구에 대한 대응과 항공사의 업무 효율성에도 기여한다. 상용 고객들을 위한 탑승 마일리지 적립, 마일리지 사용 등 마일리지 프로그램 등이 있으며, 시스템적으로 VIP 등 우수 고객을 인식하고 우대 서비스 제공 등을 안내한다.

2 주요 PSS

1) Amadeus Altéa

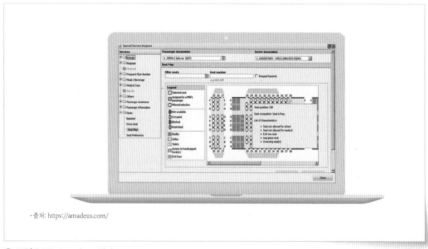

· 출처: https://amadeus.com/

⬥ 그림 2-37_Amadeus Altéa

대표 GDS 중 하나인 아마데우스가 제공하는 PSS로, 전세계 항공사 시스템 중 가장 큰 점유율을 기록하고 있다. 우리나라에서는 대한항공과 아시아나항공이 아마데우스 알테아 시스템을 도입하여 운영하고 있다.

알테아 시스템의 장점은, 동일한 시스템을 사용하는 전세계의 항공사와 여행사 간에 동일한 예약번호PNR을 공유할 수 있다. 예약번호를 공유하면 예약과 발권에 필요한 각종 정보를 정확하게 유지하고 오류 발생 가능성이 현저하게 낮아질 수 있다. 또한 여행사와 플랫폼을 공유하기 때문에 여행사에서도 동일한 예약기록에 실시간으로 접근이 가능하여 승객이 요청하는 특별사항 SSR, Special Service Requests에 대한 기록과 응답도 즉각적으로 가능하다.

대한항공과 아시아나는 기존에 자체 시스템을 사용하다가 아마데우스 알테아를 도입했는데, 그 이유는 자체 시스템은 고정적인 인력과 비용 소모가 심한 반면에 알테아는 최신의 양질의 시스템 컨텐츠를 저렴한 비용으로 이용이 가능하다. 또한 대한항공과 아시아나 모두 FSC 항공사로 Skyteam과 Star Alliance라는 대형 항공 동맹체에 소속되어 있으므로 항공사 동맹체 간 안정적인 업무호환이 필수적이다.

2) Navitaire NewSkies

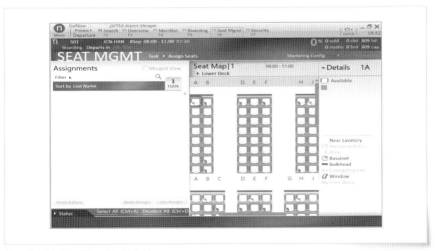

◯ 그림 2-38 _ NewSkies 내 DCS GoNow

스카이스피드는 미국 솔트레이크시티에 위치한 Navitaire에서 개발한 여객서비스시스템이다. 전세계 LCC 저비용항공사에서 많이 사용되는 시스템이다. GUI Graphical User Interface 버전의 시스템으로 직관적이고 손쉬운 사용방법이 장점이다.

3) IBS iFlyRes

iFlyRes는 세계적인 항공 IT 서비스 업체인 IBS에서 개발한 여객서비스시스템이며 본사소재지는 인도 트리반드롬이다. 주로 LCC 저비용 항공사에서 많이 사용하며, 우리나라에서는 진에어와 티웨이항공이 iFlyRes 시스템을 도입하여 사용하고 있다. iFlyRes의 장점은 소비자 특성에 맞춘 서비스 추가와 변경이 용이하여 다양한 서비스 개발이 가능하고 대고객 서비스가 강화될 수 있다.

4) SITA Horizon

```
SESSION 1   SESSION 2   SESSION 3   SESSION 4    TravelSky In...
▶ft ca1997/10dec
▶PD: CA1997/10DEC14*LAX                                          OP/NAM
737/NYT  GTD/???? POS/GATE BDT0830 SD0900 ED0900  SA2200  FT2100
  1. 1HE/EICH+                        Y PEK BDY7S  CTC
  2. 1HEN/MINM+             23J       Y PEK        INF PSM RES CTC
  3. 1HIM/MINM+             34J       Y PEK        INF PSM RES CTC
  4. 1PP/IMEI+       BN002  23A       Y PEK BDY7S  PSPT API CTC DOCS
  5. 1TT/HIME+                        Y PEK BDY7S  CTC
  6. 1WANGG/MINM+           20J       Y PEK        INF PSM RES CTC
  7. 1WU/EICH+       BN001  24J       Y PEK        PSPT API CTC DOCS
  8. 1XU/ZHIM+                        Y PEK BDY7S  CTC
  9. 1ZHANG/MINM+           33J       Y PEK KH2SF  INF PSM RES CTC
```

🔺 그림 2-39_SITA의 DCS Liaison

글로벌 항공운송 IT업체인 SITA에서 개발한 여객서비스시스템 호라이즌은 유연하고 가치 중심적인 솔루션으로 평가받는다. 다만 명령어를 입력하여 구동하는 형식으로 다른 업체의 GUI버전의 직관적인 PSS보다는 외워야 하고 사전에 숙지해야 할 점이 많다. 우리나라에서는 제주항공, 에어서울 그리고 플라이강원이 도입하여 사용하였으나, SITA는 PSS 서비스를 2020년까지만 제공하고 단종한다고 발표하였다.

제5절 항공사 여객운송·공항서비스 조직

항공사는 기업으로서 인사, 기획, 재무 등의 업무 조직을 가지고 있으며, 여객운송 및 공항서비스 업무를 수행하기 위한 다양한 조직을 가지고 있다. 항공사마다 조직의 크기나 업무 특성에 따라 조직의 명칭과 부서 수의 차이가 있기는 하나, 이 책에서는 국내 주요항공사들이 공통적으로 운영하고 있는 여객운송 및 공항서비스 조직을 설명한다.

1 항공사 본사 운송공항서비스 관리 및 지원 조직

항공사의 여객운송·공항서비스 관련 부서는 담당 업무가 대부분 공항 현장에서 수행되게 됨으로 공항에 대부분의 직원들이 근무하게 된다. 이러한 공항 현장에 근무하는 직원들과 해당 업무의 원활한 지원을 위해 항공사 본사에도 여객운송·공항서비스 관련 부서가 있게 된다.

항공사 임직원 중에 가장 많은 수를 차지하는 것은 객실승무원Cabin Attendant이나, 다음으로 많은 수가 바로 여객운송·공항서비스 관련 직원이다. 2010년 이후로 많은 여객운송·공항서비스 관련 업무가 지상조업사 등에 위탁되면서 항공사에 직접 고용된 여객운송·공항서비스 관련 직원의 수가 많이 줄었으나, 아직도 항공사 임직원 중 많은 비중을 차지하고 있다.

1) 여객운송·공항서비스관리팀

일반기업의 인사팀, 회계팀, 기획팀 등 관리 조직에 해당하는 부서이다. 항공사의 여객운송·공항서비스 관련 조직은 직원의 숫자도 많지만 대부분 조직이 본사 외부의 공항 현장에 있어 국내 각지와 전세계에 산개하여 위치하게 된다. 따라서 이러한 조직 특성을 반영해 항공사 여객운송·공항서비스 관련 조직의 인사, 회계, 구매 등 관리 업무만을 전담하는 항공사 본사 부서가 여객운송·공항서비스관리팀이다.

2) 여객운송·공항서비스운영지원팀

일반기업의 총무팀, 경영지원팀 등 지원조직에 해당하는 부서이다. 항공사의 공항지점은 직원 유니폼, 업무 서류, 입출국 관련 서류와 탑승권, 수하물표 등의 양식과 같은 많은 물품을 필요로 하게 되며 이러한 물품을 전국 및 전세계에 산재된 지점에 적시에 지원해 주어야 한다. 또한 여객운송·공항서비스 업무는 보안 및 안전규정을 준수해야 하는 대단히 국제표준화가 이루어진 업무이다. 따라서 ICAO나 국토교통부의 규정 변경 등이 있을 경우, 이를 즉시 업무에 반영하고 소속 공항지점에 변경 내용을 전파해야 한다. 이러한 여객운송·공항서비스 관련 조직의 지원 업무를 담당하는 본사 부서가 여객운송·공항서비스운영지원팀이다.

3) 허브공항인천국제공항 항공사 조직

대한항공이나 아시아나항공의 인천국제공항지점은 소속된 직원만 천여명이 넘는 대형 조직이다. 이런 조직규모는 웬만한 일반 중소기업 보다 큰 규모로 항공사 본사에서 직접 모든 업무를 관리하기가 불가능하다. 따라서 대한항공과 아시아나항공 등은 인천국제공항지점은 임원급이 지점장에 임명되며 산하에 업무별로 여러 개의 부서팀를 운영하게 된다. 제주항공, 진에어 등 LCC 들은 대형항공사 대비 조직 규모가 작아 부장급 직원이 지점장이 되며, 산하에 업무별로 여러 개의 업무파트Part를 운영하고 있다.

(1) 공항서비스지원팀파트

지점의 인사, 총무, 경영지원, 회계 등 관리·지원업무를 담당하는 부서이다.

(2) 탑승수속팀파트

탑승수속 업무를 담당하는 직원들이 소속된 부서이다. 탑승소속과 관련된 직원교육, 근무 스케줄 관리, 소속 직원의 인사평가 등의 업무를 담당한다.

(3) 발권팀

공항 현장의 항공권 발권업무를 담당하는 부서이다. 발권 이외에도 공항 현장에서 항공권의 여정변경과 차액징수, 부가서비스 수수료 징수 등의 업무를 담당한다.

(4) 마일리지FFP, Frequent Flyers Program팀파트

공항 현장의 마일리지 관련 대고객 서비스를 담당하는 부서이다. Sky Team, Star Alliance 등과 같은 항공동맹체 마일리지 관련 업무도 담당한다.

(5) 출입국팀파트

공항 현장의 출국과 입국 업무를 담당하는 부서이다. 도착편에 입국 거절승객In-admissible Passenger, INAD이 발생할 경우, 해당 승객의 처리도 출입국부서의 업무이다.

(6) 수하물팀파트

탑승객이 위탁한 수하물 관련 업무를 담당하는 부서이다. 일반 승객의 경우 비정상적인 경우에만 접할 수 있는 부서로서 수하물 파손, 지연, 분실 등의 업무를 처리하는 부서이다. 대형공항일수록 수하물 사고가 많이 발생하기 때문에 공항 현장 부서 중 업무량이 많은 편에 속하는 부서이다.

(7) 탑재관리Load Control팀파트

공항 현장의 항공기 좌석 관리Seat Control와 Weight & Balance 업무를 담당하는 부서이다. Weight & Balance 업무란 항공기가 안전하게 비행할 수 있도록 항공기내 승객의 좌석 배정과 화물의 탑재위치를 배분하고 조정하는 것이다.

(8) 지방공항지점과 해외공항지점 조직

김포공항지점과 김해부산공항지점 등을 제외한 국내 지방공항지점과 대부분의 해외지점은 과·차장급 지점장과 2~10명이내의 직원들이 근무한다. 담당업무가 대형 공항지점 업무와 많은 차이는 없으나, 운항 항공편 수가 많지 않아 소수의

항공사 여객운송
공항서비스 실무

직원이 모든 업무를 처리할 수 있다. 이들 지점에서 처리할 수 없는 업무나 고객 불만은 인천국제공항지점과 같은 대형공항지점이나 본사 관련부서에 인계하기도 한다.

제6절 국내 주요 항공사 상용고객 우대 프로그램Frequent Flyer Program, 마일리지 제도

국내 주요항공사들은 마케팅과 충성고객 확보를 위해 마일리지 프로그램Frequent Flyers Program을 도입해 운영하고 있다. 여객운송과 공항서비스를 담당하는 직원이 마일리지 프로그램을 주의 깊게 숙지하지 못한다면 승객 응대에 많은 어려움을 겪을 수 있다. 이번 장에서는 국내 주요 항공사의 마일리지 프로그램을 소개한다.

1 대한항공

대한항공의 마일리지 제도는 '스카이패스SKYPASS'로 통칭된다. 탑승 마일리지와 탑승 횟수에 따라 '모닝캄 클럽', '모닝캄 프리미엄 클럽', '밀리언 마일러 클럽'의 세 등급으로 구분된다.

1) 가입자격과 가입 방법

연령, 성별, 국적의 제한 없이 누구나 홈페이지나 앱, 지점, 제휴 신용카드, 모바일 월렛 등을 통해 가입할 수 있다. 다만, 공항 카운터와 서비스센터에서는 회원 가입 서비스를 제공하지 않는다.

2) 혜택

대한항공 탑승은 물론 제휴 신용카드, 호텔, 렌터카 등을 이용할 때마다 마일리지를 적립할 수 있으며, 적립된 마일리지로 보너스 항공권 및 좌석 승급 보너스를 이용할 수 있다. 또한 대한항공 외의 스카이팀 항공사에서도 회원 등급에 따라 대한항공과 같은 혜택을 누릴 수 있다.

3) 이용 방법

대한항공 또는 스카이팀 공통 우수회원 혜택을 위해 회원카드모바일 스카이패스 카드 포함를 제시하여야 한다.

4) 대한항공 마일리지 프로그램 회원 자격

표 2-1_대한항공 마일리지 프로그램 회원구분 및 자격조건

구분	모닝캄 클럽	모닝캄 프리미엄 클럽	밀리언 마일러 클럽
회원 구분	KOREAN AIR SKYPASS MORNING CALM	KOREAN AIR SKYPASS MORNINGCALM PREMIUM	KOREAN AIR SKYPASS MILLION MILER
스카이팀 등급	엘리트	엘리트 플러스	엘리트 플러스
자격 조건	다음 중 어느 한 조건 충족 시 • 대한항공 5만 마일 이상 탑승 • 대한항공 40회 이상 탑승 • 대한항공 탑승 3만 마일 이상/제휴사 이용 실적 포함 5만 마일 이상 적립	대한항공(스카이팀 항공사 포함) 50만 마일 이상 탑승 시	대한항공(스카이팀 항공사 포함) 100만 마일 이상 탑승 시
자격 기간	자격 취득일로부터 2년	자격 취득일로부터 평생	자격 취득일로부터 평생
자격 유지 조건	자격 유효기간 중 다음의 어느 한 조건 충족시 • 대한항공 탑승 3만 마일 이상 • 대한항공 탑승횟수 20회 이상 • 대합항공 탑승 2만 마일 또는 탑승 횟수 15회 이상/제휴사 이용 실적 포함 3만 마일 이상 적립	조건 없음	조건 없음

• 출처: 대한항공 홈페이지(http://www.koreanair.com/)

대한항공 항공권 중 할인 또는 프로모션 항공권 등은 탑승 마일리지가 적립되지 않으며, 국내선 탑승은 0.5회 탑승으로 계산된다는 점에 유의하여 고객을 응대하여야 한다.

5) 대한항공 마일리지 프로그램 회원 혜택

표 2-2 _ 대한항공 마일리지 프로그램(SKYPASS) 회원 혜택

회원혜택	모닝캄 클럽	모닝캄 프리미엄 클럽	밀리언 마일러 클럽
스카이팀 등급	엘리트	엘리트 플러스	엘리트 플러스
예약 대기 시 우선권	○	○	○
전용 카운터	○	○	○
위탁 수하물 무료 추가	○	○	○
수하물 우선 처리	○	○	○
라운지 이용	○	○	○
국제선 일반석 사전 좌석 배정 서비스	○	○	○
성수기 보너스 이용 시 평수기 공제 마일리지 적용	해당없음	○	○
보너스 항공권 재발행 수수료 면제	해당없음	해당없음	○
전용전화 이용 (국내)	해당없음		

• 출처: 대한항공 홈페이지, https://www.koreanair.com/

6) 대한항공 보너스 항공권과 좌석등급 마일리지 공제 기준

보너스 항공권과 좌석승급 마일리지 공제 기준은 왕복 기준으로 안내되며, 편도 이용 시 왕복 공제 마일리지의 50%를 공제한다. 성수기에는 추가 공제되며, 성수기는 매년 변경되어 지정되므로 여객운송 서비스 담당자는 매년 성수기 기간을 숙지하고 있어야 한다. 대한항공의 보너스 항공권 발권 시 공제 마일리지 이외에 세금 및 수수료가 부과된다. 국내선은 최소 USD 15 이상, 국제선은 최소 USD 37 이상의 세금 및 수수료가 부과되며, 이는 이용 좌석, 여정, 환율 및 해당 국가와 항공사 규정에 따라 변동된다.

표 2-3_대한항공 보너스 항공권 마일리지 공제표

구간	시즌	일반석	프레스티지석	일등석
대한민국(국내선)	평수기	5,000	6,000	-
	성수기	7,500	9,000	-
일본/중국/동북아	평수기	15,000	22,500	32,500
	성수기	22,500	32,500	47,500
동남아/괌	평수기	20,000	35,000	45,000
	성수기	30,000	52,500	67,500
서남아/타슈켄트	평수기	25,000	45,000	57,500
	성수기	37,500	67,500	87,500
북미/유럽/중동/대양주	평수기	35,000	62,500	80,000
	성수기	52,500	92,500	120,000

• 출처: 대한항공 홈페이지, https://www.koreanair.com/

 표 2-4_대한항공 좌석승급 보너스 마일리지 공제표

도착 지역	시즌	일반석 → 프레스티지석	프레스티지석 → 일등석
대한민국(국내선)	평수기	1,500	-
	성수기	2,000	-
일본/중국/동북아	평수기	10,000	12,500
	성수기	15,000	17,500
동남아/괌	평수기	17,500	17,500
	성수기	25,000	25,000
서남아/타슈켄트	평수기	20,000	20,000
	성수기	30,000	30,000
북미/유럽/중동/대양주	평수기	40,000	40,000
	성수기	60,000	60,000

• 출처: 대한항공홈페이지, https://www.koreanair.com/

2 아시아나항공

아시아나항공의 상용 고객 우대 프로그램은 아시아나 클럽으로 통칭된다. 아시아나항공, 스타얼라이언스, 제휴항공사 탑승 및 아시아나항공과 제휴를 맺은 신용카드, 호텔, 렌터카, 인터넷 쇼핑몰 등을 이용하여 마일리지를 적립할 수 있다.

1) 아시아나클럽 회원제도

아시아나클럽에 신규 가입하면 실버회원일반회원이 되며, 항공 탑승 및 아시아나 제휴카드 이용 실적에 따라 골드, 다이아몬드, 다이아몬드 플러스, 플래티늄 회원으로 승급된다.

표 2-5_아시아나항공 마일리지 프로그램 회원구분 및 자격 조건

구분	골드	다이아몬드	다이아몬드 플러스		플래티늄
회원자격 유지기간	24개월	24개월	24개월	평생	평생
공제 마일리지 할인 쿠폰 (승급 후)	-	-	-	매 24개월간 아시아나항공편 및 스타얼라이언스 항공편 10만 탑승마일 적립 또는 아시아나항공 100회 탑승시 2매 (좌석 승급 공제마일 50% 할인 또는 마일리지 항공권 1만 마일 할인)	아시아나항공편 10만 탑승마일 적립 시 마다 2매(좌석 승급 공제마일 50% 할인 또는 마일리지 항공권 1만 마일 할인)
한국 소재 라운지 이용	비즈니스 클래스 라운지 이용권 2매(승급 및 자격 유지 실적 충족 시)	비즈니스 클래스 라운지 (동일 편명 탑승 동반자 1인 포함)	소지하신 항공권의 차상위라운지 (동일 편명 탑승 동반자 1인 포함)	• 2018.12.31. 까지 승급 시 최상위 라운지 이용 • 019.1.1. 부터 승급 시 차상위 라운지 이용(동일 편명 탑승 동반자 1인 포함)	최상위 라운지 (동일 편명 탑승 동반자 1인 포함)
				2018. 7. 1. 부터 인천공항 최상위 라운지 이용 우수회원 혜택은 아시아나항공이 운항하는 정기 항공편 탑승 시에만 가능	

구분	골드	다이아몬드	다이아몬드 플러스		플래티늄
해외 소재 라운지 이용	-	스타얼라이언스 골드 비즈니스 라운지, 계약 비즈니스 라운지			
탑승 전용 수속 카운터 이용	전용 카운터 (골드 전용 카운터가 있는 경우에 한함)	전용 카운터 (없는 경우 비즈니스 카운터 이용)	소지하신 항공권의 차상위 카운터	최상위 카운터	최상위 카운터
우수회원 탑승 보너스 마일리지	5%	10%	15%	15%	20%
무료 추가 수하물 (아시아나 항공)	국제선				
	1Piece 중 9kg 무료	1Piece(개당 무게는 탑승 클래스 기준) * 이코노미 클래스 탑승 시 골드 혜택(1Piece 중 9kg 무료) 선택 가능			
	국내선				
	10kg	20kg	30kg	30kg	30kg
무료 추가 수하물 (스타얼라이언스)	-	1Piece(개당 무게는 탑승 클래스 기준)			
성수기 마일리지 적용	50% 추가공제	50% 추가공제	미적용	미적용	미적용
우선 탑승	-	가능	가능	가능	가능
마일리지 유효기간	10년	12년	12년	12년	12년
스타얼라이언스 우수회원 자격	Star Alliance Silver	Star Alliance Gold	Star Alliance Gold	Star Alliance Gold	Star Alliance Gold

• 출처: 아시아나항공 홈페이지(http://flyasiana.com/)

2) 아시아나항공 마일리지 항공권과 좌석승급 공제 기준

아시아나항공의 마일리지 항공권과 좌석 승급을 위한 공제 기준은 왕복 기준으로 안내되며 편도 이용 시 왕복 공제 마일리지의 50%를 공제한다. 성수기에는 마일리지가 추가 공제되며, 성수기는 매년 변경되어 지정되므로 여객운송 서비스 담당자는 매년 성수기 기간을 숙지하고 있어야 한다.

표 2-6_아시아나항공 마일리지 항공권 사용 기준표

구간	노선	이코노미	비즈니스	비즈니스 스마티움
한국 출도착 구간	국내선	10,000	12,000	-
	한국 ↔ 일본, 중국/동북아	30,000	45,000	50,000
	한국 ↔ 동남아	40,000	60,000	70,000
	한국 ↔ 서남아	50,000	75,000	90,000
	한국 ↔ 미주, 대양주, 유럽	70,000	105,000	125,000
한국 경유하는 이원구간	일본 ↔ 중국/동북아	45,000	60,000	70,000
	일본, 중국/동북아 ↔ 동남아	55,000	70,000	85,000
	일본, 중국/동북아 ↔ 서남아	60,000	80,000	100,000
	일본, 중국/동북아 ↔ 미주, 대양주	75,000	110,000	135,000
	일본, 중국/동북아 ↔ 유럽	75,000	110,000	135,000
	동남아 ↔ 유럽	85,000	125,000	155,000
	동남아 ↔ 서남아	70,000	105,000	130,000
	동남아 ↔ 미주, 대양주	85,000	125,000	155,000
	서남아 ↔ 미주, 대양주	95,000	140,000	175,000
	대양주 ↔ 미주	105,000	160,000	200,000
	대양주 ↔ 유럽	105,000	160,000	200,000

• 출처: 아시아나항공 홈페이지(http://flyasiana.com/)

표 2-7_아시아나항공 마일리지 좌석승급 사용 기준표

구간	노선	이코노미 → 비즈니스	이코노미 → 비즈니스 스마티움
한국 출도착 구간	한국 ↔ 한국	3,000	-
	한국 ↔ 일본, 중국/동북아	20,000	25,000
	한국 ↔ 동남아	25,000	35,000
	한국 ↔ 서남아	25,000	40,000
	한국 ↔ 미주, 대양주, 유럽	60,000	80,000
한국 경유하는 이원구간	일본 ↔ 중국/동북아	30,000	40,000
	일본, 중국/동북아 ↔ 동남아	35,000	50,000
	일본, 중국/동북아 ↔ 서남아	35,000	55,000
	일본, 중국/동북아 ↔ 미주, 대양주	60,000	85,000
	일본, 중국/동북아 ↔ 유럽	60,000	85,000
	동남아 ↔ 유럽	75,000	105,000
	동남아 ↔ 서남아	40,000	65,000
	동남아 ↔ 미주, 대양주	75,000	105,000
	서남아 ↔ 미주, 대양주	75,000	110,000
	대양주 ↔ 미주	100,000	140,000
	대양주 ↔ 유럽	100,000	140,000

• 출처: 아시아나항공 홈페이지https://flyasiana.com/

3 국내 저비용항공사 상용고객우대프로그램

1) 진에어

진에어의 상용고객우대프로그램은 '나비포인트'로 통칭된다. 나비포인트 보너스 항공권은 국내선 항공권 예약에 한하여 노선별 사용 기준에 따라 편도 보너스 항공권주중/주말으로 구분하여 사용 가능하다. 보너스 항공권은 일련번호의 쿠

폰 형태로 발급되며, 진에어 홈페이지 또는 모바일을 통해 1개월 안에 자유롭게
사용할 수 있다.

 표 2-8_진에어 운임별 나비포인트 적립 기준

운임 종류	요일 기준	사용 포인트
지니비스	150%	-
지니	100%	100%
플렉스	80%	100%
슈퍼로우	0%	80%

• 출처: 진에어 홈페이지(http://www.jinair.com/benefit/point)

 표 2-9_진에어 노선별 나비포인트 적립 기준

지역	노선	적립 포인트(편도 기준)
국내선	전노선	10P
동북아	서울/인천 (ICN) - 삿포로(CTS)	20P
	부산(PUS) - 삿포로(CTS)	20P
	서울/인천 (ICN) - 오키나와(OKA)	20P
	부산(PUS) - 오키나와(OKA)	20P
	서울/인천 (ICN) - 후쿠오카(FUK)	15P
	부산(PUS) - 후쿠오카(FUK)	10P
	서울/인천 (ICN) - 오사카/간사이(KIX)	15P
	부산(PUS) - 오사카/간사이(KIX)	15P
	서울/인천 (ICN) - 도쿄/나리타(NRT)	20P
	서울/인천 (ICN) - 기타큐슈(KKJ)	15P
	부산(PUS) - 기타큐슈(KKJ)	15P
	서울/인천 (ICN) - 나고야(NGO)	15P
	제주(CJU) - 상하이/푸동(PVG)	15P
	양양(YNY) - 상하이/푸동(PVG)	20P
	제주(CJU) - 시안(XIY)	25P

지역	노선	적립 포인트(편도 기준)
동북아	서울/인천 (ICN) - 홍콩(HKG)	25P
	서울/인천(ICN) - 마카오(MFM)	25P
	서울/인천 (ICN) - 타이베이/타오위안(TPE)	20P
	대구(TAE) - 타이베이/타오위안(TPE)	20P
	서울/인천 (ICN) - 칭다오(TAO)	15P
동남아	서울/인천 (ICN) - 방콕(BKK)	30P
	부산(PUS) - 방콕(BKK)	30P
	서울/인천 (ICN) - 푸껫(HKT)	30P
	서울/인천 (ICN) - 세부(CEB)	30P
	부산(PUS) - 세부(CEB)	30P
	서울/인천 (ICN) - 클락(CRK)	30P
	부산(PUS) - 클락(CRK)	25P
	서울/인천 (ICN) - 보라카이/칼리보(KLO)	30P
	서울/인천 (ICN) - 비엔티안(VTE)	30P
	서울/인천 (ICN) - 코타 키나발루(BKI)	30P
	부산(PUS) - 코타키나발루(BKI)	30P
	서울/인천 (ICN) - 조호르바루(JHB)	30P
	서울/인천(ICN) - 다낭(DAD)	30P
	부산(PUS) - 다낭(DAD)	30P
	서울/인천 (ICN) - 하노이(HAN)	30P
	서울/인천 (ICN) - 치앙마이(CNX)	30P
	서울/인천 (ICN) - 나트랑(CXR)	30P
	부산(PUS) - 나트랑(CXR)	30P
대양주	서울/인천 (ICN) - 괌(GUM)	40P
	부산(PUS) - 괌(GUM)	40P
	서울/인천 (ICN) - 호주, 케언스(CNS)	60P
미주	서울/인천 (ICN) - 하와이, 호놀룰루(HNL)	60P

• 출처: 진에어 홈페이지(http://www.jinair.com/benefit/point)

 표 2-10 _ 진에어 나비포인트 사용 기준

구 분	요일 기준	사용 포인트
국내선 편도	월화수목	100P
	금토일	150P
국내선 왕복	월화수목	200P
	금토일	300P

• 출처: 진에어 홈페이지(http://www.jinair.com/benefit/point)

2) 제주항공

제주항공의 상용고객우대프로그램은 '리프레스 포인트'로 통칭된다. 항공권 구매 금액 1,000원당 50P, 순수 항공 운임 기준 5%가 적립되며, 가족에게 포인트 양도 및 합산을 하여 포인트 항공권을 구매하는 방식의 사용도 가능하다.

 표 2-11 _ 제주항공 회원 자격 조건 및 혜택

회원등급	SILVER	SILVER+	GOLD	VIP
자격 요건	제주항공 최초 가입	50,000P 탑승적립 또는 10회 탑승 횟수 누적	100,000P 탑승적립 또는 20회 탑승 횟수 누적	250,000P 탑승적립 또는 50회 탑승횟수 누적
혜택	리프레시 포인트 가입 회원 모두에게 특별 멤버십 혜택 제공	5.5% 적립, 우선 탑승	6% 적립, 추가 수하물 10kg 무료, 수하물 우선 처리, 우선 탑승	10% 적립, 추가 수하물 20kg 무료(괌, 사이판 노선 제외), 수하물 우선 처리, 사전 좌석 지정, 우선 탑승

• 출처: 제주항공 홈페이지(https://www.jejuair.net/)

항공사 여객운송
공항서비스 실무

Chapter 03

항공사 여객운송·
공항서비스 실무

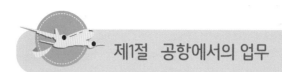

제1절 공항에서의 업무

1 공항 업무의 흐름

항공기가 뜨고 내릴 때까지 공항에서의 업무의 흐름은 다음과 같다.

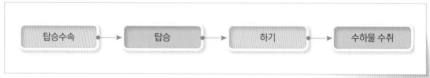

🔺 그림 3-1_공항 업무의 흐름

탑승수속은 승객이 해당 항공편에 탑승을 하겠다고 항공사에 알리는 행위 Check-in이고, 항공사는 승객의 탑승 적정성 여부를 검토 후 좌석을 배정하고 수하물을 위탁한다.

탑승은 탑승권을 부여받은 승객이 실제 항공기에 탑승을 하는 단계로써, 직원은 탑승 준비사항을 점검하고, 절차에 따라 승객을 탑승시킨다.

하기는 항공기가 목적지 공항에 도착하여 승객이 항공기에서 내리는 단계로써, 직원은 하기 전 출발지 공항으로부터 접수한 특이사항 등을 확인하고, 항공기에서 하기하는 승객에게 수하물 찾는 곳, 환승 절차 등을 안내하는 역할을 담당한다.

공항 업무 흐름의 마지막은 수하물 수취이다. 승객이 위탁한 수하물은 직접 수하물 수취대에서 픽업하며, 이때 직원은 수하물 오수취를 예방하고 발생한 수하물 사고에 대하여서는 적절한 절차를 통해 조치를 취하는 업무를 담당한다.

2 국내선과 국제선

전세계의 대부분의 주요 공항은 국내선과 국제선을 구분하여 운영하고 있다. 이는 목적지에 따른 승객의 분리를 통해 원활한 흐름을 제공할 뿐 아니라 국제선에서만 필요한 시설 예: 면세구역, 세관 등이 존재하기 때문이다.

국내선과 국제선 탑승수속의 공통점과 차이점은 무엇인지 함께 살펴보자.

1) 국내선의 탑승절차

국내선의 탑승 절차는 다음과 같다.

공항 도착 ▶ 항공사 탑승수속 및 수하물 위탁 ▶ 탑승자 신원확인 및 항공권 검사 ▶ 보안 검색 ▶ 탑승구 이동 및 항공기 탑승

🔺 그림 3-2_ 국내선 탑승절차

(1) 탑승수속

국내선 공항 여객청사에 도착한 승객은 예약한 항공사 체크인 카운터에서 탑승수속을 거쳐야 한다.

읽을 거리

제주항공, 국내선 카운터 탑승권 발급에 수수료 부과

제주항공은 국내선 공항 카운터에서 탑승권을 발급하는 승객을 대상으로 1인당 3000원의 수수료를 부과한다. 대상은 모바일 탑승권 또는 키오스크 사용이 가능함에도 불구, 카운터에서 탑승권 발급을 희망하는 승객이다. 단, 유아동반승객, 교통약자, VIP승객 등은 수수료 부과 대상에서 제외된다.

제주항공 한 관계자는 "카운터 대기 시간 단축을 통해 승객에게 빠른 탑승 서비스를 제공하고 스마트 공항 구현을 위한 서비스 개편"이라며 "교통약자 등에 대해서는 기존 서비스를 유지한다"고 설명했다.

출처: 유제훈 기자, 아시아 경제, 2019.10.17, https://www.asiae.co.kr/article/

체크인 카운터에서는 탑승수속과 함께 항공기로 휴대가 가능한 휴대수하물을 제외한 모든 짐을 위탁수하물로 처리하여야 한다.

국내선을 운항하는 대부분의 항공사는 온라인 및 키오스크 체크인을 통하여 비대면 체크인 서비스를 권장하고 있으며, 일부 항공사에서는 탑승수속 카운터에서 수속 시 별도의 수수료를 부과하고 있다.

온라인 체크인 또는 키오스크 체크인 등을 통해 체크인 후 탑승권을 받고 별도로 위탁할 수하물이 없으면 보안검색대로 바로 향할 수 있다.

(2) 탑승자 신원확인 및 항공권 검사

탑승수속을 완료한 승객은 국내선을 이용하기 위해서는 신분증과 항공권을 준비하고, 출발장 입구에서 보안검색 요원에게 유효한 신분증과 항공권을 제시하고 신원 확인을 받아야 한다.

(3) 보안검색

탑승자 신원확인 후에는 곧바로 신체와 소지품에 대한 보안검색을 받게 된다. 보안검색요원의 안내에 따라 문형금속탐지기를 통과하고 필요한 경우 별도의 추가 검색을 받을 수도 있다.

(4) 탑승구 이동 및 항공기 탑승

지정된 시각이 되면 항공기 탑승이 시작하며 항공기에 탑승함으로써 공항에서의 탑승절차는 마무리된다.

2) 국제선의 탑승절차

(1) 탑승수속 및 수하물 위탁

국제선 공항 여객청사에 도착한 승객은 예약한 항공사 체크인카운터에서 탑승수속을 거쳐야 한다. 이때 위탁하고자 하는 수하물을 함께 위탁한다.

최근 국제선 또한 주요 항공사는 온라인 및 키오스크 체크인을 권장하고 있으며 실제 탑승수속 카운터는 수하물 위탁이 주된 업무가 되었다. 다만 비자가 필요한 노선을 여행하는 승객, 혼자 여행하는 어린이 승객 등 직원의 확인이 필요한 승객의 탑승수속은 탑승수속 카운터에서 이루어지게 된다.

· 도심공항터미널

공항에서 진행되는 탑승수속을 도시 내에서 미리 진행한 후, 공항에서는 별도 심사 없이 항공기를 바로 탑승할 수 있도록 도시 내에 위치한 공항을 의미한다. 현재 우리나라에는 삼성동 도심공항터미널, 서울역 도심공항터미널, 광명역 도심공항터미널 3곳이 있다.

도심공항터미널을 이용하면 탑승수속과 출국심사를 미리 완료하므로 공항에 일찍와서 수속 시간을 기다리거나 긴 줄을 서서 기다릴 필요가 사라지고 보안검색 후 곧바로 탑승구로 이동할 수 있다.

다만 도심공항터미널은 항공사에 상관없이 수속을 할 수 있는 것은 아니다. 각 도심공항터미널마다 탑승수속이 가능한 항공사가 다르므로 승객은 도심공항터미널을 이용 전 반드시 자신의 항공사의 수속 가능여부를 확인하여야 한다.

(2) 세관신고

[조세특례제한법], [여행자 및 승무원 휴대품통관에 관한 고시]에 따라 국제선을 이용하는 승객은 위탁 및 휴대수하물 중에 세관신고가 필요한 물품의 경우 세관에 신고하여야 한다. 미화 1만불을 초과하는 경비, 귀중품·고가품의 반출은 세관신고가 필요하다.

(3) 보안검색

· 주요 기내반입 금지물품

- 액체/분무/겔 형태의 위생용품, 욕실용품 또는 의약품류
- 고추장/김치 등 액체류 음식을 포함한 음식물류
- 창/도검/전자충격기/총기/호신용품/공구(망치, 렌치 등)
- 리튬이온배터리 등
- 인화성 가스액체, 방사능물질 등

모든 승객은 탑승수속과 세관신고를 마치면 가까운 출국장으로 이동하여 보안검색을 받아야 한다. 보안검색요원의 안내에 따라 문형금속탐지기를 통과하고 필요한 경우 별도의 추가 검색을 받을 수도 있다.

(4) 출국심사 및 면세구역 이동

국제선을 이용하는 모든 승객은 출국심사를 위해 여권, 항공권 및 여행할 국가 또는 경유하는 국가의 유효한 입국사증 소지 여부를 확인을 받아야 한다. 출국심사대에서는 신원확인을 위해 모자나 선글라스는 벗어야 하며 심사관에게 여권을 제시하여야 한다. 출국심사를 마치면 여권을 돌려받고 통과하면 된다.

유인심사대 뿐 아니라 자동출입국 심사를 통한 출국심사도 가능하다. 자동출입국심사 대상은 만19세 이상의 국민이나 17세 이상 등록외국인은 사전등록 없이 바로 이용이 가능하다. 만 7세에서 18세 이하의 우리나라 국민 또는 17세 이상의 단기체류 외국인은 사전등록 후 이용이 가능하다. 이용 절차는 아래와 같다.

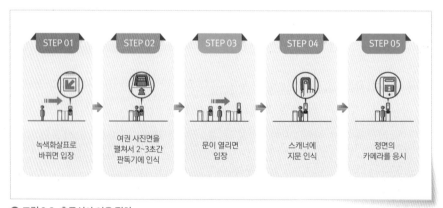

STEP 01	STEP 02	STEP 03	STEP 04	STEP 05
녹색화살표로 바뀌면 입장	여권 사진면을 펼쳐서 2~3초간 판독기에 인식	문이 열리면 입장	스캐너에 지문 인식	정면의 카메라를 응시

⬥ 그림 3-3_출국심사 이용 절차

출국심사를 마치고 나면 국내선과 달리 면세구역으로 진입하게 된다.

(5) 탑승구 이동 및 항공기 탑승

지정된 시각이 되면 항공기 탑승이 시작하며 항공기에 탑승함으로써 공항에서의 탑승절차는 마무리된다.

· 인천공항의 교통약자 출국 우대서비스

이용대상: 교통약자(장애인, 유소아, 고령자, 임신부, 병약승객) 및 출입국 우대자(외국인 금융투자자, 동반성장 우수기업, 가족친화인증기업, 고용창출우수기업, 독립유공자, 국가유공자, ABTC카드(APEC경제인여행카드) 소지자 등

인천공항에서는 교통약자 출국 우대서비스를 시행하고 있다. 항공사의 체크인카운터에서 탑승수속 시 이용대상자임을 확인받고 '교통약자우대카드'를 받아 전용 출국장 입구에서 여권과 함께 제시하면 된다.

제2절 출입국 규정

1 여권

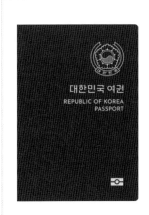

🔵 그림 3-4_대한민국 여권

　'여권'이란 외국을 여행하고자 하는 국민의 신분을 증명하고, 여행을 하고자 하는 국가에게 국민에 대한 편의와 적절한 보호를 요청하기 위해 정부에서 발급하는 문서로, 국제 신분증이라 할 수 있다. 여권법 제2조에 따라 외국을 여행하려는 대한민국 모든 국민은 여권을 소지하여야 한다.

1) 여권의 종류

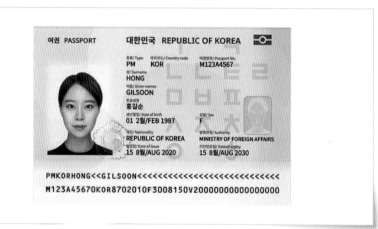

🔵 그림 3-5_대한민국 신여권

표 3-1_여권의 종류

여권 종류	코드	설명
단수여권	PS	1년의 유효기간이 부여된 1회에 한하여 여행을 할 수 있는 여권
복수여권	PM	유효기간 중 횟수에 제한없이 여행을 할 수 있는 여권
거주여권	PR	해외에 영주권이나 이민사증을 취득한 재외국민에게 발급되는 여권
관용여권	PO	국가의 공무로 해외출장 또는 여행시 발급되는 여권으로 발급대상은 공무원과 공공기관, 한국은행 및 한국수출입은행의 임원 및 직원과 관계기관이 추천하는 그 배우자와 27세 미만의 미혼인 자녀 및 생활능력이 없는 부모가 그 대상이다. 또한 재외공관에서 근무하는 대한민국 국적의 직원도 포함한다.
외교관여권	PD	외교관이 소지하는 여권으로, 특명전권대사, 외교부 소속 공무원 및 그 배우자, 27세 미만 미혼인 자녀, 생활능력이 없는 부모가 발급 대상이다.

2) 여권을 대신할 수 있는 서류

🔼 그림 3-6_여행증명서(좌)와 선원수첩(우)

(1) 여행증명서Travel Document, PT

여권을 발급받을 시간적 여유가 없고, 긴급히 여행해야 할 필요가 있는 경우 예외적으로 발급하는 여권에 갈음하는 증명서로서, 1년 이내의 유효기간이 부여되고, 여행증명서에 명시된 국가만 여행할 수 있으며 왕복 1회에 한하여 사용이 가능하다.

(2) 선원수첩Seaman Book

선원수첩은 선원으로 근무하는 근로자의 신분 및 자격증명을 기록한 서류이다. 선원이 되려는 사람은 선원법 제45조에 의거하여 해양항만관청으로부터 선원수첩을 발급받아야 한다. 선원수첩 자체는 여권과 다른 물건이었지만, 발급 절차가 유사하고 국제적으로 통용되는 신분증이라는 공통점이 존재하여 우리나라를 비롯한 여러 국가에서는 외교적 협약을 통해 여권에 준하는 문서로 인정하였다.

하지만 통상적으로 항공을 통한 각 국가 왕래 시 여권과 선원수첩 모두 지참한다. 일부 항공사에서는 내부 규정을 통해 선원 신분으로 항공권을 구매한 승객에 대해서는 무료수하물 허용량 혜택 등을 제공하기도 한다.

2 각 국가의 출입국 규정

코로나19 종식 이후 각 국가의 출입국 규정은 대부분 2019년 기준으로 돌아갔다. 아래의 출입국 규정은 코로나19 종식 이후 최신 각 국가의 출입국 규정을 명시하였다.

1) 대한민국 비자

(1) 대한민국 비자

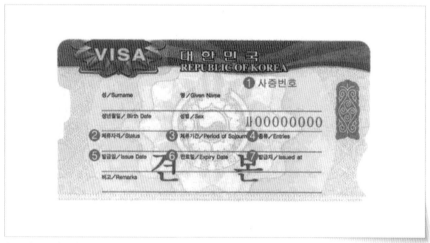

⬆ 그림 3-7 _대한민국 비자 견본

대한민국을 입국하고자 하는 외국인에게 발급되는 우리나라 비자이다. 단, 이중복수국적자의 경우 대한민국 비자 발급이 허용되지 않고, 자국민으로 분류되어 우리나라 출입국 시에는 한국 여권만 사용할 수 있다.

우리나라는 약 100여개 국가의 국민들에게 무비자 혜택을 주고 있다. 우리나라에 무사증입국이 가능한 국가와 조건 등은 외교부 홈페이지에서 확인이 가능하다. 특히 무사증 입국조건은 수시로 변경되고 있어 최신의 내용의 확인은 외교부 홈페이지에서 수시로 해야 한다.

사증의 종류에 따른 분류는 다음과 같다.

 표 3-2 _ 사증 종류에 따른 분류

구분		구분	
A-1	외교	E-1	교수
A-2	공무	E-2	회화지도
A-3	협정	E-3	연구
C-1	일시취재	E-4	기술지도
C-2	단기상용	E-5	전문직업
C-3	단기종합	E-6	예술흥행
C-4	단기취업	E-7	특정활동
D-1	문화예술	E-8	연수취업
D-2	유학	E-9	비전문취업
D-3	산업연수	E-10	내항선원
D-4	일반연수	F-1	방문동거
D-5	취재	F-2	거주
D-6	종교	F-3	동반
D-7	주재	F-4	재외동포
D-8	기업투자	F-5	영주
D-9	무역경영	G-1	기타
D-10	구직	H-1	관광취업

(2) 대한민국 전자여행 허가제 (K-ETA)

2021년 9월 1일부터 대한민국에 사증 없이 입국할 수 있는 국가의 국민무사증 입국 외국인이 대한민국을 방문 시, 입국 전에 여행정보를 제출하고 허가를 받는 제도가 시행되었다.

2023년 8월 기준으로 대한민국에 무비자로 입국할 수 있는 112개국 중 K-ETA가 면제되는 22개국을 제외한 90개국 국민이 대상이 되며, 면제 22개국

여권소지자는 2023년 4월 1일부터 우선 한시적으로 K-ETA 적용이 면제되어 사전허가가 없이 무비자 입국이 가능하다.

현재 유효한 대한민국 비자를 소지하지 않고 있고, 관광, 친지방문, 행사, 회의 참가, 상용영리목적 제외 등 단기 체류의 목적으로 대한민국에 무비자로 입국하고자 한다면 대한민국으로 여행하기 전 K-ETA를 신청해서 허가를 받아야 하며, 원칙적으로 항공기 또는 선박 탑승 72시간 전까지 신청하여야 한다. 수수료는 10,000원이다.

K-ETA 면제 대상자는 대한민국 여권 또는 영주증영주권, 외국인등록증, 외국 국적동포 국내거소신고증, 또는 유효한 비자를 소지하고 있는 경우와 외국인으로서 대한민국에 입국하지 않고 환승하는 환승객 또는 대한민국 법무부에 의해 2023년 4월 1일부로 일정기간 K-ETA 신청 및 적용이 면제된 미국, 일본, 독일, 대만, 호주 등 22개 국가의 여권소지자 이다.

2) 일본의 출입국 규정

△ 그림 3-8_ 일본 여권

읽을 거리

여권 발급 후 성(Last name)이 바뀐다면..?

일본은 결혼을 하면 아내는 남편의 성을 사용하게 된다. 이에 결혼 후 여권을 변경하지 않은 여성은 여권에는 결혼 전의 성이 표기되어 있으나, 그 다음 면에 결혼 후 갖게 되는 새로운 성이 표기되어 있다. 탑승수속 담당직원은 해당 편면에 승객 이름이 조회되지 않을 때에는 변경된 성으로 예약이 되어있는지 확인이 필요하다.

(1) No-Visa 협정

일본은 단기 여행 또는 상용 목적인 경우 비자 없이 최대 90일 체류가 가능하다. 단, Return 또는 Onward 항공권을 소지하거나 충분한 경비를 소지하였음을 증명하여야 한다.

 표 3-3 _ 비자면제 대상 국가

구분	
90일 이내 비자 면제	대한민국, 안도라, 아르헨티나, 오스트레일리아, 오스트리아, 바하마, 바베이도스, 벨기에, 불가리아, 캐나다, 칠레, 코스타리카, 크로아티아, 키프로스, 체코, 덴마크, 도미니카공화국, 엘살바도르, 에스토니아, 핀란드, 마케도니아, 프랑스, 독일, 그리스, 과테말라, 온두라스, 홍콩, 헝가리, 아이슬란드, 아일랜드, 이스라엘, 이탈리아, 라트비아, 레소토, 리히텐슈타인, 리투아니아, 룩셈부르크, 마카오, 말레이시아, 몰타, 모리셔스, 멕시코, 모나코, 네덜란드, 뉴질랜드, 노르웨이, 폴란드, 포르투칼, 루마니아, 산마리노, 세르비아, 싱가폴, 슬로바키아, 슬로베니아, 스페인, 수리남, 스웨덴, 스위스, 대만, 튀니지, 터키, 영국, 우루과이
15일 이내 비자 면제	태국, 브루나이

(2020.01 기준)

대한민국 국민의 경우 일본 무비자 입국이 가능하다.

(2) 스티커 비자

◔ 그림 3-9_스티커 비자

주재 또는 유학, 워킹 홀리데이 등 체류 목적이 있는 경우 발급하는 비자이다.

(3) 비자를 대신할 수 있는 입국서류의 종류

· Re-entry Permit

◔ 그림 3-10_Re-entry Permit

비자를 대신하여 발급해주는 입국허가증이다. 주로 자국에 주재하는 외국인들에게 재입국용으로 발급한다.

· Certificate of Eligibility

🔺 그림 3-11_Certificate of Eligibility

COE라 불리는 이 서류는 지역이민국에서 발행하는 서류로, 소지자가 일본 입국자격이 있음을 증명하는 서류이다. 원칙적으로 비자는 아니지만, 일본 입국 시 비자를 신청할 수 있는 사전 서류로 볼 수 있다.

· 체류카드재류카드

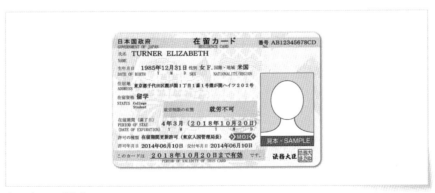

🔺 그림 3-12_체류카드

체류카드재류카드는 일본에 입국허가, 입국자격, 체류가능기간 등이 명시된 증명서로, 일본에 중장기간 체류하는 외국인에게 교부되는 신분증이다. 체류카드를 소지한 외국인이 일본에 입국할 경우에는 여권과 함께 체류카드를 제시하여야 한다.

3) 중국의 출입국 규정

⊙ 그림 3-13_중국 여권

(1) Visa 면제

중국 입국시 비자가 면제되는 주요 경우는 다음과 같다.

- 대한민국 외교관/관용 여권 소지자
- 일본, 싱가폴, 브루나이, 모리셔스 여권 소지자
- 몽골 여권 중 여권번호가 E로 시작되는 소지자30일간 체류 가능
- 베네수엘라, 베트남, 칠레, 콜롬비아, 자메이카, 멕시코, 불가리아, 아르헨티나, 우루과이, 크로아티아, 태국 등의 외교관/관용 여권 소지자

(2) Visa의 종류

- 단수비자Single Visa

단수비자는 입국시 1회만 사용할 수 있는 비자로 입국후 사용처리 표시를 한다. 비자의 유효기간을 잘 살펴보아야 한다.

• 복수비자Multiple Visa

복수비자는 단수비자와 달리, 유효기간 내 여러번 입국이 가능하다. 발급비용은 약 12만원으로 단수비자보다 2배이상 비싸다.

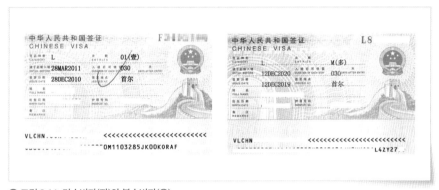

△ 그림 3-14_단수비자(좌)와 복수비자(우)

• 장기체류비자거류비자

장기체류비자는 중국 내에 일정기간 임시 거주하는 외국인에게 발급되는 비자로 기간 내 제한 없이 출입국이 가능하다.

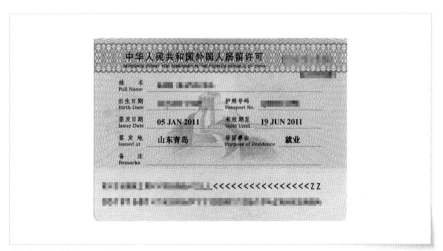

△ 그림 3-15_장기체류비자

・ **단체비자** Group Visa

단체비자는 A4 용지 크기의 별지에 단체에 속한 개인들의 이름, 성별, 생년월일, 국적, 여권번호가 적시되어 있다. 주로 10명 이상의 단체에게 발급하나 그 이하도 발급이 되기도 한다. 단체비자 중 여권번호나 생년월일 등 비자에 적혀있는 내용과 여권상의 내용이 상이할 경우 입국을 시도하는 지역별로 입국 가능여부가 상황에 따라 다르기 때문에 사전에 철저히 준비를 하는 것이 좋다.

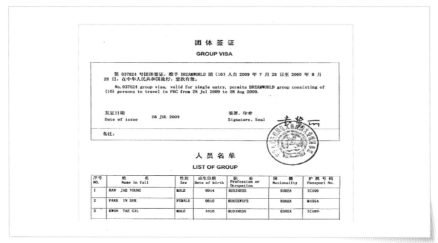

🔺 그림 3-16_단체비자

(3) 비자를 대신할 수 있는 서류

・ 港澳居民來往內地通行证 항오거민래왕내지통행증

🔺 그림 3-17_향오거민래왕내지통행증

홍콩 또는 마카오 거주민에게 발급하는 통행증으로, 명시된 유효기간 내에는 중국내 무비자 입국이 가능하다.

· 台湾居民来往大陆通行证대만거민래왕대륙통행증

🔵 그림 3-18 _ 대만거민래왕대륙통행증

대만 국적자에게 중국 입국을 위해 발행되는 통행증이다. 마찬가지로 명시된 유효기간 내에 중국내 무비자 입국이 가능하다.

· APEC Card

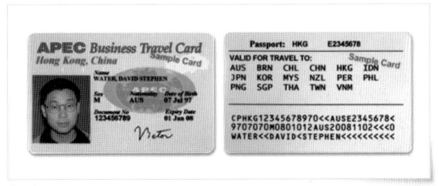

🔵 그림 3-19 _ APEC Card

탑승수속 담당직원은 승객이 APEC 카드를 제시할 경우 카드 뒷면의 대상국에 중국 국가 코드가 기재되어 있는지 확인하고, 여권과 카드 상 정보가 일치한지 확인하여야 한다.

APEC Card

APEC 카드는 APEC(Asia-Pacific Economic Cooperation, 아시아태평양 경제협력체) 회원국 중 ABTC (APEC Business Travel Card) 가입 19개국 방문시 별도의 입국비자 없이 출입국을 할 수 있는 카드이다. 현재 비자없이 출입국이 가능한 19개국은 호주, 뉴질랜드, 중국, 대만, 태국, 말레이시아, 인도네시아, 파푸아뉴기니, 페루, 멕시코, 러시아, 싱가폴, 베트남, 칠레, 브루나이, 필리핀, 홍콩, 일본, 한국이다. 이외에 미국과 캐나다는 비자 면제는 불가하나 공항에서 전용 카운터를 통한 신속한 입국수속을 보장하고 있다.

APEC 카드의 보유 자격은 법무부 훈령 제1115호 제3조에 의거, 기업요건과 개인자격요건을 모두 충족한 사람에게 APEC 카드가 제한적으로 발급된다. 기업요건에는 무역업체, 해외투자업체, 해외건설업체, 외국인투자업체, 전시업체 등 다섯가지가 있으며 이중 하나에 해당하면 된다. 개인요건에는 1) 한국국적자, 2) 최근 2년간 APEC 회원국에 4회이상 방문하는 등 상용 목적으로 빈번한 왕래가 필요한 자, 3) 카드발급 대상 기업의 임직원으로 종사하는 직원, 4) 출입국관리법에 의해 출국금지가 되지 않은 자, 5) 금고형 등 범죄경력이 없는 자로 제한한다.

• **여행증** Travel Document

△ 그림 3-20 _여행증

여행증은 대만국적자 등 외국인 뿐 아니라 자국민에게도 발급하는데, 주로 중국인과 외국인 사이에서 출생한 자녀에게가 해당한다. 이 경우 자녀는 중국비자를 신청할 수 없고 여행증을 신청하여야 한다.

여행증의 유효기간은 2년이며, 갱신이 가능하다. 유효기간 내에는 횟수의 제한 없이 중국을 다닐 수 있고 입국 후에는 최장 6개월 체류가 가능하다.

· 중국 통행증 中华人民共和國 出入境通行证

중국 통행증의 발급 대상은 중국인 중 여권을 발급 받지 않은 무역, 여행업 종사자, 중국 내에서 신분증을 분실한 홍콩/마카오 주민, 홍콩/마카오에서 신분증을 분실한 중국인, 국적 문제로 여권 발급이 어려운 외국인, 중국에서 출생한 한국 국적자, 한국으로 국적을 변경한 중국 국적자 등이 해당된다.

마찬가지로 유효기간은 2년이며, 사진부착면에 단수/복수 횟수를 확인하여야 한다.

🔺 그림 3-21_중국 통행증

· 외국인 영구거류증 Permanent Residence Card

외국인에게 발급되는 영구거류증으로, 이또한 카드의 유효기간을 확인하여야 한다.

🔺 그림 3-22_외국인 영구거류증

(4) TWOV Travel Without Visa

TWOV는 비자가 있어야만 입국할 수 있는 중국 등의 국가를 체류가 아닌 단순 경유할 때 무비자로 통과하는 것을 의미한다. 마찬가지로 중국도 외국에서 중국을 경유하여 제3국으로 여행할 경우 무비자 관광을 허용하고 있다. 국적과 지역에 따라 다른 기준을 적용하고 있다. 한국 국적자의 경우 광저우, 청도, 칭다오 등에서 최대 72시간 무비자 관광이 가능하고, 상하이, 북경 등에서 최대 144시간 무비자 관광이 가능하다. 단, 중국 지방정부에서 수시로 바뀌는 정책에 따라 최신의 정보를 면밀히 숙지하여야 한다.

4) 주요 동남아시아 국가의 출입국 규정

(1) 싱가포르의 출입국 규정

· 여권

여권의 유효기간은 6개월 이상 여유가 있어야한다.

· 비자

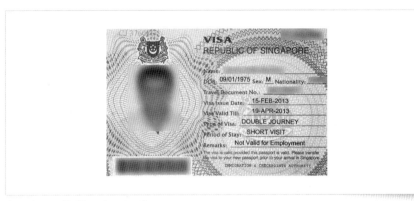

🔺 그림 3-23_싱가폴 Sticker Visa 예

대부분의 국가와 무사증 입국 협정이 되어 있다. 우리나라 또한 90일간 무비자 체류가 가능하다. 싱가포르의 비자에는 여권 사증면에 부착하는 Sticker Visa와 온라인으로 발급하여 출력하는 E-Visa가 있다.

또한 3개월 이상 체류하는 외국인에게는 체류ID카드를 발급하는데 이또한 비자를 대용할 수 있다.

(2) 태국의 출입국 규정

· 여권

여권의 유효기간은 6개월 이상 여유가 있어야하고, 관광목적인 경우 체류일까지 유효기간이 남아있으면 입국이 가능하다. 단, 여권 훼손과 관련해서는 벌금을 부과하는 등 여권 심사에 까다로운 면이 있다.

· 비자

대부분의 국가와 무사증 협정이 되어 있다. 무사증 협정의 주요 국가로는 대한민국, 호주, 오스트리아, 벨기에, 브라질, 바레인, 브루나이, 캐나다, 덴마크, 핀란드, 독일, 프랑스, 그리스, 홍콩, 인도네시아, 아일랜드, 이스라엘, 이탈리아, 일본, 쿠웨이트, 룩셈부르크, 말레이시아, 네덜란드, 뉴질랜드, 노르웨이, 페루, 포르투갈, 싱가포르, 스페인, 남아공, 스웨덴, 스위스, 터키, 아랍에미레이트, 영국, 미국, 베트남 등이 있다.

○ 그림 3-24_태국 비자 예시

도착비자가 가능한 국가로 인도, 카자스흐탄, 몰디브, 오만, 카타르, 사우디아라비아, 모리셔스, 체코, 헝가리, 폴란드, 키프로스, 우크라이나 등이 있다.

(3) 필리핀의 출입국 규정

・여권

체류기간 동안 여권 유효기간이 유효하여야 한다. 단, 30일 무비자 국가에 해당해야 하고, 필리핀 지역에 해당 국가의 대사관이나 영사관이 있어야 한다. 예를 들어, 한국/일본/미국 국적자의 경우 30일 무비자 국가군에 해당되고 필리핀에 대사관 주재로 최소 여권 유효일이 불요하나, 중국의 경우 비자가 필요한 국가로 여권의 유효기간이 최소 6개월 이상 남아있어야 한다.

・비자

 표 3-4_필리핀의 비자

비이민 비자 (Non-Immigrant Visas)		
9A	관광비자	단기 입국자를 위한 관광비자
9B	환승비자	필리핀을 통과해서 국외로 가는 여행객을 위한 비자
9C	선원비자	선원으로 항만에 정박하면서 임시입국을 위한 비자
9D	무역비자	무역거래자를 위한 비자
9E	공무원비자	외국의 공무원과 부양가족에게 발급하는 비자
9F	학생비자	18세 이상 외국인으로 대학 이상의 공부를 하는 사람들을 위한 비자
9G	취업/선교	취업(워킹홀리데이)을 목적으로 받는 비자

특별 비자 (Special Visas)		
SVEG	관광비자	단기 입국자를 위한 관광비자
SIRV	환승비자	필리핀을 통과해서 국외로 가는 여행객을 위한 비자
SRRV	선원비자	선원으로 항만에 정박하면서 임시입국을 위한 비자
SRVV	무역비자	무역거래자를 위한 비자
SNIV	공무원비자	외국의 공무원과 부양가족에게 발급하는 비자
이민 비자 (Immigrant Visas)		
13	이민 영주비자	
13A	결혼 이민비자	
13B	필리핀 영주권을 가진 부모가 해외에 임시 방문하는 동안 태어난 자녀에게 발급하는 비자	
13D	외국인과의 결혼으로 필리핀 시민권을 잃은 사람과 미혼 자녀에게 발급되는 비자	

· 기타 서류

* ACR Alien Certificate of Registration

🔺 그림 3-25_ACR

외국인 등록증으로, 59일 이상 필리핀에 머무는 모든 외국인이 발급받아야
하는 신분증이다. 앞면에는 카드 소지자의 사진과 함께 이름, 생년월일, 성별 등
이 기재되고, 뒷면에는 카드 시리얼번호와 함께 비자의 종류, 비자 발급일, 주소,
유효기간 등이 기재된다.

*비자를 대신할 수 있는 기타 서류

 표 3-5_비자를 대신할 수 있는 서류

서류의 이름	Visa 내용	리턴티켓 필요여부
SSP (Special Study Permit)	특별 수학 허가증	○
SWP (Special Working Permit)	특별 노동 허가증	○
WEG (Waiver of Exclusion Ground)	만 15세미만 보호자 비동반 입국허가서	○
ECC (Emigration Clearance Certificate)	출국 허가 증명서 (비자 효력 없음)	○
APEC Business Card	카드 뒷면 필리핀 국가 기재 필요	○
SRC (Special Return Certificate)	특별 재입국 허가 증명서	×

(4) 베트남

· 여권

여권의 유효기간은 6개월 이상 필요하며, 여권의 사진면이 훼손된 경우 입국이 불가능하다.

· 비자

대부분의 국가에서 사증을 필요로 한다. 또한 보호자 없는 만14세 미만 승객의 입국을 금지하고 있다. 반드시 항공사의 UM 서비스를 신청후에 입국하여야 한다. 단, 베트남은 한국 등 일부 국가에 무사증 입국이 가능한데, 조건은 다음과 같다.

· Return 티켓 또는 Onward 티켓을 소지한 경우 15일간 무사증 입국이 가능하다.
· 과거 최종 베트남 출국일로부터 최소 30일 경과 후 입국이 가능하다. 단, 마지막 베트남 방문이 비자를 소지한 상태로 방문하였다면 30일 재입국 규정을 적용받지 않는다.
· 외교관, 관용여권 소지자, Multi Visa, APEC Card 소지자는 30일 재입국 규정을 적용받지 않는다.

베트남은 도착비자를 사전에 신청하고 승인서를 지참하여야 현지에서 아래의 승인서로 도착비자를 발급받을 수 있다.

🔺 그림 3-26 _베트남 도착비자 승인서 예시

(5) 캄보디아

• 여권

캄보디아 입국시 여권의 유효기간은 6개월 이상의 여유가 있어야 한다.

• 비자

대부분의 국가가 캄보디아 입국시 비자를 필요로 한다. 우리나라 또한 무비자 입국이 불가능하며, 반드시 비자를 발급받아야 한다. 캄보디아는 라오스, 말레이시아, 필리핀, 싱가포르, 베트남 등 인접 국가에 한해 무비자 입국이 가능하다.

캄보디아 비자는 전자 비자 제도로, 관광목적의 단기방문시에도 전자비자를 발급받아야 하고 전자 비자는 발행 후 90일간 유효하며 최대 체류기간은 30일이다. 도착비자 제도 또한 운영하고 있다. 이때 준비해야할 서류로는 사진 1장과 요금관광비자 30불, 출장비자 25불이 필요하고 관광비자를 발급받을 경우 24시간 이내 출국이 불가능하다.

(6) 홍콩

• 여권

여권의 유효기간이 1개월 이상의 여유가 있어야 한다.

• 비자

대한민국을 비롯한 대다수의 국가가 비자가 면제된다. 단, 이란, 베트남, 캄보디아 등 일부 국적자는 무비자 입국이 제한된다.

• 국가별 출입국 규정

홍콩은 중국/대만/마카오 거주자 별로 출입국 규정이 상이하다.

중국 본토 거주자는 중국 여권만으로 입국이 가능하고, 여행증명서를 소지할 경우 Exit-Entry Permit이 필요하다.

대만 거주자는 신분증 번호가 명시되지 않은 여권은 홍콩 비자 또는 Entry Permit을 발급받아 입국이 가능하고, 신분증 번호가 명시된 여권은 대만거민래왕대륙통행증 중국 출입국 규정 참고을 소지할 경우 7일간 체류가 가능하다.

마카오 거주자의 경우 마카오 여권과 Macau Travel Permit, Macau ID Card, Visit Permit for Residents of Macau SAR to Hong Kong SAR, Declaration Form for holders of Macau SAR Permanent Resident Identity to Hong Kong SAR을 ID Card와 함께 제시하면 입국이 가능하다.

5) 유럽의 주요국가의 출입국 규정

(1) 영국

• 여권

여권의 유효기간은 여권 만료일이 체류기간 동안 유효하면 입국이 가능하다.

• 비자

대한민국 여권 소지자의 경우, 리턴 티켓을 소지하고 관광, 방문 목적으로 60일 이내 체류시 무비자 입국이 가능하다. 이외에 관광, 방문 외의 목적으로 입국을 하는 경우 유학, 영어연수, 주재원 등, 60일 이상 체류하는 경우는 비자를 발급받아야 한다.

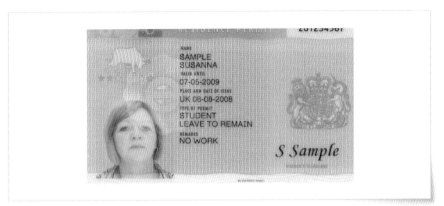

⬤ 그림 3-27 _Residence Card 예시

(2) 독일

· 여권

여권의 유효기간은 3개월 이상 남아있어야 한다. 주의 할 점은 여권 서명란에 서명이 없으면 과태료를 부과할 수 있으므로 탑승수속 담당직원은 여권 서명란에 서명여부를 확인한다.

· 비자

대한민국 여권 소지자의 경우, 리턴 티켓을 소지하고 관광, 방문 목적으로 90일 이내 체류 시 무비자 입국이 가능하다. 그 외에 목적으로 입국을 원하는 경우 비자가 필요하다.

(3) 프랑스

· 여권

여권의 유효기간은 3개월 이상 남아있어야 한다.

· 비자

대한민국 여권 소지자의 경우, 리턴 티켓을 소지하고, 관광, 방문 목적으로 90

항공사 여객운송
공항서비스 실무

일 이내 체류 시 무비자 입국이 가능하다. 그 외에 목적으로 입국을 원하는 경우 비자가 필요하다.

(4) 터키

· 여권

비자가 있는 경우, 비자의 유효기간에 60일을 더한 기간의 여권의 유효기간이 필요로 하고, 무사증 입국이 가능한 국가의 경우, 최대 체류기간에 60일을 더한 기간의 최소 유효기간이 필요하다.

· 비자

대한민국 여권 소지자의 경우, 무사증 입국이 가능하다. 또한 도착비자를 발급이 가능한 국가도 많다.

(5) 이탈리아

· 여권

여권의 유효기간은 3개월 이상 남아있어야 한다.

· 비자

대한민국 여권 소지자의 경우, 리턴 티켓을 소지하고, 관광, 방문 목적으로 90일 이내 체류 시 무비자 입국이 가능하다. 그 외에 목적으로 입국을 원하는 경우 비자가 필요하다.

(6) 스페인

· 여권

여권의 유효기간은 3개월 이상 남아있어야 한다.

· 비자

대한민국 여권 소지자의 경우, 리턴 티켓을 소지하고, 관광, 방문 목적으로 90일 이내 체류 시 무비자 입국이 가능하다. 그 외에 목적으로 입국을 원하는 경우 비자가 필요하다.

98

읽을 거리

쉥겐(Schengen) 조약

　룩셈부르크의 쉥겐 지역에서 몇몇의 유럽국가들이 모여 여행과 통행의 편의를 위해 특별한 통제 또는 제약 없이 자유롭게 국경을 넘나들을 수 있도록 국경시스템을 최소화하는 내용을 담고 있는 조약이다.

　이를 통해 회원 국가 간의 출입국 심사를 폐지하여 한 국가처럼 이동이 가능하고, 일개 국가에서 비자를 발급받으면 쉥겐 전체 국가로 이동이 가능하다.

　주요 쉥겐조약 가입국으로는, 벨기에, 네덜란드, 덴마크, 독일, 에스토니아, 핀란드, 프랑스, 그리스, 이탈리아, 아이슬란드, 라트비아, 리투아니아, 리히텐슈타인, 룩셈부르크, 몰타, 오스트리아, 폴란드, 노르웨이, 포르투갈, 스웨덴, 슬로바키아, 슬로베니아, 스페인, 체코, 헝가리, 스위스 등 총 26개국이다.

6) 미국의 출입국 규정

(1) 여권

▲ 그림 3-28 _ 미국의 여권

왼쪽 여권은 외교관 여권, 중앙은 관용여권, 오른쪽은 일반여권이다.

현역군인의 경우, Official Travel Order와 군인신분증을 지참할 경우 여권 없이 자국 또는 타국으로 여행이 가능하다. 단, 비자가 필요한 국가일 경우 비자도 동시에 소지하여야 하며, 중국, 태국, 베트남, 필리핀, 캄보디아, 호주 입국 시에는 여권을 지참하여야 한다.

(2) 비자

미국의 입국 목적별 비자 종류는 다음과 같다.

표 3-6_미국의 입국 목적별 비자 종류

구분	
C-3	공무원 및 직계가족/직원의 미국 경유
D-1/2	도착 때와 같은 항공편으로 출국하는 승무원
E-1	조약 무역업자와 가족
E-2	조약 투자자와 가족
E-3	전문직종에 종사하는 호주 국민
F-1	학위 취득을 위한 학생 (유학생)
F-2	F-1 비자 소지자의 배우자 또는 자녀
G-1/2	국제기구의 대표 및 직원
G-3/4	국제기구에 파견된 대표 및 직원
G-5	G1-4 비자 소지자의 직원 또는 직계가족
H-1B	전문직 종사자
H-1B1	칠레 및 싱가포르 자유무역 전문가
H-1C	간호사
H-2A	임시 농업 노동자
H-2B	숙련/비숙련 임사 농업 노동자
H-3	산업연수생
H-4	H1-3 비자 소지자의 배우자 또는 자녀
I	외국 언론인 및 직계가족
J-1	교환 방문자

구분	
J-2	J-1 비자 소지자의 배우자 또는 자녀
K-1	미국 시민의 약혼자
K-2	K-1 비자 소지자의 자녀
K-3	미국 시민의 배우자
K-4	K-3 비자 소지자의 자녀
L-1	사내 전근자
L-2	L-1 비자 소지자의 배우자 또는 자녀
M-1	직업학교 학생 또는 비학위 취득 학생
M-2	M-1 비자 소지자의 배우자 또는 자녀
N-8	특수 이민자로 분류되는 외국 국민의 부모
N-9	N-8 비자 소지자 또는 특수 이민자의 자녀
O-1	비범한 능력 보유자
O-2	O-1 비자 소지자의 동반자/조수
O-3	O-1/2 비자 소지자의 배우자 또는 자녀
P-1	개인 또는 단체 운동선수, 연예 그룹
P-2	상호 교환 프로그램에 참가하는 예술가, 연예인
P-3	문화적으로 독특한 프로그램에 참가하는 예술가, 연예인
P-4	P-1, P-3비자 소지자의 배우자 또는 자녀
Q-1	국제 문화교류
Q-2	아일랜드 평화 문화연수 조약
Q-3	Q-1,Q-2 비자 소지자의 배우자 또는 자녀
R-1	종교인
R-2	R-1 비자 소지자의 배우자 또는 자녀
S/T/U	특별 비이민 비자
TN	캐나다 및 멕시코 무역비자
TD	TN 비자 소지자의 배우자 또는 자녀
V-1	합법적 영주권자의 배우자
V-2	V-1 비자 소지자의 자녀
V-3	V-1 또는 V-2 소지자의 파생 자녀
YY/ZZ	여행/통행 증명서 대신 국무부에서 발급하는 비자

이외에도 Immigrant Visa 이민 비자가 있는데, 이는 이민 목적으로 사용되며, 국무부에서 발급한다.

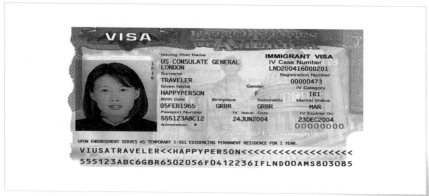

🔺 그림 3-29_이민 비자의 예시

또한 Permanent Resident Card 영주권 카드가 있다. 합법적 영주권자는 영주권 카드로 미국 입국이 가능하고, 영주권 소지자가 미국을 떠나 1년 이상 다른 국가에 체류할 시 영주권 효력에 문제가 발생할 수도 있다. 이 때는 미국에 거주하는 외국인에게 발급하는 재입국허가서 I-327 form을 사전에 발급받아야 한다.

🔺 그림 3-30_영주권 카드

또한 유효기간이 만료된 영주권 카드를 소지한 조건부 거주자는 I-797 form을 소지할 경우 미국 입국이 가능하다. 이는 대체로 영주권 카드의 유효기간을 일정기간 연장해준다는 내용이 포함되어 있다.

이외에도 난민용 Travel Document I-571이 있다. 이민 국적법 제207조에 따라 난민으로 규정된 자 또는 제208조에 따라 망명자로 체류중인 자가 여행을 목적으로 할 경우 발급되는 여행증명서이다. 유효기간은 발급 후 1년 또는 난민지 위나 망명자 지위가 종료되는 날 중 빠른 일자를 우선으로 한다.

(3) 미국의 VWP Visa Waiver Program

VWP란, 대상 국가의 국민이 미국 입국 72시간 전 미국 국토안보부에서 운영하는 시스템에 본인의 정보를 등록하고 여행 허가를 받는 제도이다. 대상 국가로는 대한민국을 비롯한, 일본, 뉴질랜드, 스페인, 스웨덴, 그리스, 싱가폴, 네덜란드, 핀란드, 호주, 오스트리아, 벨기에, 스위스 등이 있다. 신청시 여권은 전자여권 전자칩 내장이어야 하며, 체류기간은 90일 이내이며 유효기간 2년간 복수로 사용이 가능하다.

(4) EVUS Electronic Visa Update System

미국과 중국간 유효기간 10년의 방문비자 발급에 대한 상호 협약 체결에 따라 중국국적자 중 B1/B2 또는 B1, B2 비자 소지자는 미국 여행 전 EVUS 등록이 필요하다. 등록 후 2년간 유효하며 유효기간 내에는 입출국 횟수 제한이 없다.

(5) 사이판의 Visa 면제 규정 Guam-CNMI VWP

사이판은 2009년 11월 28일부, 미 연방으로 편재됨에 따라, 미 연방법의 입국 규정을 괌과 동일하게 적용한다. 괌과 사이판에는 VWP가 적용된다. 단, 미국 본토의 VWP와 별도로 총 12개 국가에 대해 적용된다. 최대 체류기간은 45일 이내이며, 여권은 전자여권을 준비하여야 한다.

대상 국가는 호주, 브루나이, 홍콩, 일본, 말레이시아, 나우루, 뉴질랜드, 파푸아뉴기니, 대한민국, 싱가폴, 대만, 영국이 있다.

3 사증면제No-Visa제도

1) 사증면제제도란

국가간 이동을 위해서는 원칙적으로 사증VISA이 필요하며, 사증을 받기 위해서는 상대국 대사관이나 영사관을 방문하여 방문국가가 요청하는 서류 및 사증 수수료를 지불해야 하며 경우에 따라서는 인터뷰도 거쳐야 한다. 사증면제제도란 이런 번거로움을 없애기 위해 국가간 협정이나 일방 혹은 상호 조치에 의해 사증 없이 상대국에 입국할 수 있는 제도를 말한다.

2) 사증면제국가 여행시 주의할 점

관광, 방문, 경유 등 비영리적 목적일 때 적용된다. 사증면제기간 이내에 체류할 계획이라 하더라도 국가에 따라서는 방문 목적에 따른 별도의 사증을 요구하는 경우가 많다. 예를 들어 미국 입국 또는 경유시에는 ESTA라는 전자여행허가를, 캐나다와 호주, 뉴질랜드는 eTA나 ETA 라는 전자여행허가를 꼭 받아야하고, 영국 입국시에는 신분증명서, 재직증명서, 귀국항공권, 숙소정보, 여행계획을 반드시 지참해야 한다.

3) 대한민국 국민으로 무사증으로 입국 가능한 국가 및 지역

대한민국 여권 소지자는 사증면제협정 또는 일방주의 및 상호주의에 의해 전 세계 180여개국에 사증 없이 입국할 수 있으며, 소지한 여권의 종류일반여권, 관용여권, 외교관여권에 따라 무사증 입국 가능 여부에 차이가 있다.

표 3-7 _대한민국 여권소지자로서 무사증입국 가능 주요국가 현황(2023.8.31일 기준)

국가	대한민국 여권소지자			무사증 입국 근거
	무사증 입국 가능 여부 및 기간			
	외교관여권	관용여권	일반여권	
	소지자	소지자	소지자	
괌	×	×	45일 VWP 90일	협정
뉴질랜드	90일	90일	90일	협정
대만	90일	90일	90일	상호주의
마카오	90일	90일	90일	상호주의
말레이시아	90일	90일	90일	협정
몽골	90일	90일	90일	협정/일방적 면제
미얀마	90일	90일	×	협정
베트남	90일	90일	45일	협정/일방적 면제
사이판	×	×	45일 VWP 90일	협정
인도	90일	90일	×	협정
인도네시아	30일	30일	×	협정/일방적 면제
일본	○	○	90일	협정/상호주의
중국	30일	30일	×	협정
태국	90일	90일	90일	협정
필리핀	무기한	무기한	30일	협정/일방적 면제
호주	90일	90일	90일	상호주의
홍콩	90일	90일	90일	상호주의
미국	×	×	90일	상호주의
칠레	90일	90일	90일	상호주의
캐나다	6개월	6개월	6개월	상호주의
노르웨이	90일	90일	90일	협정
독일	90일	90일	90일	협정
영국	6개월	6개월	6개월	협정
폴란드	90일	90일	90일	협정

프랑스	90일	90일	90일	협정
핀란드	90일	90일	90일	협정
헝가리	90일	90일	90일	협정
이란	90일	90일	×	협정
이스라엘	90일	90일	90일	협정
이집트	90일	90일	×	협정

출처: 외교부 해외안전여행 서비스

 표 3-8 _ 외국인 일반여권소지자로서 대한민국 무사증 입국 가능 주요국가 현황(2023.8.31일 기준)

국가/지역		
대만(90일/상호주의)	브루나이(30일/상호주의)	일본(90일/상호주의)
마카오(90일/상호주의)	싱가포르(90일/협정)	홍콩(90일/상호주의)
말레이시아(3개월/협정)	태국(90일/협정)	뉴질랜드(90일/협정)
가이아나(30일/상호주의)	브라질(90일/협정)	온두라스(30일/상호주의)
과테말라(90일/협정)	세인트루시아(90일/협정)	우루과이(90일/협정)
그레나다(90일/협정)	세인트빈센트그레나딘	자메이카(90일/협정)
니카라과(90일/협정)	(90일/협정)	칠레(90일/협정)
도미니카(공)(90일/협정)	세인트키츠네비스(90일/협정)	캐나다(6개월/상호주의)
도미니카(연)(90일/협정)	수리남(90일/협정)	코스타리카(90일/협정)
멕시코(3개월/협정)	아르헨티나(90일/상호주의)	콜롬비아(90일/협정)
미국(90일/상호주의)	아이티(90일/협정)	트리니다드토바고(90일/협정)
바베이도스(90일/협정)	안티구아바부다(90일/협정)	파나마(90일/협정)
바하마(90일/협정)	에콰도르(90일/상호주의)	파라과이(30일/상호주의)
베네수엘라(90일/협정)	엘살바도르(90일/협정)	페루(90일/협정)
교황청(30일/일방적 면제)	몰타(90일/협정)	안도라(30일/상호주의)
그리스(3개월/협정)	벨기에(3개월/협정)	알바니아(30일/상호주의)

네덜란드(3개월/협정)	보스니아·헤르체고비나 (30일/상호주의)	에스토니아
노르웨이(180일 중 90일/협정)	사이프러스(30일/상호주의)	(180일 중 90일/협정)
덴마크(180일 중 90일/협정)	산마리노(30일/상호주의)	영국(90일/협정)
독일(90일/협정)	세르비아(90일/상호주의)	오스트리아(90일/협정)
라트비아(90일/협정)	불가리아(90일/협정)	이탈리아(90일/협정 및 상호주의)
러시아(60일, 180일 기간 중	스웨덴(180일 중 90일/협정)	체코(90일/협정)
누적 90일/협정)	스위스(3개월/상호주의)	카자흐스탄(30일/협정)
루마니아(90일/협정)	크로아티아(90일/상호주의)	터키(90일/협정)
룩셈부르크(3개월/협정)	스페인(90일/협정)	포르투갈 (180일 중 90일/ 상호주의)
리투아니아(90일/협정)	슬로바키아(90일/협정)	폴란드(90일/협정)
리히텐슈타인(3개월/협정)	슬로베니아(90일/상호주의)	프랑스(90일/협정)
모나코(30일/상호주의)	아이슬란드(180일 중 90일/협정)	핀란드(180일 중 90일/협정)
몬테네그로(30일/상호주의)	아일랜드(90일/협정)	헝가리(90일/협정)
모리셔스(30일/상호주의)	오만(30일/일방적 면제)	레소토(60일/협정)
세이쉘(30일/상호주의)	카타르(90일/협정)	이스라엘(90일/협정)
사우디아라비아(30일/일방적 면제)	쿠웨이트(90일/일방적 면제)	튀니지(30일/협정)
아랍에미리트(90일/협정)	바레인(30일/일방적 면제)	남아프리카공화국(30일/ 상호주의)
괌(90일/상호주의)	나우루(3 0일/일방적 면제)	뉴질랜드(3개월/협정)
마샬군도(30일/상호주의)	마이크로네시아(30일/상호주의)	사모아(30일/상호주의)
솔로몬군도(30일/상호주의)	키리바시(30일/상호주의)	통가(30일/상호주의)
투발루(30일/상호주의)	팔라우(30일/상호주의)	피지(30일/상호주의)
호주(90일/일방적 면제)		

출처: 외교부 해외안전여행 서비스

4) 대한민국 여권소지자 무사증 입국시 전자여행허가 필요 주요국가

미국ESTA, 캐나다eTA, 호주ETA, 뉴질랜드NZeTA 등의 국가는 일반여권 무사증 입국시 인터넷 상으로 전자여행허가 발급 사전 신청이 필요하다.

5) 미국 무비자 입국

(1) 전자여행허가

미국에 방문하기 위해서는 비자를 발급받거나 "전자여행허가ESTA: Electronic System of Travel Authorization"를 취득해야 한다. 2008년 이전에는 미국에 방문하기 위해서는 반드시 주한미국대사관을 방문, 인터뷰 등의 복잡한 절차를 거쳐 비자를 발급받아야 했지만, 2008.11.17 우리나라가 미국의 "비자면제프로그램VWP: Visa Waiver Program"에 가입함으로써 우리 국민은 인터넷에서 간단한 등록절차를 거쳐 ESTA를 발급받는 것만으로 비자 없이 미국을 방문할 수 있게 되었다. 단, ESTA는 전자여권에만 적용되며, 전자여권이 아닌 여권은 별도의 비자를 받아야 한다.

(2) 특징

전자여행허가제ESTA는 관광·상용·환승 목적으로 미국 입국 시 발급받을 수 있으며, 90일 이내의 방문이라 하더라도 취업, 유학 등의 목적으로 방문하는 경우에는 입국 목적에 합치하는 비자를 발급받아야 한다. 최근 대한민국 여권소지자가 미국 내 단기 근로를 목적으로 ESTA를 통해 미국 입국을 시도하다 입국이 거부되는 사례가 빈번히 발생하고 있다. ESTA 및 미국 비자 관련 상세사항은 미국 비자 신청 웹사이트www.ustraveldocs.com/kr_kr에서 확인 가능하다. 미국 VWPVi-sa Waiver Program은 미국 정부가 국경보안, 출입국관리, 비자거부율 등을 감안하여 약 30~40개국에게 90일간 관광·상용 등의 목적으로 비자 없이 입국·체류할 수 있는 VWP 가입국 지위를 부여하는 것으로, 한국은 2008.11.17부터 VWP가 적용되어 대한민국 여권소지자는 무비자 미국 방문이 가능해졌다. 한 번 VWP

가입국이 되었다고 해서 그 지위가 계속 유지되는 것은 아니며, 미국 정부에서 2
년마다 한국의 대테러대책, 출입국관리 및 여권관리 현황, 불법체류·입국거부
자 숫자 등을 감안하며 가입국 지위 연장 여부를 결정한다.

4 예외적 사증VISA제도 – 워킹홀리데이Working Holiday

1) 워킹홀리데이 제도란

워킹홀리데이 제도란, 워킹홀리데이 협정 체결국 청년들이 상대방 체결국을
방문하여 일정기간 동안 여행, 어학연수, 취업 등을 하면서 그 나라의 문화와 생
활을 체험할 수 있는 제도로서, 한국은 2023년 8월 기준 23개 국가 및 지역과
워킹홀리데이 협정 및 1개 국가와 청년교류제도YMS 협정을 체결하고 있다.

대한민국 청년들은 네덜란드, 뉴질랜드, 대만, 덴마크, 독일, 벨기에, 스웨덴, 아
일랜드, 오스트리아, 이스라엘, 이탈리아, 일본, 체코, 칠레, 캐나다, 포르투갈, 프
랑스, 헝가리, 호주, 홍콩, 스페인, 아르헨티나, 폴란드 워킹홀리데이와 영국 청년
교류제도YMS에 참여할 수 있으며, 워킹홀리데이 비자를 통해 상대방 국가/지역
방문시 통상 12개월 동안 체류가 가능하고, 호주 같은 경우 특정 업무에 일정기
간 동안 종사할 경우 추가로 12개월 연장해서 체류할 수 있는 비자를 발급이 가
능하다.

2) 특징

워킹홀리데이 참가자 쿼터는 우리나라와 협정을 맺은 국가/지역별로 차이가
있으며, 참가자가 무제한인 국가도 있지만 최대 100명만 참가할 수 있는 국가도
있다. 워킹홀리데이 참가자격은 대부분 18세에서 30세의 청년, 부양가족이 없고,
신체가 건강하며, 범죄경력이 없을 것 등을 자격조건으로 두고 있지만 언어 능력
으로 참가자격의 제한을 두고 있지 않다.

워킹홀리데이 비자는 각 국가별로 평생 단 한번만 받을 수 있는 비자이며, 학

생비자나 관광비자와 같이 어학연수와 관광도 할 수 있으면서 합법적으로 단기 취업이 가능한 비자이다. 워킹홀리데이 참여자는 일자리 정보, 안전 정보, 어학 연수 정보, 관광 정보 등 각 나라별로 다양한 정보를 외교부 워킹홀리데이 인포 센터 홈페이지whic.mofa.go.kr를 통해 확인할 수 있다.

제3절　탑승자 사전확인제도

1 탑승자 사전확인 제도i-PreChecking System

탑승자 사전확인 제도i-PreChecking System이란, 법무부 출입국·외국인 정책본부는 우리나라에 입국하려는 우범 외국인의 항공기 탑승을 차단하기 위해 「탑승자 사전확인 제도, i-PreChecking System」를 2017년 4월 1일부터 전면 시행해 오고 있다. 2010년 11월 먼저 시행되었던 대한민국 출항 항공기 탑승객에 대한 사전확인제도가 대한민국 입항 항공기 탑승객에도 확대되어 국경관리가 더욱 강화되었다.

항공사는 출입국관리법 제73조의2제3항에 따라 대한민국행발 항공기 탑승객 수속 시 해당 승객에 대한 정보를 법무부에 전송하여야 하며, 법무부가 응답하는 결과에 따라 수속을 진행하여야 한다. 탑승자 사전 확인 절차를 거치지 않은 경우, 출입국관리법 제96조제2항에 따라 벌금이 부과된다.

대상은 대한민국 입·출항 항공기에 탑승하고자 하는 모든 승객 및 환승객이며, 승무원은 대상이 아니다.

1) 탑승자 사전확인 절차

(1) 일반 사항

항공사는 승객 수속 시키오스크, 웹, 모바일 등 셀프 수속 포함, 승객 정보를 법무부로 전송해야하며, 법무부로부터 승객의 항공기 탑승 가능 여부를 확인 받은 후 탑승권 출력 등 업무를 처리해야 한다.

승객정보 전송

OK, NOT-OK, SELECTEE 응답

•출처• 국토부

🔺 그림 3-31_ '탑승자 사전확인' 절차

(2) 전송 항목

- 성명, 성별, 생년월일 및 국적
- 여권번호여권만료일 포함 및 예약번호
- 출항편, 출항지 및 출항시간
- 입항지와 입항시간
- 환승여부

(3) 승객정보 전송

- 전송 데이터 형식

법무부는 항공사와의 데이터 교환을 위한 메시지 형식으로 UN/EDIFACT Format을 사용하고 있다.

· 운수업자 고유 승객 참조 번호 ABO

승객정보는 운수업자 고유 승객 참조 번호ABO와 함께 전송되어야 한다. 운수업자 고유 승객 참조 번호ABO는 중복될 수 없으며, 중복된 경우 해당 번호로 수속된 가장 최근 승객의 응답기록만 표출된다.

· 데이터 전송 방식 및 시점

항공사와 법무부간 데이터 전송은 실시간 전송Type A, Realtime 또는 일괄전송 Type B, Batch 방식으로 이루어진다.

실시간 전송 방식은 수속 카운터에서 승객정보 전송 시 이루어지며, 최대 4초 이내 응답을 받을 수 있다. 현지 시간 기준 출항 30분 전까지 데이터를 전송할 수 있으며, 한 번에 승객 1명의 정보만 전송할 수 있다.

일괄전송 방식은 'U-LogisHub' 사이트에서 승객정보 전송 시 이루어지며, 최대 2분 이내 응답을 받을 수 있다. 현지 시간 기준 출항 72시간 전부터 30분 전까지 데이터를 전송할 수 있으며, 동시에 다수의 승객 정보를 전송할 수 있다.

항공사와 법무부간 데이터 전송은 보다 정확한 승객정보 전송을 위하여 실시간전송 방식을 원칙으로 하되, 충분한 승객정보 분석시간 확보 및 시스템 장애 등에 대비하여 일괄 전송 방식을 결합하여 전송하는 것이 권장된다.

2) 승객정보 입력 시 유의사항

탑승객 정보는 승객이 제시한 유효한 여행문서 인적사항면 기계판독부분Machine Readable Zone의 정보와 동일하게 입력해야 한다.

· 주의: 실제 수속승객 정보와 예약정보가 다른 경우를 주의하여 반드시 여권상의 정보를 입력해야 한다. '탑승가능OK' 응답을 받기 위해 승객정보를 임의로 변경하여 입력한 경우 처벌 받을 수 있다.

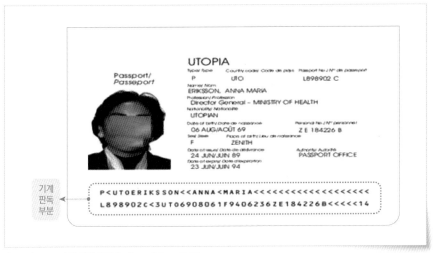

△ 그림 3-32_여권 인적사항면 예, ICAO Doc 9303

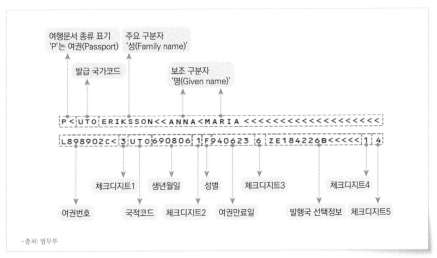

·출처: 법무부

△ 그림 3-33_기계판독 부분 구성

(1) 무국적자

국적은 국제표준기구 'ISO 3166-1'에 따른 3자리의 알파벳 코드로 입력해야 한다. 무국적자의 경우 'XXA' 또는 'XXX'로 표기되는데, 여행문서 인적사항면 기계판독부분에 표기된 국적코드대로 입력해야 한다.

기계판독부분의 여행문서 발행국 코드와 국적국 코드 혼동에 유의해야 한다.

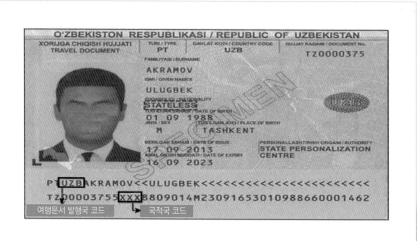

○ 그림 3-34 _ 무국적자에게 발행한 우즈베키스탄 여행증명서 견본

(2) 성명 입력 시 유의사항

여행문서 인적사항면 기계판독부분MRZ에 표기된 대로 성 명 순으로 입력해야한다. 단일어절인 성 또는 이름만을 입력할 수 없는 경우, 'LNULast Name Unknown 또는 'FNUFirst Name Unknown'을 입력한다.

・주의: 단일어절 성 또는 이름을 중복 입력하거나, Mr, Ms, Dr와 같은 호칭 입력 금지

(3) 대한민국 국적을 보유한 복수국적자

대한민국 국적과 외국 국적을 함께 보유한 복수국적자는 대한민국 출입국 시대한 민국 여권만 행사할 수 있다. 따라서 항공사에서도 대한민국 여권 상의 정보를 입력해야 한다.

(4) 가족여권 소지자

가족여권의 명의인 및 동반 기재된 가족 구성원의 인적사항을 각각 입력하여야 한다.

여권 명의인의 인적사항을 중복하여 입력하면 안된다.

- 주의: 가족여권의 명의인이 반드시 동반하여야 동 여권으로 출입국 가능

(5) 유아Infant

좌석을 배정받지 않는 유아 승객도 탑승가능 여부 응답을 받아야 한다.

(6) 구여권 사증소지자

법무부 정보분석과에 연락하여 여권정보 변경 사실을 알리고 분석관의 안내에 따라 조치한다. 사증을 발급받은 후 새로운 여권을 발급받은 경우에는 유효한 사증이 구 여권에 부착되어 있더라도 새로운 여권정보를 입력해야 한다.

- 주의: 새로운 여권과 유효한 사증이 부착된 구여권을 함께 소지해야 입국 가능
- `20.02.24.부터 단계적으로 스티커사증 부착을 중단하고 스티커사증 대신에 사증발급확인서VISA GRANT NOTICE를 발급하고 있다. 구여권 정보로 발급된 사증발급확인서VISA GRANT NOTICE를 소지한 승객의 경우, 구여권과 신 여권을 함께 소지해야 입국이 가능하다.

(7) 여행문서 미소지자 및 유효한 여행문서 미소지자

여권 분실 또는 도난 등의 사유로 여행문서를 소지하지 않은 내국인 승객 및 여권 또는 대한민국 정부가 인정하는 여권에 갈음하는 증명서를 소지하지 않은 외국인 승객은 별도로 정보분석과의 승인을 받은 후 수속을 진행해야 한다. 법무부 정보분석과로 연락하여 분석관의 안내에 따라 조치해야 한다.

(8) 환승객

- 입국하지 않는 경우

수단, 시리아, 예멘, 이집트 국민을 제외한 승객은 사증없이 대한민국 내 공항에서 환승할 수 있다. 대한민국 입국 시 사증이 필요한 국가 국민 중, 입국의사가

없는 환승객은 대한민국 도착 후 24시간 이내 출국하는 확약 항공권을 반드시 소지해야 한다.

· 입국하는 경우

환승객 중, 대한민국 입국 시 사증이 필요한 국가 국민은 요건을 갖춘 경우 사증없이 대한민국에 입국할 수 있는 대상이 된다. TIM/TIMATIC에서 요건을 확인할 수 있다.

(9) 주한미군_{현역}

주한 미군 현역은 여권을 대신하여 군인 신분증과 명령서로 대한민국을 출입국 할 수 있다. 단, 명령서의 공식주둔지, 임무수행지, 휴가지, 전출지 등이 대한민국 영역 이어야 한다.

· 주의: 그 외 군인가족, 군무원 등 은 신분증으로 출입국 할 수 없음.

신분증과 명령서로 출입국하는 경우에는 신분증 상의 인적사항을 입력하되, 여권번호 대신에 신분증 뒷면의 'DoD ID No.'를 입력해야 한다. 한국 주둔 현역 군인이 군인신분증으로 입국하는 경우, 전자여행허가ETA 신청이 면제된다.

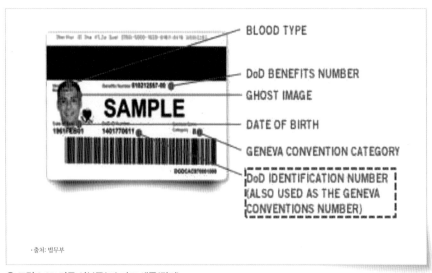

· 출처: 법무부

⬆ 그림 3-35_미국 신분증(ID) 카드 샘플(뒷면)

(10) APEC 경제인 여행 카드ABTC 소지자

대한민국 입국 시 사증이 필요한 국가의 국민이 APEC 경제인 여행 카드 ABTC 를 소지한 경우에는 사증 혹은 전자여행허가ETA없이 대한민국에 입국할 수 있는 대상이 된다. 기간이 유효하고, 카드 뒷면에 기재된 여권번호와 승객이 제시한 여권번호가 동일하고, '한국KOR'이 유효국가로 기재되어 있으면, 동 카드는 대한민국 복수사증 과 동일한 효력을 갖는다.

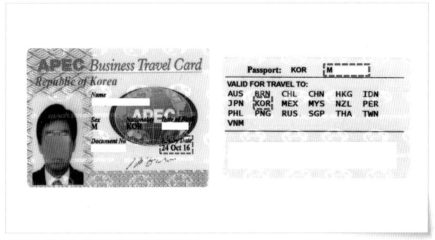

○ 그림 3-36_APEC 경제인 여행 카드 앞몇 및 뒷면

(11) 전자여행허가ETA

무사증 입국 가능국가의 국민은 대한민국 입국 시 유효한 전자여행허가ETA를 소지하여야 한다. 유효한 비자 혹은 등록증을 소지하고 있는 승객은 ETA를 신청 대상이 아니다. 승객의 '사전여행허가서'상의 인적사항은 승객이 소지한 여권 상의 인적사항과 동 일하여야 한다. 사증VISA과는 다르게, 구여권 정보의 ETA는 구여권과 신여권 을 함께 소지하고 있더라도 인정되지 않는다.

· 전자여행허가ETA가 필요하지 않은 경우
환승객, 승무원, UN여권 소지자, 한국에 주둔하는 현역 미군, ABTC 소지자, 항구 로 입국하는 선원, 제주 직항 편에 탑승한 제주도 방문자

2 탑승자 사전 확인 시스템 응답에 따른 조치 유형

1) 탑승 가능OK

> **00: Cleared**

> "대한민국 행(발) 항공기 탑승이 가능한 승객이므로 수속을 진행해주시기 바랍니다."

- 주의: 법무부의 '탑승가능' 메시지가 대한민국 출입국을 보장하는 것은 아니며, '탑승가능' 메시지를 받은 승객도 출입국 심사 시 대한민국 출입국이 거부될 수 있다.

2) 탑승불가NOT OK

- '탑승불가' 응답을 받은 경우 탑승권을 출력해서는 안 된다. 해당 메시지가 표출되면 수속을 중단하고, 법무부 정보분석과에 문의하여 해당 승객에 대한 조치사항을 안내받으시기 받아야 한다.

> **61: Passport expired - Check the date of expiry**

> "승객의 여권 유효기간이 만료되어 출국 또는 입국할 수 없습니다. 수속을 중단하고, 여권을 재발급 받도록 안내하시기 바랍니다."

위와 같은 코드 발생 시, 여권 상의 유효기간이 정확하게 입력되었는지 또는 여권 상에 수기로 유효기간이 연장된 내용이 있는 지 확인해야 한다. 잘못 입력되었거나 연장된 내용이 있는 경우 정확한 유효기간 입력 후 다시 응답을 받아야 한다.

정확하게 입력되었음에도 본 메시지를 수신한 경우, 법무부 정보분석과로 연락하여 분석관의 확인을 받은 후 수속을 진행해야 한다.

> **62: Contact KIS at 82 32 740 7241~3**

> "수속을 중단하고, 반드시 법무부 정보분석과로 연락하여 분석관의 안내에 따라 수속을 진행하시기 바랍니다."

법무부에 연락하지 않고 수속을 진행한 경우, 이로 인해 출입국관리법 위반사항 발생 시 처벌받을 수 있으며 항공사의 책임이 면제되지 않으므로 주의해야 한다.

63 : Overstayed - Contact KIS at 82 32 740 7241~3

"합법적인 체류기간이 만료된 외국인입니다. 수속을 중단하고, 승객 정보가 정확하게 입력되었는지 확인하십시오."

정확하게 입력되었음에도 본 메시지를 수신한 경우, 법무부 정보분석과로 연락하여 분석관의 확인을 받은 후 수속을 진행해야 한다..

64: Visa not allowed - Contact KIS at 82 32 740 7241~3

"수속을 중단하고, 반드시 법무부 정보분석과로 연락하여 분석관의 안내에 따라 수속을 진행하시기 바랍니다."

법무부에 연락하지 않고 수속을 진행한 경우, 이로 인해 출입국관리법 위반사항 발생 시 처벌받을 수 있으며 항공사의 책임이 면제되지 않으므로 주의해야 한다.

65: No valid visa - Contact KIS at 82 32 740 7241~3

"대한민국 입국을 위해서는 사증이 필요한 외국인 승객이나, 입력된 승객의 인적 사항으로 유효한 비자가 확인되지 않습니다. 수속을 중단하고, 승객 정보가 정확하게 입력되었는지 확인하십시오."

정확하게 입력되었음에도 본 메시지를 수신한 경우, 법무부 정보분석과로 연락하여 분석관의 확인을 받은 후 수속을 진행해야 한다.

대한민국 입국의사가 있는 사증미소지 승객이라면, TIM/TIMATIC의 '사증을 대체하는 요건을 확인하고, 법무부 정보분석과로 연락하여 분석관의 확인을 받은 후 수속을 진행해야 한다.

대한민국 입국의사가 없는 환승객이라면 승객 구분 값이 '환승NAD+DDU'으로 되어 있는지, 승객의 출발지와 목적지가 정확하게 입력되었는지 확인해야 한다.

상기 사항을 확인·수정 후 다시 응답을 받아야 한다.

- 주의: 수단, 시리아, 예맨, 이집트 국민은 대한민국 환승 시에도 사증필요

66: Single passport reused - Contact KIS at 82 32 740 7241~3

"이미 사용된 단수여권을 재사용하는 승객입니다. 수속을 중단하고, 승객 정보가 정확하게 입력되었는지 확인하십시오."

정확하게 입력되었음에도 본 메시지를 수신한 경우, 법무부 정보분석과로 연락하여 분석관의 확인을 받은 후 수속을 진행해야 한다.

67: No entry data - Contact KIS at 82 32 740 7241~3

"출입국기록상 현재 출국 상태인 승객입니다. 수속을 중단하고, 승객정보가 정확 하게 입력되었는지 확인하십시오."

입국하여 공항의 Landside에서 출항편 수속을 진행 중임에도 불구하고 본 메시지를 수신한 경우, 반드시 정보분석과에 연락하여 분석관의 안내에 따라 수속을 진행해야 한다.

입국하지 않은 환승객을 수속하는 경우에는 승객 구분 값이 '환승NAD+DDU'으로 되어 있는지, 승객의 출발지와 목적지가 정확하게 입력되었는지 확인해야 하며, 상기 사항을 확인·수정 후 다시 응답을 받아야 한다.

68: Different person with the same name - Contact KIS at 82 32 740 7241~3

"동명이인이 존재합니다."

수속을 중단하고, 법무부 정보분석과로 연락하여 분석관의 확인을 받은 후 수속 을 진행해야 한다.

69: Interpol stolen and lost travel document - Contact KIS at 82 32 740 7241~3

"도난·분실된 여권으로 인터폴에 신고된 여권입니다."

수속을 중단하고, 승객 정보가 정확하게 입력되었는지 확인해야 한다.

정확하게 입력되었음에도 본 메시지를 수신한 경우, 법무부 정보분석과로 연락하여 분석관의 안내에 따라 수속을 진행해야 한다.

> **70: No valid ETA - Contact KIS at 82 32 740 7241~3**
>
> "대한민국 입국을 위해서는 전자여행허가(ETA)가 필요한 외국인 승객이나, 입력된 승객의 인적사항으로 유효한 ETA가 확인되지 않습니다. 수속을 중단하고, 승객 정 보가 정확하게 입력되었는지 확인하십시오."

정확하게 입력되었음에도 본 메시지를 수신한 경우, 법무부 정보분석과로 연락하여 분석관의 확인을 받은 후 수속을 진행해야 한다.

대한민국 입국의사가 없는 환승객이라면 승객 구분 값이 '환승NAD+DDU'으로 되어 있는지, 승객의 출발지와 목적지가 정확하게 입력되었는지 확인해야 하며, 상기 사항을 확인·수정 후 다시 응답을 받아야 한다.

• 주의: 수단, 시리아, 예맨, 이집트 국민은 대한민국 환승 시에도 사증필요

> **71: No overseas travel permit - Contact KIS at 82 32 740 7241~3**
>
> "병역의무 대상자로 국외여행 허가 여부가 확인되지 않습니다. 수속을 중단하고, 승객 정보가 정확하게 입력되었는지 확인하십시오."

정확하게 입력되었음에도 본 메시지를 수신한 경우 또는 여권 사증면에 '국외여행 허가' 도장이 있으나 본 메시지를 수신한 경우에는 반드시 법무부 정보분석과로 연락하여 분석관의 안내에 따라 수속을 진행해야 한다.

> **72: No re-entry permit - Contact KIS at 82 32 740 7241~3**
>
> "재입국허가를 받지 않았거나, 재입국허가 기간이 도과되었습니다. 수속을 중단하고, 승객 정보가 정확하게 입력되었는지 확인하십시오."

정확하게 입력되었음에도 본 메시지를 수신한 경우 법무부 정보분석과로 연락하여 분석관의 안내에 따라 수속을 진행해야 한다.

> **73: No passport data - Contact KIS at 82 32 740 7241~3**
>
> "해당 정보로 여권이 발급된 기록을 찾을 수 없습니다. 수속을 중단하고, 승객 정보가 정확하게 입력되었는지 확인하십시오."

정확하게 입력되었음에도 본 메시지를 수신한 경우 법무부 정보분석과로 연락하여 분석관의 안내에 따라 수속을 진행해야 한다.

> **74: Nullified or suspended passport - Contact KIS at 82 32 740 7241~3**
>
> "여권이 무효처리 또는 효력이 정지된 여권입니다. 수속을 중단하고, 승객 정보가 정확하게 입력되었는지 확인하십시오."

정확하게 입력되었음에도 본 메시지를 수신한 경우 법무부 정보분석과로 연락하여 분석관의 안내에 따라 수속을 진행해야 한다.

> **75: No record - Contact KIS at 82 32 740 7241~3**
>
> "해당 정보와 일치하는 승객을 찾을 수 없습니다. 수속을 중단하고, 승객 정보가 정확하게 입력되었는지 확인하십시오."

입국하여 공항의 Landside에서 출항편 수속을 진행 중임에도 불구하고 본 메시지를 수신한 경우, 반드시 정보분석과에 연락하여 분석관의 안내에 따라 수속을 진행하여야 한다.

입국하지 않은 환승객을 수속하는 경우에는 승객 구분 값이 '환승NAD+DDU'으로 되어 있는지, 승객의 출발지와 목적지가 정확하게 입력되었는지 확인·수정 후 다시 응답을 받아야 한다.

3) 조건부 탑승허가 SELECTEE

> **91: Check the entry requirements for Korea**
>
> "요건을 갖춘 경우, 사증없이 대한민국을 입국할 수 있는 대상입니다."

사증없이 대한민국을 입국할 수 없는 국가 중 중국, 몽골, 인도네시아, 필리핀, 베트남, 인도 국민들에 대해서만 동 메시지가 표출되며, 그 외의 무사증 입국 불가 국가 국민에 대해서는 'NOT-OK'메시지가 표출된다. TIM/TIMATIC을 참조하여 반드시 해당 승객의 요건을 확인하고 수속을 진행해야 한다.

92: Contact KIS at 82 32 740 7241~3
"북한(PRK) 국적 승객입니다."

수속을 중단하고, 반드시 법무부 정보분석과로 연락하여 분석관의 안내에 따라 수속을 진행해야 한다.

4) 오류ERROR

40 : Internal server error
"법무부 호스트에서 비정상적인 처리가 발생한 경우입니다."

통상 일시적이므로, 승객정보를 재전송 하시고 본 메시지를 3회 이상 받은 경우 법무부 정보분석과로 연락하여 확인해야 한다.
법무부로부터 장애사실을 확인 받은 후 탑승자 사전확인 절차 없이 수속을 진행할 수 있다.

 제4절 출·도착 및 환승 업무

1 출발 업무

1) 탑승수속 업무

(1) 탑승수속 전 준비 업무

탑승수속 시작 전, 아래 사항들을 확인하며 탑승수속 업무를 준비하여야 한다.

· 항공편 관련 브리핑 정보를 확인한다.

항공편의 종류, 예정 출발시간, 예약 현황, 항공편 별 좌석의 배정 현황, 환자승객 등 항공편의 특이사항, 기타 지점장 또는 매니저의 업무지시 사항을 확인해야 한다.

· 준비물과 장비의 작동상태를 확인한다.

탑승권Boarding Pass, 수하물표Baggage Tag 등 탑승수속에 필요한 인쇄 준비물의 수량과 상태를 점검하고, 탑승수속 카운터에 설치된 수속용 컴퓨터, 탑승권 인쇄기BPP, Boarding Pass Printer, 수하물표 인쇄기BTP, Baggage Tag Printer, 카드 단말기 등 장비의 정상 작동여부를 확인한다.

· 카운터 주변의 상태를 확인한다.

탑승수속 카운터는 승객이 공항에 처음 도착하여 항공사 서비스를 접하는 곳이다. 카운터 주변의 청결, 정리정돈 상태를 확인하고, 카운터 앞 원활한 줄서기를 위한 차단봉Tense barrier의 정상 설치 여부를 확인한다.

(2) 탑승수속 업무수행

· 승객이 카운터에 왔을 때

⬆ 그림 3-37

    승객이 탑승수속을 위해 카운터에 오면 첫 인사와 함께 승객의 여정안내서 E-ticket, 항공권, 여권, 필요 시 비자 서류를 승객으로부터 접수하고, 승객에게 위탁할 수하물이 있는 지 확인한다.

· 수속 업무
- 승객의 여정안내서에 표기된 편명, 날짜, 목적지, 좌석등급 및 예약상태확약, 대기 여부를 PSS 시스템에 조회하여 예약 여부를 확인한다.
- 승객과 제시한 여권과 실제 카운터에 나타난 승객과의 본인 일치여부를 확인하고, 승객이 여행하고자 하는 국가의 체류규정 등에 준하여 승객의 여행 적합성을 확인한다.
- 승객에게 선호하는 좌석이 있는지 묻고 요청을 최대한 반영하도록 하되, 불가할 경우 그 사유를 설명한다.
- 수하물을 위탁하는 승객에게는 수하물 안에 위험물 등 기내 반입금지 물품이 포함되었는지 반드시 보안 질의를 한다.
- 수하물의 개수와 무게를 확인 후 무료수하물 허용량을 초과할 경우 초과수하물 요금을 징수하고 Baggage Tag을 인쇄하고, 위탁수하물에 부착한다.
- 승객이 기내로 가지고 들어가는 휴대수하물의 무게, 개수 등을 확인 후 규정에 적합한 지 확인 후 필요한 조치를 취한다.

・ 마무리

인쇄한 Boarding Pass, Bag tag 그리고 접수하였던 여권 등의 여행서류를 승객에게 주고, 탑승시각, 탑승구 번호 등의 안내를 하고 마무리 인사를 한다.

 읽을 거리

셀프 백드롭

일부 항공사에서는 수하물의 위탁까지도 승객이 직접 위탁하는 셀프서비스를 운영중으로, 빠르고 간편하게 이용이 가능하다. 기계에 탑승권과 여권을 읽힌 후 인쇄되는 Baggage Tag을 짐에 붙이고 보내면 된다.

(3) 비대면 체크인과 백드롭Baggage Drop

최근의 여객운송・공항서비스 동향으로 카운터에서 직원의 도움을 받아 수속을 하기보다, 승객이 모바일, 컴퓨터를 이용한 온라인 체크인, 공항에 설치된 키오스크를 통해 직접 수속하는 비대면 셀프체크인을 권장한다. 따라서 대부분의 항공사는 탑승수속 카운터를 "백드롭 전용 카운터"로 운영을 하고 있다. 이미 체크인한 승객이 부칠 짐이 있으면 백드롭 전용 카운터로 나와 수하물을 위탁할 수 있다.

◆ 그림 3-38

2) 탑승 업무

◆ 그림 3-39_탑승 업무 절차

(1) 탑승 전 준비 업무

담당 직원은 해당 항공편의 주요 사항_{총 체크인 수, 특이사항 등}을 사전에 파악한 후 객실승무원에게 인계할 서류나 물품 등 업무 수행에 필요한 각종 서류를 준비하여 정해진 시간까지 해당 Gate로 이동한다. 보통 항공기 출발시각으로부터 국제선의 경우 1시간 전, 국내선의 경우 30분 전까지 Gate로 이동하여야 한다.

담당 직원은 Gate 기계_{컴퓨터, 탑승권 인식기 등}의 정상 작동여부를 확인하고, 주변의 정리정돈 상태를 확인한다.

담당 직원은 승객의 문의사항에 대해 친절히 안내하며, Gate Filtering 업무를 수행한다.

• Gate Filtering

탑승수속 등의 승객을 응대하는 과정에서 걸러지지 않은 여러 사항들을 승객이 항공기에 탑승하기 전 최종적으로 탑승구에서 걸러주는 업무를 'Gate Filtering'이라 한다. 여러 변수 (직원 또는 승객의 실수나 고의 등)로 인하여 탑승 전까지 해결되지 못한 각종 규정 위반 케이스를 마지막으로 걸러줄 수 있어 안전사고를 예방할 수 있다.

업무의 영역:

① 승객 (출입증 미소지자)의 항공기 접근 및 Gate 출입 통제
② 기내에 반입 불가한 물품 및 규정을 초과하는 수하물에 대한 점검
③ 유아를 동반한 승객 등 직원의 도움이 필요한 승객에 대한 점검
④ 위조 여행 서류 소지가 의심되는 승객에 대한 점검

• 과다 반입 휴대수하물

규정을 초과하는 휴대수하물의 기내 반입은, 좌석과 통로를 막아 비상상황 시 비상탈출의 치명적인 저해 요인이 될 수 있다. 또한 기내 선반(Overhead Bin)에 탑재된 수하물을 비행 중 또는 승객의 승하기시 부주의로 떨어지는 등의 안전사고를 유발할 수 있다.

(2) 탑승

△ 그림 3-40

국제선의 경우 항공기 탑승시작 5분 전 탑승준비 안내방송을 실시하고, 안내 방송 시 직원은 노약자 및 유아동반 승객 등의 우선탑승 및 Zone Boarding에 대한 구두 안내를 실시한다.

기장의 탑승 Sign을 접수하면 탑승 안내방송을 실시하고, 탑승 안내방송 시 담당직원은 탑승시작 인사를 실시하고 탑승을 시작한다. 탑승 안내 방송은 06. 기타업무에서 공항방송을 참고한다.

통상적인 탑승순서는 상위등급 승객 〉 교통약자 〉 노약자, 유아 및 소아를 동반한 승객 〉 일반 승객 순으로 진행된다. 탑승 시작 전에 대기하는 휠체어 사용 승객은 먼저 탑승 조치를 취하나 탑승 진행 중에 등장한 휠체어 사용 승객은 다른 승객이 거의 탑승을 완료한 시점에 탑승할 수 있도록 한다.

승객으로부터 탑승권을 받으면 탑승권인식기BGR, Boarding Gate Reader에 스캔하여 탑승처리를 하고 가벼운 목례와 함께 인사한다.

출발 예정시간 5분 전 탑승을 완료할 수 있도록 탑승 진행상황을 점검하고 미탑승객 호출 등 필요한 조치를 취한다. 탑승수속을 완료한 승객은 출발지 국가의 법령이나 요청에 의하여 출국금지 등의 특별한 사유가 없는 한 전원 탑승을 완료한 후 항공기의 출입문을 닫는 것을 원칙으로 한다. 하지만, 항공기의 과다한 지연이 예상되거나 탑승을 포기한 승객으로 예상되는 경우, 해당 승객이 탑승을 안하였어도 항공기의 출입문을 닫을 수 있다. 이때 미탑승객의 수하물은 반드시 하기해야 한다.

· 탑승 시 유의사항

탑승권은 승객 개별로 소지해야 하며, 탑승권을 소지하지 않은 사람은 탑승구를 통과하지 못하도록 출입을 통제한다. 또 Gate 담당 직원은 승객이 Gate를 입장하기 전에 소지한 탑승권 상의 편명, 날짜, 본인확인 등을 확인하여 부정탑승, 오탑승을 방지하여야 한다.

· 탑승 후 하기 요청 승객에 대한 보안 절차

승객이 항공기에 탑승했다가 개인 사유로 하기를 요청할 경우, 객실사무장에 의해 하기 사유를 파악하고, 승객의 좌석번호를 확인 후 좌석 주변, Overhead

Bin을 점검하고 승객의 휴대수하물 소지 여부를 파악하여야 한다. 이후 지상직원은 즉시 보안기관에 통보하고 보안 기관의 지시에 따르며, 하기 승객에 대한 감시 업무, 위탁수하물 소지 여부를 확인 및 인적사항을 확보하여야 한다.

• 미탑승객의 위탁수하물 하기

탑승수속을 하고 위탁수하물까지 부쳤지만 간혹 공항에서 길을 잃거나, 탑승시간을 착각하는 등의 이유로 제 시간에 탑승하지 않는 승객이 발생한다. 이때는 탑승하지 않은 승객의 수하물은 반드시 하기하여야 한다. 수하물을 하기한 후 기장에게 하기가 완료되었음을 보고하고, 하기된 수하물은 공항의 수하물 담당 직원이 인계하여 승객이 찾아갈 수 있도록 조치한다.

 읽을 거리

Zone Boarding

신종 코로나바이러스 감염증(코로나19)의 확산 방지 및 기내 원활한 탑승을 위해 기내 좌석을 구역별로 세분화하여 뒷좌석 승객부터 순

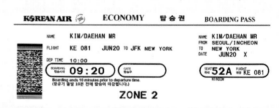

차적으로 탑승하는 절차를 말한다. 기존 일반석 승객들이 한 번에 줄을 서서 탑승하던 방식에서 벗어나 Zone 별로 순서를 세분화해 혼잡을 방지하고, 승객 간 거리를 확보하고 또 뒷줄부터 탑승함으로써 객실 내 승객 간의 접촉 가능성을 최소화 할 수 있다는 장점이 있다.

사진: 대한항공

(3) 탑승 종료 업무

승객이 모두 탑승하면 항공편 운항과 관련된 서류 및 탑재 물품을 객실 사무

장에게 인계한다. 해당편의 GD General Declaration, 승객 명단, SHR Special Handling Request 명단 등이 이에 해당한다.

객실사무장과 Gate 담당직원은 상호 항공기 탑승 인원 수의 일치 여부를 반드시 확인하고, 항공기의 Door Close를 실시한다. 이후 항공기의 Push Back 상황을 지켜본다. 담당 직원은 탑승 중 발생한 각종 특이사항 등에 대해 필요한 경우 상급자에게 보고하여야 한다.

• 램프 리턴 Ramp Return

항공기가 이륙을 위해 주기장을 떠났으나, 기내 환자 발생 및 기타 비정상상황이 발생하여 이륙이 불가능하다고 판단되어 다시 주기장으로 되돌아오는 것을 말한다.

• 램프 리턴의 기준

기상(천재지변)으로 인한 항공기 운항 취소 및 지연 운항 발생, 응급환자 발생, 테러 및 보안 관련 위급상황 발생, 기내에서 승객의 위법행위가 지속되어 기장이 램프리턴을 결정한 경우 등

 읽을 거리

대한항공086편 사건

2014년 대한항공 임원이었던 조현아 부사장이 인천행 뉴욕발 항공기에서 견과류(땅콩) 서비스 절차를 제대로 모른다며 이미 Push Back한 항공기를 주기장으로 되돌려 사무장을 내리게 한 후 항공기를 출발시킨 사건으로 권력을 남용한 '갑질' 사회문제로 비화한 사건이다. 속칭 '땅콩회항'으로 불린다. 이로써 국토교통부는 대항항공에 27억9천만원의 과징금을 부과하고 조현아 전 대한항공 부사장에게 과태료 150만원을 부과했다.

출처: 오대성 기자, KBS, 2018.05.18, http://news.kbs.co.kr/news/

2 도착 업무

ETA 및 Gate 확인 ▶ 도착 Gate 주변 정리 및 하기 준비 ▶ 항공기 접현 ▶ Door Open ▶ 객실사무장과 서류 및 특이사항 인수인계 ▶ 하기

🔵 그림 3-41_도착 업무 절차

1) 하기 절차

Inbound 담당 직원도착하는 항공편의 업무를 수행하는 직원은 항공기가 도착하기 전 출발지 지점으로부터 전달받은 항공편 정보승객 수, 특이사항 등를 반드시 숙지하고 업무에 임해야 한다.

(1) Gate 업무

Inbound 담당 직원은 도착예정시간을 사전에 확인 후, Gate의 변경 유무를 확인한다. 또한 승객명단 PMPassenger Manifest를 필요로 하는 관계 기관에 배포하고, 공항내 FIDSFlight Information Display System에 해당 항공편의 정보가 제대로 입력되어 있는지 여부를 확인하고 변경이 필요할 경우 공항 관계자에게 조정을 요청한다. 마지막으로 도착편에 VIP, 휠체어, 유모차 등 특별한 조치가 필요한 승객의 유무를 확인하고 사전에 준비한다.

(2) Door Operation

항공기가 주기장에 Ramp-in 하여 정지한 이후 공항의 PBBPassenger Boarding Bridge 또는 Step Car를 항공기 출입문에 접현하여 승객의 하기가 준비된다. 이후 항공기 출입구를 개폐함으로써 승객의 하기가 시작된다.

항공기의 출입문을 개폐하는 주체는 항공기 외부에서 지상직원이 수행할 수도 있으며 기내에서 객실승무원이 수행할 수도 있다. 이는 항공사의 운영 규정과 기종에 따라 상이하다. 다만 Door Operation 업무를 수행하기 위해서는 반드시 적정 교육을 이수 후 승인된 자만 업무가 가능하다.

🔵 그림 3-42

 항공기 외부에서 지상직원이 Door Operation을 수행할 경우, 먼저 담당 직원은 항공기가 도착 후 Boarding Bridge 또는 Step이 안전하게 맞닿았는지 확인하고 주변 Door가 열리는 반경 내 장애물이 있는지 확인한다. 이후 항공기 출입문에 위치한 Observation Window를 통해 기내의 객실승무원으로부터 탑승구를 열어도 안전하다는 신호를 수신호를 받은 후 출입문을 오픈한다.

(3) 수하물 수취

🔵 그림 3-43

승객은 입국심사를 마치고 나면 수하물 수취대에서 자신이 위탁한 수하물을 수령하게 된다.

이때 수하물 수취 구역의 담당 직원은 지정된 수하물 수취대에 위치하여 승객의 질의사항에 응대하고, 수하물 오수취 등을 예방하기 위한 활동을 실시한다. 또한 위탁한 수하물을 수령하지 못한 승객, 파손된 수하물 등에 대한 처리 업무를 위해 PIRProperty Irregularity Report 등의 양식을 준비하고 업무를 수행한다. 수하물 사고처리에 대한 내용은 수하물 파트에서 더 다루도록 하자.

3 환승 업무

환승이 이루어지는 해당 국가 법령에 의거하여 모든 환승 승객과 소지하고 있는 휴대수하물 및 위탁수하물은 항공기 탑승 전에 보안검색을 다시 받아야 한다.

 읽을 거리

최소 환승시간MCT, Minimum Connecting Time

각 공항에는 최소환승시간(MCT, Minimum Connecting Time)이라는 것이 존재한다. IATA에서는 최소환승시간을 '승객과 위탁수하물이 최초 탑승편에서 연결편으로 탑승 및 이동하는데 필요한 최소한의 시간 간격'이라고 정의하고 있다. 이러한 일련의 과정에 소요되는 최소한의 시간을 MCT라고 한다.

예) 대한항공의 MCT

TYPE	MCT
KE(T2) – KE(T2)	45 min
KE(T2) – OAL(T2)	1hr 10min
KE(T2) – OAL(T1)	1hr 30min

출처: 대한항공 홈페이지

우리나라의 대한민국을 출발하거나 대한민국으로 향하는 환승 승객에 대한 승객 이름, 여권번호 등의 운송정보를 공항운영자에게 제공하여야 한다.

보통은 최초 출발지에서 환승편까지 체크인하여 탑승권을 받지만, 경우에 따라서는 환승지에서 다시 탑승수속을 거쳐 체크인을 해야하는 경우도 존재한다. 이런 경우에 해당할 경우 담당 지상직원은 시스템 상 승객의 여정을 확인 후 탑승수속 절차에 따라 수속을 진행하면 된다.

또한 선행편의 지연 도착 등의 이유로 승객의 환승시간이 촉박한 경우, 상황에 따라서는 지상 직원의 인솔이 필요로 하는 경우 또한 존재한다.

제5절 도움이 필요한 승객

1 비동반 소아

· 출처: 제주항공 홈페이지

🔵 그림 3-44_제주항공 비동반 소아 여행신청서

비동반 소아_{UM, Unaccompanied Minor}라 함은 만 5세 이상 만 12세 미만의 소아가 성인 보호자와 함께 여행하지 않고, 단독으로 항공편을 탑승하여 여행하는 경우를 말한다.

UM을 운송하기 위한 조건은 다소 까다롭다. 어떠한 경우에도 만 5세 미만은 UM으로 운송할 수 없으며, 출발지 공항과 도착지 공항에서 해당 UM을 동반하여 인계하고, 마중할 수 있는 성인 보호자가 공항에 나와야 한다. 또한 항공사에서 발행하는 [비동반소아여행신청서]를 작성하여 서명 후 항공사에 제출 후 승인을 받아야 한다.

UM의 업무처리 절차는 다음과 같다.

표 3-9_UM의 업무처리 절차

구분	세부 절차
예약 담당 부서	• UM을 신청하고자 하는 손님은 여행 출발 7일 전까지(항공사 마다 날짜 기준은 다름) 예약센터로 사전에 서비스가 가능한지 의뢰해야 한다. 해당 예약부서는 좌석 확보 가능여부, UM의 수, UM의 여정 등을 확인한 후 서비스 여부를 결정 후 손님에게 고지한다. • 예약이 확정되면, 어린이 고객 또는 보호자의 요청좌석을 반영하되, 가급적 통로좌석으로 배정한다. • UM의 PNR에 포함되어야 할 내용은 다음과 같다. 　- 어린이의 이름과 공항까지의 보호자의 이름 　- 출발지와 목적지의 부모나 보호자의 이름, 주소, 연락처 　- 어린이의 나이 　- 기타 참고자료
출발 지점에서	• UM 이 탑승수속 카운터에 나오면 보호자로부터 비동반소아여행신청서 와 서약서를 작성하도록 안내한다. • 작성된 신청서 1부는 지점에 1개월간 보관하고 나머지는 UM Envelope에 넣어서 UM의 목에 걸어준다. 탑승수속 카운터 직원은 보호자에게 UM의 입국신고서를 배포하여 작성을 보조하고 기재사항에 누락이 없는지 확인한다. • UM과 동행하는 담당 직원은 UM의 탑승수속 및 CIQ 수속을 보조한다. • UM의 위탁수하물에는 Priority Tag을 부착한다. • UM 탑승사실을 객실승무원에게 전달하는 Special Handling Report에 반영하고 객실사무장에게 탑승사실을 통보한 후 지상직원은 비동반소아여행신청서에 동봉된 서류 List를 객실사무장과 상호 확인하고 인계 서류에 서명한다. • 마지막으로 도착지 공항에 UM 탑승 사실을 공유한다.

구분	세부 절차
도착 지점에서	• UM 탑승정보를 도착 전에 확인하고 담당할 직원을 지정한다. • 항공기 도착 전 공항에 마중 나온 보호자에게 연락하여 항공기 도착 예정시간을 알리고 UM을 인수하도록 요청한다. • 지상직원은 객실사무장으로부터 UM을 인수하고 신청서에 동봉된 서류 List를 객실사무장과 상호 확인하고 인수인계 서류에 서명한다. • UM을 보호자에게 인계할 때까지 입국 과정을 보조한다. • 도착지 보호자에게 소아를 인계하고, 보호자로부터 인수 서명을 받고 무사히 인계하였음을 출발지 지점에 통보하고 마무리한다.

2 장애인 승객

장애인 승객이란, 승객의 신체적 또는 정신적 결함으로 인하여 항공기 탑승이나 하기 시, 공항 내에서의 활동에 특별한 주의가 요구되는 승객을 의미한다. 장애인 승객의 항공기 탑승 및 하기는 우선적으로 처리되어야 하나, 상황에 따라 제일 늦게 탑승 및 하기가 진행될 수도 있으며, 장애인이라는 이유만으로 진단서, 의사소견서, 면책서약서 등을 요구하면 안 된다.

1) 청각장애인 승객

• 청각장애인 승객의 PNR 상에는 [DEAF] SSR 코드를 입력하여 시스템 상 승객의 상태를 표출되도록 한다.
• 청각장애인 승객은 직접적으로 말을 알아들을 수는 없으나, 입술의 움직임으로도 의사소통이 가능할 수 있다. 따라서 청각장애인 승객 앞에서 불필요한 말은 삼가고 이야기를 할 때는 밝은 표정으로 입을 크게 벌려 안내하도록 하는 것이 바람직하다.
• 비상구 열 좌석에는 청각장애인 승객을 배정하지 아니한다.

2) 시각장애인 승객

PNR 상에 [BLND] SSR 코드를 명시하여 시스템에서 표출되도록 해야 한다.

(1) 성인에 의해 동반되는 시각장애인 승객

성인에 의하여 동반되는 시각장애인 승객은 일반 승객으로 다른 승객들과 동일하게 응대한다.

(2) 장애인 안내견에 의해 동반되는 장애인 승객

장애인 안내견은 별도의 요금징수 없이 무료로 운송이 가능하다. 장애인 안내견을 운송할 수 있는 아래의 조건을 충족해야 한다.

- 공인된 기관의 인증서ID를 소지한 경우
- 안내견의 등에 두르는 줄이나 손잡이Harness 등을 착용한 경우
- 목적지 국가 또는 경유지 국가의 검역절차 기준에 부합한 경우
- 장거리 여행일 경우 연결지에서 안내견에게 음식 공급이 가능하며 음식물의 준비 및 비용은 승객이 부담해야 한다.
- 비행 중에는 승객의 발 앞에 위치한다.

장애인 안내견 동반 승객에 대한 처리는 아래와 같다.
- 항공사업법 시행규칙 개정 제64조의 2 및 3에 따라 서비스 이용 승객은 항공사에 출발 48시간 전까지 고지하여야 한다.
- 출발지점에서는 장애인 승객을 비상구 열 좌석에 배정하지 않아야 하고, 원만한 승기와 하기를 위해 승객을 가능한 앞쪽의 복도 좌석에 배정한다.
- 장애인 안내견의 기내 반입조건을 확인한다. 장애인 안내견은 일반 Pet로 취급되지 않으므로 항공기 기종 별 반려동물 최대 탑승 허용 마리 수에 제한을 받지 아니한다.
- SHR에 반영하고 객실사무장에게 운송 사실을 통보한다.
- 출발 후 도착 지점에 내용을 공유한다.

(3) 비동반 시각장애인 승객

보호자 없이 혼자 여행하는 시각장애인의 경우, 스스로 보행이 가능해야 하고, 타인의 도움 없이 식사 및 개인 용무가 가능해야 한다. 또한 출발지 및 도착지 공항에서 해당 승객을 보조 및 지원할 수 있는 보호자가 있다는 조건 하에 출발지 지점에서 탑승을 결정할 수 있다.

예약 시 해당 승객의 운송 조건을 검토한 후, 운송이 가능하다고 판단한 경우 출발 지점에 운송 요청을 한다. 예약을 관리하는 부서에서는 아래의 내용을 포함하여 지점에 공유하게 된다.

- 승객 명, 나이, 성별
- 여정
- 시각장애의 정도
- 과거 항공여행 사실여부
- 운송조건 부합여부
- 도착지 보호자 연락처

출발지 지점의 업무는 다음과 같다.
- 객실승무원의 지원이 용이하도록 지정된 좌석을 배정한다.
- RPA_{Restricted Passenger Advice, 장애인 승객을 보조하는 지상직원} 담당직원이 탑승수속 및 CIQ 수속을 보조한다.
- SHR에 내용을 기입하고 객실사무장에게 탑승사실을 통보한다.
- 항공기 출발 후에는 도착지 공항지점 또는 경유지 지점에 내용을 공유한다.
- 비상구 열 좌석에는 좌석 배정을 할 수 없다.

도착지 지점의 업무는 다음과 같다.
- 마중할 보호자에게 항공기 도착예정 시간을 사전에 통보한다.
- 입국수속을 보조하고, 보호자에게 승객을 인계한 후 운송을 종료하였음을 출발지 지점에 공유한다.

3 휠체어 사용 승객

1) 휠체어 사용이 필요한 승객의 종류

(1) Wheelchair Only

동행자가 있어 휠체어만 필요한 경우, 항공기 출입구까지 휠체어만 지원한다.

(2) Wheelchair & Assistance

휠체어를 지원하며, RPA 담당 직원이 수속부터 탑승까지 보조한다.

(3) Assistance Only

자가 휠체어를 소지하고 직원의 보조만 필요한 경우

2) 출발지 공항에서의 처리 절차

질병이나 부상, 고령으로 인한 거동이 불편한 손님이 휠체어와 보조를 요청하는 경우에는 RPA 직원이 휠체어를 지원하며, 탑승수속, CIQ 수속 및 탑승에 도움을 준다.

통상적으로 휠체어 서비스 요청은 예약시점에 신청하는 것이 원칙이나, 공항 탑승수속 카운터에서 직접 신청하는 경우에도 여건이 허락하는 범위 내에서 서비스를 지원한다.

휠체어 사용 승객이 탑승하게 될 항공기가 여객 탑승교PBB, Passenger Boarding Bridge, 터미널에서 항공기 출입구로 바로 연결된 통로에 우선적으로 배정될 수 있도록 공항 관계부서에 요청한다.

휠체어 사용 승객과 동행하는 보호자가 있는 경우 나란히 좌석을 배정하고, 우선탑승과 하기가 원만하도록 승객을 가능한 앞쪽의 복도 좌석에 배정한다. 비상구 열 좌석 배정은 불가하다.

직원은 교통약자에게 도움을 주는 경우 승객을 안거나 업어서 이동시키는 행위를 하면 안된다. 다만, 비상상황에서의 승객 대피 등 불가피한 경우는 제외한다.

필요할 경우 지상조업사로부터 휠체어 승강설비Lift Car 등를 대여하여 조치하고, 시설이 없는 경우 공항 당국에 요구하여 시설을 구비할 수 있도록 노력하여야 한다.

3) 도착지 공항에서의 처리 절차

휠체어 사용 승객의 탑승 내용을 전달받은 도착지 지점의 담당 직원은 Gate에서 휠체어가 필요할 시 사전 준비하고, 객실사무장의 요청을 반영하여 승객을 Handling 한다. 입국수속을 보조하고, 도착지 공항에 마중 나온 보호자에게 승객을 인계한다.

4) 기내용 휠체어 사용 절차

휠체어 사용 승객이나 거동이 불편한 승객이 기내에서 자유롭게 이동을 할 수 있도록 항공기 내에 기내용 휠체어가 비치되어야 한다. 휠체어 승객의 탑승 및 하기 시 객실승무원과 협의하여 일반 휠체어를 이용할 수 있도록 승객을 이동시키기 위해 사용할 수 있다.

4 감성보조동물의 동반탑승

미주 출도착 노선에 한하여 서비스 제공이 가능하며 서비스 이용이 필요한 항공사에 출발 48시간 전까지 서비스 신청을 고지하여야 한다.

감성보조동물은 별도의 케이지Cage 없이 기내 동반이 가능하다. 다만, 감성보조동물의 추가 좌석 점유는 불가능하다. 감성보조동물의 동반 탑승은 승객이 아래 명시된 관련 서류와 신청서를 제출하면 승객 1명당 1마리 탑승이 가능하다.

- 감성보조동물 탑승을 위한 신청서
- 예방접종확인서 Veterinary Health Form
- 승객 질환에 대한 전문의 진단서 및 소견서
- 동물행동확인서

감성보조동물의 허용 품종은 항공사에 따라 상이하지만 국내 항공사의 경우 대부분 개, 고양이, 미니어처호스로 제한하고 있다. 출발지 공항 현장에서 감성보조동물이 훈련되지 않고 기내 탑승에 부적절하여 다른 탑승객에게 피해를 줄 수 있다고 판단했을 때는 기내 탑승을 거절하거나, 가능하다면 PETC 케이지에 담아 운송하는 반려동물 처리로 대안을 제시한다. 객실승무원에게 탑승 전 감성보조동물 탑승과 관련된 내용을 공유하고, 승객은 비상구열 좌석에 배정하면 안된다.

5 임산부

임신 32주8개월 미만의 경우, 의사로부터 항공여행 금지를 권고 받지 않는 한 일반승객과 동일하게 처리한다.

임신 32주 이상 37주 미만의 경우는 산부인과 전문의가 작성한 의사소견서 제출하여야 하며, 내용에는 항공 여행의 적합 여부, 분만 예정일, 분만 징후 및 임신 관련 합병증 유무가 의사소견서에 명시되어 있는 경우 탑승이 가능하다.

임신 37주 이상다태 임신 시 33주 이상의 임산부는 임산부와 태아의 건강을 위해 운송을 제한한다.

승객은 의사소견서를 탑승일 기준으로 제출해야 한다. Outbound 및 Inbound편 모두 7일 이내에 해당할 경우 동일한 의사소견서로 처리가 가능하나, 돌아오는 Inbound편의 출발일이 7일을 초과한 경우 출발지에서 다시 의사소견서를 발급받아 제출해야 한다.

임신 32주이상 37주 미만의 임산부 승객으로부터 의사소견서 2부를 받고, 1부는 출발지 지점에서 보관하고, 나머지 1부는 승객 본인이 보관한다. 지점은 승객의 의사소견서를 1달 간 보관하여야 한다.

탑승수속 시 탑승일 기준 7일 이내에서 작성된 의사소견서를 검토하여 진위 여부를 확인하여 조치한다. 사전에 항공사에 운송을 의뢰하지 않고 공항에서 바로 운송을 의뢰하는 경우, 운송 조건상의 서류의사소견서 및 서약서를 제출하기 전까지는 탑승수속을 진행하지 않는다.

승객으로부터 지원 요청이 있는 경우 RPA 직원이 탑승수속에서부터 탑승까지 보조하기도 한다. 임산부 승객은 비상구 열 좌석 배정을 하지 않는다.

6 주사기 소지 승객

당뇨 및 특정 물질에 대한 알레르기를 가진 승객으로 기내에서도 지속적인 투약의 목적으로 주사기를 소지하는 경우가 있다. 주사기를 소지하는 승객은 관련 증상 및 합병증이 없으며, 주사기를 이용하여 스스로 기내에서 조치가 가능한 경우에만 탑승이 가능하다.

당뇨 및 특정 물질에 대한 알레르기를 가진 승객이 의료 목적으로 주사기를 휴대하는 경우, 탑승 전 주사기 소지에 대한 의사소견서를 2부 제출하여야 한다. 제출된 의사소견서의 원본은 출발지 지점에서 보관하고 사본은 승객 본인이 보관한다.

의료 목적의 주사기를 기내 반입하는 경우 승객 본인이 보관한다. 단, 여유분을 포함하여 기내에서 필요로 하는 양을 초과하여 다량의 주사기를 휴대하는 경우 위탁수하물로 부치도록 안내하거나 SRISecurity Removed Item로 처리되어야 하며 해당 승객은 비상구 열 좌석 배정이 불가하다.

7 체내 의료용 장비가 삽입되어 있는 승객

인공심박동기, 인슐린펌프, 척추자극기 등 의료 장비를 체내에 삽입한 승객의 경우, 승객의 건강 상태가 안정적이고 관련 증상 및 합병증이 없으며 기내에서 스스로 관리가 가능한 경우에만 탑승이 가능하다. 따라서 의료장비 삽입에 관

한 의사소견서를 탑승수속 시 제출해야 한다.

인의료 장비를 치료적 목적으로 체내에 삽입한 승객의 경우, 탑승 전 의료장비 삽입에 대한 의사소견서를 제출하여야 한다. 제출된 의사소견서 원본은 출발지 지점에 보관하고, 사본은 승객 본인이 보관한다.

고혈압, 당뇨 등의 만성질환으로 약을 복용하는 환자의 경우 현재 관련된 합병증이 없고 복용 중인 약으로 안정되게 조절되는 경우에만 탑승이 가능하며, 탑승 시 반드시 복용 중인 약을 소지하여야 한다. 마찬가지로 해당 승객은 비상구 열 좌석 배정이 불가하다.

제6절 Special Handling

1 Denied Boarding

DBDenied Boarding라 함은 초과예약Over booking으로 인하여 손님이 예약된 항공편에 탑승하지 못하는 경우를 말하며, DBCDenied Boarding Compensation이라 함은 DB 승객에 대한 금전적 보상을 의미한다.

DBC를 받을 수 있는 대상으로는, 초과예약으로 인하여 해당 편에 좌석을 배정받지 못한 예약이 '확약된 유효항공권'을 소지한 승객으로 한정한다. 단, 해당 항공편의 취소기상, 정비, 안전요인 등, 탑승마감 시점까지 탑승수속 카운터에 나타나지 않은 경우, 규정을 준수하지 않은 승객 등은 적용 대상에서 제외된다.

통상적으로 항공사의 DBC 보상기준은 소비자분쟁해결기준에 따라 적합하게 보상조치를 취한다. 소비자분쟁해결기준은 Chapter 07을 참고하도록 하자.

2 INAD & DEPO

INAD와 DEPO의 정의는 다음과 같다.

1) INAD

INAD란 Inadmissible Passenger의 약자로, 사증 미소지, 여권의 유효기간 만료 및 사증에 명시된 목적 이외의 입국시도, 위조 서류 소지 등 입국 자격의 결격사유로 인하여 목적지 또는 경유지 국가에서 입국이 거절된 승객을 말한다.

2) DEPO

DEPO란 Deportee의 약자로, 합법, 불법을 막론하고 일단 입국하였던 승객이 일정기간 경과 후 주재국 관계당국에 의해 강제 추방명령을 받은 승객을 의미한다.

쉽게 정리하여, INAD 승객은 항공기에서 내려서 대한민국 법무부를 통과하지 못하고 다시 본국 또는 출발지 국가로 추방당하는 경우이고, DEPO는 국내에 입국한 사람이 관계당국에서 추방명령을 받아 대한민국을 떠나는 경우를 의미한다.

관계기관에서 INAD 또는 DEPO 승객의 호송사실을 통보받은 후, 입국거부 및 강제퇴거 사유에 관하여 사전에 자세히 정보를 전달을 받아야 하며, 해당 승객의 송환이 최종적으로 결정된 경우, 지상직원은 해당 항공편의 객실사무장에게 Boarding 시작 10분 전까지 상기 내용을 포함하여 해당 승객의 좌석번호, 동승자, 기타 정보 등을 공유한다.

INAD 및 DEPO 승객의 신체 및 휴대수하물의 검색 절차는 일반 승객의 검색 절차와 동일한 절차를 준수하며, 해당 승객에 대하여 지점에서는 아래와 같은 사항들에 대하여 사전점검을 실시한다.

・여권, 항공권, 송환지시서 및 기타 제반 항공서류 등

• 항공여행의 적합여부

    ＊ 법무부 재심실 또는 송환대기실 직원으로부터 해당 승객에 대한 정보 확인 후 정신적 또는 정서상의 심각한 장애나 항공 여행에 대한 강한 거부감 등에 대한 사전 평가를 실시한다.

    ＊ 송환대상자의 여행 서류를 해당 항공편의 객실사무장에게 인계하며, 객실사무장은 별도의 보관 장소에 동 서류들을 보관한다.

    ＊ INAD 및 DEPO 승객이 탑승한 후 지상직원은 승객의 행선지 및 경유지 지점에 승객의 여정에 관한 일체의 정보를 공유한다.

INAD 및 DEPO 승객은 다른 승객이 모두 탑승한 후에 탑승하여야 하며, 목적지 공항 도착시에는 다른 승객이 모두 하기한 후에 하기하여야 한다. 또한 INAD 및 DEPO 승객은 가급적 항공기 후미에 앉도록 좌석이 배정되어야 한다. 이 경우 해당 승객이 창가 쪽에, 호송인이 있는 경우는 그 양쪽에 호송인이 앉을 수 있도록 배정되어야 한다.

송환 승객이 아래의 범주에 해당될 경우 호송인의 동행을 요구하여야 한다.

• 지상직원이 판단하였을 때 심각한 수준의 항공기 안전위협의 요소가 될 것으로 보이는 경우

• 과거 전과기록이 있으며, 현재 경찰의 용의선상에 있는 승객

• 심각한 수준의 약물중독 상태에 있는 경우

호송인의 동행 없이 INAD 및 DEPO 승객을 송환 조치할 경우 지점에서는 아래의 사항들을 사전에 조치해야 한다.

• 탑승 전 호송 승객 및 수하물 전체에 대한 완벽한 보안검색 실시한다.

• 정치적 쟁점이 있는 승객 등 정보 공개가 민감한 승객은 대외 공표를 금지한다.

• 경유지 환승, 또는 도착지에서 필요한 제반 여행서류를 완벽히 구비한다.

• 해당 항공편의 객실사무장에게 승객의 탑승여부와 좌석번호를 통보한다.

• 해당 승객을 운송하기 전에 법무부 재심실 또는 송환대기실 직원에게 해당

승객에 대한 정보를 확인 후 해당 승객과 인터뷰를 통하여 위협평가를 실시하고 안전한 운송이 가능한지 여부를 파악한다.

3 알코올/마약중독자, 위해가 의심되는 승객

만취된 것으로 보이거나 약물에 의해 다음과 같은 모습을 보이는 승객은 지상직원 혹은 회사의 판단 하에 운송을 거절할 수 있다.

- 취하거나 중독되어 바로 걷지 못하고 비틀거리는 승객
- 취하거나 중독되어 소리를 지르거나 타인에게 적대 행위를 하는 승객

정확한 승객의 상태 파악이 어려운 경우에는 승객에게 서약서를 접수하고 일반 승객과 격리될 수 있는 위치에 좌석을 배정한다. 그리고 시스템에 승객 정보를 반영하고 객실사무장에게 승객의 상태를 통보하여 만약의 사태에 대비한 주의사항을 전달한다.

승객이 만취, 약물에 중독되어 항공기 안전운항에 저해된다고 판단하여 탑승을 거절하는 경우, 그 사유를 해당 승객에게 고지한다. 해당 지상직원은 지점장에게 즉시 보고하여 지점장은 거부 사실을 항공사 내 유관부서안전보안실 등에 통보하고, 항공사는 발생일로부터 5일 이내에 관할 지방항공청에 보고한다.

4 범죄인 등의 호송 절차

범죄 수사 등에 연루된 호송대상자가 탑승하는 경우 반드시 두 명 이상의 법집행 권한이 있는 공무원경찰 등이 동승해야 한다. 범죄인의 호송을 의뢰기관은 호송대상자의 인적사항, 사유, 호송을 위한 안전조치, 탑승일자 및 탑승 편명 등을 사전에 회사에 통보하여야 하며, 회사는 위험 정도에 따라 호송책임자에게 추가로 안전조치를 요구할 수 있다.

호송책임자는 기내에 곤봉, 최루탄 또는 유사한 가스생성 기구 등의 위해물품을 휴대할 수 없으며, 호송대상자가 밀수품, 무기, 성냥 등의 위해 물품을 소지할 수 없도록 조치한다. 호송책임자는 구속이 필요하다고 판단될 경우 구속에 사용되는 필요한 도구를 갖추어야 하고, 일반적인 경우에는 범죄인을 의자나 테이블 등 항공기 일부분에 수갑을 채워 구속할 수 없다.

호송책임자는 보안요원, 근무중인 담당 경찰, 객실승무원 등에게 범죄인 등의 신원을 밝히고 객실사무장은 범죄인 등의 탑승 여부와 좌석위치를 기장에게 보고한다. 호송책임자와 호송대상자의 좌석을 기내 뒤 쪽에 배정하고 Galley 인근이나 출입구 인근의 좌석으로 배정하지 않는다. 호송대상자와 호송책임자의 탑승은 승객 탑승 이전에 실시하고, 목적지 도착 시에는 일반 승객이 모두 내린 이후에 마지막에 하기해야 한다.

호송책임자와 호송대상자에게는 알코올성 음료를 제공할 수 없다. 호송대상자의 식사는 호송책임자의 결정에 따라 지급하며 기내식 제공 시 철제 식기구나 칼 종류를 제공할 수 없다.

제7절 기타 업무

1 MAAS Meet & Assist

MAAS란 Meet and Assist의 약어로 공항에서 출발 및 도착하는 승객에 대해 제공되는 보조 행위를 의미한다. 대부분 MAAS는 VIP Very Important Person나 CIP Commercially Important Person, 또는 일등석에 탑승하는 승객 등에게 제공되는 의전 서비스를 의미한다. 탑승수속 시 특별한 안내를 요하며 경우에 따라 수하물 운반 등 보조 업무를 하기도 한다.

대부분의 항공사는 자기 회사의 항공편을 이용하는 주요 인사에 대한 표준화된 MAAS 지침 운영하여 예우상의 문제 발생요인을 제거하고 주요 인사의 기대욕구에 적극 부응하여 회사의 이미지 제고에 노력한다.

주요 인사에 대한 MAAS는 지점장의 판단에 따라 서비스 내용을 선정하고 제공한다. MAAS 사항은 철저히 보안이 유지되어야 하며, 타 승객에게 불쾌감을 주지 않도록 각별히 유의하여야 한다.

MAAS 대상 승객의 탑승 전날에 출발지 공항에서는 MAAS 대상 손님을 사전 파악하고, 필요하다고 판단될 경우 사전에 관계기관에 통보하여 협조를 득한다. 또한 업무를 담당하여 수행하는 전 직원을 대상으로 브리핑한다.

탑승 당일에는 선호좌석을 사전에 파악하여 좌석을 배정하고, MAAS 대상 손님이 카운터에 나타나면 준비된 카운터에서 정중하고 밝은 미소로 인사 후 탑승수속을 진행한다. 수하물에는 Priority Tag 및 Name Tag을 부착하고, 필요한 경우 빠른 식별을 위한 별도의 리본 등을 부착한다. 이후 탑승수속 관련 서류를 최종 확인하고 탑승 절차를 안내한다. 또한 MAAS 대상 손님의 의향에 따라 항공기 탑승 시기를 조율하여 탑승하며, 해당 편 객실사무장에게 주요 인사 관련 정보를 통보한다. 마지막으로 도착지 지점에 MAAS 대상 손님의 탑승정보를 공유한다.

2 공항 방송

적절한 안내 및 방송은 고객에게 편의성을 증대하고 항공기 정시운항에 기여할 수 있으며, 비정상운항 시 고객 불만을 예방할 수 있는 최적의 수단으로 대 고객서비스에 중요한 요소이다. 방송내용은 상황을 적절하게 표현할 수 있어야 하며 간단, 명료해야 한다. 손님이 추가 내용을 원할 경우는 개별 안내를 실시한다.

1) 출발 방송 Departure Announcement

(1) 탑승 개시

손님여러분 안녕하십니까? 오늘도 저희 ○○항공을 이용해 주셔서 감사합니

다. 지금부터 ○○항공 탑승을 시작하겠습니다. 감사합니다.

Ladies and gentlemen. ○○ Airline flight is now ready for boarding. Thank you for flying with ○○ Airline.

(2) 탑승 안내

○○항공 ○○○편, XXXX 행 탑승을 시작하겠습니다. 몸이 불편하신 손님, 노약자, 유아동반 손님께서 먼저 탑승해주시기 바랍니다.

Ladies and gentlemen, ○○ Airline flight ○○○ to XXXX is now ready for boarding. We will invite passengers who need special assistance, passengers with infants to board first.

(3) 마지막 탑승안내

○○항공 ○○○편 XXXX행 항공기의 탑승이 곧 마감될 예정이니 속히0번 탑승구로 탑승해 주시기 바랍니다.

Ladies and gentlemen, this is the final boarding call for ○○ Airline flight ○○○ to XXXX. Please come to gate number 0 immediately.

(4) 지연 안내방송

· 출발 시간이 미확정인 경우

○○항공 ○○○편 XXXX행 항공기는 □□□사유로 탑승이 지연될 예정입니다. 정확한 탑승시간이 결정되는 대로 알려드리겠습니다. 불편을 끼쳐 드려 죄송합니다.

Ladies and gentlemen, ○○ Airline flight ○○○ bound for XXXX has been delayed due to □□□. The new boarding time will be announced as soon as possible. We are sorry for the inconvenience.

· 출발 시간이 확정된 경우

○○항공 ○○○편 XXXX행 항공기는 □□□사유로 지연돼 0시 0분에 탑

승 예정입니다. 불편을 끼쳐 드려 죄송합니다.

Ladies and gentlemen, ○○ Airline flight ○○○ bound for XXXX, has been delayed due to □□□. The new boarding time is 00:00. We are sorry for the inconvenience.

(5) 결항 안내방송

○○항공 ○○○편 XXXX행 항공기는 □□□사유로 운항이 취소되었으니 직원의 안내를 받아주시기 바랍니다. 불편을 끼쳐 드려 죄송합니다.

Ladies and gentlemen, ○○ Airline flight ○○○ bound for XXXX has been cancelled due to □□□. We are sorry for the inconvenience.

(6) 승객 호출

○○항공에서 손님을 찾습니다. ○○항공 ○○○편 XXX로 출국출발하시는 ◇◇◇손님, △△△손님께서는 잠시 후 탑승을 마치고 항공기가 출발할 예정이니 속히 0번 탑승구로 탑승해 주시기 바랍니다. 감사합니다.

○○ Airline paging. ○○ Airline paging. Passenger ◇◇◇, Passenger △△△, on ○○ Airline flight ○○○ bound for XXXX. Please proceed to gate number 0 immediately. Thank you.

(7) 탑승구 변경

○○항공에서 탑승구 변경에 관해 안내 말씀드리겠습니다. ○○항공 ○○○편 X X X X 행 항공기의 탑승구가 0번에서 0번으로 변경되었습니다. 손님 여러분께서는 변경된 0번 탑승구에서 대기해 주시기 바랍니다. 손님 여러분께 불편을 끼쳐 드려 죄송합니다.

Ladies and gentlemen, may I have your attention please? ○○ Airline flight ○○○ to XXXX, the boarding gate has been changed from gate number 0 to gate number 0. Please stand by at gate number 0. Thank you for your cooperation.

(8) 보안검색 안내

○○항공에서 XXXX로 출국하시는 손님 여러분께 보안검색에 관해 안내 말씀드리겠습니다. 도착지 국가 정부의 보안 검색 요청에 따라 항공기 탑승 전, 손님 여러분의 휴대품을 재검색 할 예정이니 손님 여러분의 안전한 여행을 위해 협조해주시기 바랍니다. 감사합니다.

Ladies and gentlemen, may I have your attention please? There may be additional security measures during the boarding process for your flight. Passengers may be subject to security checks and physical searches. Thank you for your cooperation.

(9) 휴대수하물 규제

○○항공에서 안내 말씀 드리겠습니다. 손님 여러분의 쾌적하고 안전한 여행을 위해, 기내로 휴대하실 수 있는 수하물은 10kg 미만, 그리고 삼면의 합이 115㎝ 미만인 가방으로 한 분당 한 개에 한해 허용하고 있으니 이 점 양해해 주시기 바랍니다. 감사합니다.

Ladies and gentlemen, may I have your attention please? For the safety and comfort of all passengers, you are allowed one reasonably-sized carry-on bag plus one small personal item such as a purse, briefcase or laptop computer. If you have additional or oversized baggage, we will gladly check it onto the flight for you. Your cooperation will be highly appreciated.

(10) Document Check

○○항공에서 XXXX로 출국하시는 손님 여러분께 안내 말씀드리겠습니다. 도착지 국가 정부의 요청에 따라 항공기 탑승 시 손님 여러분의 여권과 탑승권을 재확인 할 예정입니다. 손님 여러분께서는 탑승 전 여권과 탑승권을 준비해 주시기 바랍니다. 손님 여러분의 협조에 감사드립니다.

Ladies and gentlemen, may I have your attention please? There may be additional security measures during the boarding for your flight. Please have your boarding pass and passport out and available for boarding. Thank you for your cooperation.

2) 탑승수속 방송 Check-in Announcement

(1) 탑승수속 개시

손님 여러분 안녕하십니까? 오늘도 저희 ○○ 항공을 이용해 주셔서 감사합니다. 지금부터 ○○ 항공 탑승수속을 시작하겠습니다. 감사합니다.

Ladies and gentlemen. We are now ready to check-in for ○○ Airline flights. Thank you for flying with ○○ Airline.

(2) 탑승수속 마감 안내

○○ 항공에서 탑승 수속 마감에 관한 안내 말씀드리겠습니다. ○○ 항공 ○○편 XXXX행 항공기의 탑승 수속이 곧 마감될 예정입니다. 아직 탑승 수속을 마치지 않은 손님께서는 카운터 앞으로 나오셔서, 속히 탑승 수속을 마쳐 주시기 바랍니다. 감사합니다.

Ladies and gentlemen, may I have your attention please? This is the final call for check-in of ○○ Airline flight ○○○ bound for XXXX. Please proceed immediately to the check-in counter. Thank you.

(3) System Down으로 인한 탑승수속 지연안내

○○ 항공에서 탑승 수속 지연에 관한 안내 말씀드리겠습니다. 현재, 시스템의 일시적 장애로 인해 탑승 수속이 중단되고 있으니 잠시만 기다려주시기 바랍니다. 불편을 끼쳐 드려 죄송합니다.

Ladies and gentlemen, may I have your attention please? We are currently experiencing a problem with our computer system. We will begin

to check-in passengers as soon as the system is back on line. We are sorry for the inconvenience. Thank you.

(4) 탑승수속 중단 안내

○○ 항공에서 안내 말씀드리겠습니다. 현재, □□□□로 인해 탑승 수속이 중단되고 있습니다. 자세한 상황은 결정되는 대로 알려드리겠습니다. 불편을 끼쳐 드려 죄송합니다.

Ladies and gentlemen, may I have your attention please? The check-in has been stopped due to □□□□. More details will be announced as soon as they become available. We are very sorry for the inconvenience.

(5) 탑승수속 재개 안내

○○ 항공에서 안내 말씀드리겠습니다. □□□□로 인해 중단되었던 탑승수속을 지금부터 다시 시작하겠습니다. 감사합니다.

Ladies and gentlemen, may I have your attention please? We are now ready to check-in again for ○○ Airline.

3) 도착 안내방송 Arrival Announcement

(1) 일반 도착 안내방송

○○ 항공에서 도착 안내 말씀드리겠습니다. ○○ 항공 ○○○편 항공기가 XXXX로부터 도착했습니다. 감사합니다.

Ladies and gentlemen, may I have your attention please? ○○ Airline flight ○○○ from XXXX has just arrived. Thank you.

(2) 도착 지연 안내방송

○○ 항공에서 도착 지연 관해 안내 말씀드리겠습니다. ○시 ○분 도착 예정이

던 ○○ 항공 ○○○편 항공기는 □□□□로 인해 ○시 ○분 도착예정이니 이 점 널리 양해해 주시기 바랍니다. 감사합니다.

　Ladies and gentlemen, may I have your attention please? ○○ Airline ○○○ from XXXX will be delayed due to □□□□. The expected arrival time will be 00:00. We are sorry for any inconvenience. Thank you.

(3) 도착편 회항 안내 Divert

　○○ 항공에서 마중 나오신 손님 여러분께 회항에 관한 안내 말씀드리겠습니다. 0시 0분 도착 예정이던 XXXX발 ○○ 항공 ○○○편 항공기는 □□□□로 인해 XX공항으로 회항하게 되었습니다. 손님 여러분 대단히 죄송합니다만 이 점 널리 양해해 주시기 바랍니다.

　Ladies and gentlemen, may I have your attention please? ○○ Airline flight ○○○ from XXXX has been diverted to XX airport because of □□□□. We are sorry for the inconvenience. Thank you.

(4) 도착편 결항 안내 Flight Cancel

　○○ 항공에서 마중 나오신 손님 여러분께 항공기 결항에 관한 안내 말씀드리겠습니다. 0시 0분 도착 예정이던 XXXX발 ○○ 항공 항공기는 □□□□으로 인해 운항이 취소 되었습니다. 손님 여러분 대단히 죄송합니다만 이 점 널리 양해해 주시기 바랍니다.

　Ladies and gentlemen, may I have your attention please? ○○ Airline ○○○ from XXXX has been cancelled due to □□□□. We are sorry for the inconvenience. Thank you.

4) 기타 방송

(1) 미아 보호 안내 방송

　○○ 항공에서 어린이를 보호하고 있습니다. ◇◇◇어린이 ◇◇◇어린이의

보호자께서는 속히 _____로 와 주시기바랍니다. 감사합니다.

Ladies and gentlemen, may I have your attention please? We have a lost child. His/Her name is ◇◇◇. Would ◇◇◇'s mother or father, please come to _____. Thank you.

(2) 습득물 안내 방송

○○ 항공에서 안내 말씀 드리겠습니다. _____에서 △△△를 보관중이니, 분실하신 손님께서는 직원의 안내를 받아주시기 바랍니다. 감사합니다.

Ladies and gentlemen, may I have your attention please? Passenger who lost △△△, please come to the ○○ Airline information counter. Thank you.

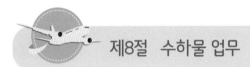

제8절 수하물 업무

지상직원은 원활한 여객운송·공항서비스 업무를 위해 수하물에 대한 이해가 필수적이다. 본 절에서는 여객운송·공항서비스와 관련된 수하물 업무를 다루고 자 한다.

1 휴대수하물

휴대수하물은 승객이 책임과 보관 하에 기내로 휴대하여 가지고 들어가는 수 하물을 말하며 기내수하물 또는 기내 휴대수하물이라 부르기도 한다.

1) 휴대수하물 규격과 무게

휴대수하물의 규격은 보편적으로 삼 면의 길이의 합이 115cm 이내로 각 변의 최대치는 가로 55cm, 세로 40cm, 높이 20cm로 제한하고 있다. 휴대수하물의 무게 제한은 각 항공사마다 상이하다. 보편적으로 10kg을 제공하지만, 항공사에 따라서는 7kg 또는 5kg으로 제한하는 항공사도 존재한다.

 표 3-10 _ **아시아나항공의 국제선 휴대수하물 규정**

구분	성인/어린이		유아	비고
	일반석	비즈니스석		
허용량	115cm/10kg이내 1개	115cm/10kg이내 2개	無	크기: 삼변의 합 115cm 이내 (각 면의 최대치 : 40cm X 20cm X 55cm)

2) 휴대수하물 보관장소

휴대수하물의 기내 보관장소는 좌석 상단 Overhead Bin, 좌석 하단 및 기내에 문으로 개폐가 가능한 수납장에 보관이 가능하다. 단, 안전을 위해 비상구 열 좌석 바닥에는 어떠한 물품도 보관할 수 없다.

3) 추가로 기내반입이 허용되는 물품

추가로 기내 반입이 허용되는 물품은 항공기 내의 보관 상의 허용범위_{무게, 부피} 등 이내 및 기내 보관이 가능할 경우에만 추가로 반입이 가능하다. 단, 소형 유모차, 유아 및 소아용 안전의자, Baby Bassinet은 이중 1개에 한하여 추가로 반입이 가능하다.

• 추가로 기내 반입이 가능한 물품

▪ 지팡이, 목발 등 노약자 또는 장애인 승객의 보조기구: 장애인 승객용 지팡이의 경우, 같은 열의 승객 좌석 밑에 복도로 돌출되지 않도록 탑재하거나, 비상구가 아닌 창측 좌석 2개 바닥과 기체 사이에 안전하게 탑재해야 한다.

- 승객이 비행 중 사용할 유아용 음식물
- 승객 개인용 휠체어: 단, 기내 보관 가능 공간이 허용되는 경우에만 가능하다.
- 승객 개인적으로 소지하는 기내용 Baby Bassinet
- 접히는 방식에 관계없이 각 단면의 합이 115cm 미만으로 기내 반입 수하물 기준을 충족하는 유모차: 다만, 일자형으로 접을 수 있는 소형 유모차의 각 단면의 최대치는 가로 115cm, 세로 25cm, 높이 25cm로 제한한다.
- 유아 및 소아용 안전의자: 한국, 미국 또는 기타 국가에서 기내 사용이 가능하다는 인증 표식이 있는 유아 및 소아용 안전의자에 한하여 좌석을 구매한 경우 사용이 가능하다. 사용가능 좌석은 창가 측 좌석이며, 보호자가 2명인 경우 보호자 사이에 장착이 가능하다. 안전의자에 탑승 중인 유아 및 소아는 항공기 운항중 Turbulence로 인한 기체 요동 시를 대비하여 상시 안전의자에서 안전장치를 장착하고 있어야 한다. 인증 표식의 예시는 아래와 같다.

4) 액체류의 기내 반입 규정

2006년 8월, 파키스탄 출신 무슬림 극우단체가 9·11 테러 5주년을 맞아 음료로 위장한 액체 폭탄으로 영국발 미국행 항공기를 폭파하려다 정보당국에 체포된 사건이 있었다. 액체 폭발물과 같은 테러위협에 효율적으로 대응하기위해 액체류의 기내 반입을 제한하는 규정을 운영하고 있다.

대상은 국제선 전노선을 이용하는 승객이며, 용기 1개당 100ml를 초과하는 액체, 젤류 및 에어로졸의 항공기 내 휴대 반입을 금지한다. 승객이 1리터 이하의 투명한 비닐 지퍼 봉투에 포장하여 보안검색 요원에게 제시해야 하며 1인당 비닐 지퍼봉투는 1개로 제한한다. 다만, 유아를 동반한 승객의 경우 유아용 음식 우유, 이유식 등과 항공 여행 중 사용할 분량의 액체 의약품 등은 검색요원에게 휴대사실을 신고하면 용량에 관계없이 반입이 가능하다.

또한, 보안검색대를 통과한 이후 면세점에서 구매한 액체, 젤류의 상품은 투명한 비닐봉투 내에 넣은 후 봉인되어야 하며, 봉투를 훼손한 경우 반입이 금지된다.

표 3-11 _ 기내 반입 제한 예외 대상 물품

예외 대상 품목		예외대상 물품 예시	허용 기준
의약품	처방약품	의사 처방전이 있는 모든 약품	• 비행 여정에 적 합한 용량 만 허용 • 보안 검색 시 신고 필요
	시판약품	액상 감기약, 액상 위장약, 기침 억제시럽, 겔 캅셀 약, 비강 스프레이, 콘택트 렌즈용제(보 존액), 해열 파스, 안약, 의료용 식염수	
	비 의약품	의료 목적으로 사용되는 얼음 (이식용 장기 보관 용), 혈액 또는 혈액관련 약제, 자폐증 환자용 음료	
특별 식이 처방 음식		승객의 건강에 꼭 필요한 의사 처방전이 있는 음식	
어린아이 용품		우유, 물, 주스, 모유, 액체, 겔, 죽 형태의 음식 및 젖어있는 티슈	• 유아 동반에 한하여 비행 여 정에 적합한 용량만 허용 • 보안 검색 시 신고 필요

5) 기내 반입이 불가능한 물품

- IATA 위험물규정에서 위험물로 분류된 물품이나 물품이 들어있는 수하물
- 기내 반입 제한 품목 SRI, Security Removed Item: 끝이 뾰족한 무기, 날카로운 물체, 둔기, 칼, 골프채 등 승객과 함께 기내로 반입하여 악용될 경우 항공기 및 승무원, 승객에게 위협이 될 수 있는 물건
  - * 칼, 가위, 골프채, 연장, 면도칼 등의 상해 가능 물품
  - * 경찰봉, 곤봉 또는 유사품
  - * BB권총, 장난감 총, 압력총 등 모형 총기류
  - * 폭발 또는 발화가 가능한 인화성 물품
  - * 모노포드 Mono-pod
  - * 기타 유사시 무기로 사용될 소지가 있는 모든 종류의 물품 모형 무기 포함
- PET, 시각장애인 안내견, 청각장애인 안내견 이외의 생동물
- 악취가 나거나 혐오감을 줄 수 있는 물품
- 출도착지 법령에 의하여 국가간 반입 및 반출에 제한을 받는 물품

· 일자로 접히지 않는 유모차
· 물품의 무게, 크기 또는 특성상 기내 운송이 부적합한 기타 물품

6) 휴대수하물로만 운송이 가능한 물품

노트북 컴퓨터, 휴대폰, 카메라 등 고가의 개인 전자기기, 또는 데이터 저장 매체 등과 같이 파손되기 쉬운 물건, 부패성 물건, 화폐, 보석류, 귀금속, 유가증권, 의약품, 신분증, 열쇠, 예술작품, 골동품, 서류, 귀중품 등의 고가품은 항공사의 운송약관에 의해 휴대수하물로만 운송이 가능하다.

7) 카운터와 탑승구에서의 휴대수하물 업무

탑승수속 카운터와 탑승구에는 휴대수하물 제한사항에 대한 안내문과 Test Unit 규격과 무게를 측정하는 장치을 비치하여 승객이 휴대하는 수하물의 반입가능 여부를 확인할 수 있어야 한다. 또한 탑승 중 탑승구 담당직원은 승객의 휴대수하물에 대한 모니터링을 실시하고, 규정을 초과하는 휴대수하물을 발견할 경우 위탁수하물로 접수하여야 한다.

규정을 초과하는 수하물을 위탁처리 시, 반드시 승객에게 수하물 내 보조배터리, 전자담배, 라이터, 스프레이 등 위탁하여서는 안되는 물건이 있는지 등에 대한 적절한 보안질의를 하여야 한다. 또한 포장불량 등으로 해당 수하물에 파손의 가능성이 있으면 승객의 면책 확인을 득하여야 한다. 위탁처리를 할 때에는 수하물을 탑승구 엘리베이터나 계단을 이용하여 수하물 조업 담당 직원에게 수하물을 인계해서 항공기에 탑재하여야 한다.

8) 기내 과다반입 휴대수하물의 처리

기내에 실을 수 있는 적정량보다 많은 휴대수하물이 객실 내에 탑재될 경우, 좌석 전후, 좌우 통로 등을 막아 비상상황 발생 시 탈출에 치명적인 저해요인이 될 수 있고, Overhead Bin에 과하게 탑재된 휴대수하물이 비행중 또는 승객의 부주의로 떨어지는 등 안전사고를 유발할 수 있다. 뿐만 아니라 과다반입 휴대수하물은 승객 및 승무원의 이동에 영향을 주어 쾌적한 기내 환경을 저해할 수 있다.

이를 예방하기 위하여, 해당 탑승구 담당 직원은 탑승시작 전까지 휴대수하물 규정에 어긋나는 수하물을 적발하여 위탁수하물로 처리하여 항공기 정시 운항과 안전 운항에 기여를 하여야 한다.

2 위탁수하물

위탁수하물이란, 승객이 여행 시 항공사에 탁송을 의뢰하여 항공사에서 접수한 수하물을 의미한다. 위탁수하물은 승객이 탑승하는 해당 탑승편에 탑재되는 것이 원칙이며, 승객이 탑승하지 않으면 수하물 또한 반드시 하기하여야 한다.

1) 위탁수하물의 규격

항공사마다 허용하는 위탁수하물의 규격은 상이하다. 통상적으로 우리나라 FSC는 위탁수하물의 최대 규격은 292cm이나, 무료 위탁수하물의 규격은 삼 면의 합이 158cm 이내로 제한하며 이를 초과할 경우 부피초과 요금을 부과한다. 한편, 우리나라의 주요 LCC는 위탁수하물의 최대 규격을 203cm 이내로 제한하고, 무료 위탁수하물 규격 또한 203cm로 부피 초과에 대한 별도의 추가요금 징수는 하지 않고 있다. 단, 운항하는 항공편의 출도착 공항의 시설 등에 따라 공항마다 수하물에 대한 다른 허용제한이 있을 수 있다.

2) 무료 위탁수하물 허용량

초과수하물 요금은 항공사 부가서비스 매출의 상당한 부분을 차지하고 있다. 이에 따라 항공사의 컨셉 FSC/LCC에 따라 무료 위탁수하물 허용량이 매우 상이하며, 일부 특별 이벤트 운임에는 무료 위탁수하물이 제공되지 않는 것이 보편적이다.

또한 승객이 이용하는 노선, 승객 좌석 등급에 따른 무료 위탁수하물 허용량에 차등을 두고 있다.

3) 위탁수하물로의 접수 제한

항공기 안전운항을 제고하고 승객의 불만을 미연에 방지하기 위하여, 위탁 운송에 부적합하다고 판단되는 물품에 대한 위탁 운송을 금지한다. 탑승 승객 본인의 수하물이 아닌 경우 및 본인이 해당 수하물을 직접 정리하지 아니한 수하물은 항공기 보안 및 안전을 위하여 위탁수하물로 접수하지 아니한다.

> **· 접수금지품목**
> - 위험물
> - ICAO 및 IATA에서 운송이 금지된 위험물로 분류된 물품이나 물품이 들어있는 수하물
> - 악취가 나거나 혐오감을 줄 수 있는 물품
> - 출도착지의 법령에 의하여 국가간 반입 및 반출에 제한을 받는 물품
> - 노트북이나 캠코더 등의 개인 전자기기, 유가증권, 화폐, 파손 가능한 물품, 중요 서류, 데이터, 골동품, 미술품, 악기류, 샘플, 인지류, 기타의 고가품 및 귀중품 등
> - 물품의 무게, 크기 또는 특성상 항공 운송에 부적합하다고 판단되는 물품

3 특수수하물

1) 생동물 운송

여객운송에서 생동물은 장애인안내견과 감성보조동물을 제외한 반려동물 중 개, 새, 고양이를 지칭하며 객실 내로 반입하여 운송하는 PETC와 항공기 화물칸에 운송하는 AVIH로 구분한다.

(1) PETC Pet in Cabin

PETC는 승객이 객실 내로 반려동물을 동반하여 탑승하는 경우를 의미한다.

PETC로 운송이 가능한 동물은 개, 새, 고양이로 한정하며, 승객 1명이 반려동물 1마리를 운송을 원칙으로 한다. 또한 반려동물을 담는 각 운반용기Cage 당 1마리로 수를 제한하나, 아직 성견이 되지 않은 6개월 미만의 개, 고양이 2마리, 어미와 새끼, 새 1쌍은 예외로 인정한다. 다만 생후 16주 미만의 동물, 안정제나 수면제가 투여된 동물, 악취가 심하거나 수태한 상태의 암컷은 운송이 불가능하다.

운반가능한 반려동물의 최대 무게는 7kg용기 포함으로 제한하며 반려동물을 담는 운반용기는 휴대수하물 규격과 동일하게 가로 × 세로 × 높이의 합이 115cm 이내이고 각 변의 최대치가 55cm × 40cm × 20cm를 초과할 수 없다.

반려동물과 함께 여행하고자 하는 경우 통상적으로 예약센터 등을 통하여 사전에 항공사의 승인을 받은 경우에만 운송이 가능하다. 그 이유는 각 항공기 당 PETC의 최대 탑재 마리 수가 제한되어 있기 때문이다. 이는 기내에서 발생할 수 있는 사고를 사전에 예방하고자 항공기의 각 Zone 별로 최대 1마리로 제한한다. 사전에 예약을 하지 않고 현장에서 운송을 요청하는 경우 해당 항공편의 상황에 따라 접수여부를 판단하게 된다.

PETC를 접수하는 지상직원은 승객 항공편의 출발지, 경유지, 목적지 국가에서 요구하는 동물 검역증명서 등의 제반 서류를 접수하고 확인하여야 한다. 일부 국가에서는 여객기로의 생동물 운송을 금지하는 등 반입 규정이 까다롭고 자주 변경되기 때문에 관계기관이나 해당국가 대사관을 통해 재확인하도록 승객에게 안내하여야 한다.

검역증명서 등 서류 이상여부를 확인 후, 지상직원은 승객에게 반려동물의 운송 도중 발생한 사망, 손해, 질병, 도난 등에 대한 모든 책임은 승객에게 있다는 내용의 서약서 작성을 요청한다. 좌석 배정 시 비상구 열 좌석이나 앞좌석 밑에 용기를 보관할 수 없는 좌석은 배정하면 안되고, 가능한 Zone의 뒤쪽 열로 배정하고 옆 좌석에는 다른 승객을 배정하지 않음으로써 다른 승객의 피해를 최소화하여야 한다.

또한 DCS 시스템 상 승객이 반려동물을 소지했다는 Message를 입력하고 해당 편 객실승무원에게 내용을 공유하여 기내에서도 원활한 업무가 가능하도록 돕는다.

(2) AVIH_{Animal in Hold}

AVIH는 생동물을 화물칸에 탑재하여 운송하는 것을 의미한다. 대부분의 LCC에서는 AVIH 서비스를 제공하지 않고 일부 항공사에서만 제공하는 서비스이다. 단, 항공기 화물칸의 Ventilation 환기, 온도 조절 가능 여부 등 항공기의 성능에 따라 운반 가능여부가 결정되기 때문에 승객이 해당 항공편을 예약하기 전에 사전에 항공사에 승인을 받은 경우에만 운반이 가능하다.

PETC와 마찬가지로 운송직원은 AVIH 접수 시, 승객 항공편의 출발지, 경유지, 목적지 국가에서 요구하는 동물 검역증명서 등의 제반 서류를 접수하고 확인하여야 한다. 또한 반려동물을 탑재한 용기는 안전장치로 개폐가 되는 용기인지, 물통이 각 용기에 설치되었는지, 동물의 자연스러운 움직임을 위한 공간이 충분한지 등을 확인한다. 또한 각 용기에는 최대 1마리 탑재로 제한하는데, PETC와 동일하게 6개월 미만의 강아지 2마리, 또는 고양이 2마리, 한 쌍의 새는 하나의 용기에 탑재가 가능하다.

운송직원은 AVIH 접수 시, AVIH가 제일 마지막에 탑재 되었다가 제일 먼저 하기될 수 있도록 시스템에 Message를 기록하고, 탑재 담당자가 인지할 수 있도록 별도의 Tag이나 스티커를 부착하여야 한다. 또한 탑재되는 화물칸에 탑재되는 AVIH는 위험물, 드라이아이스, 방사성 물질들과 같은 화물칸에 탑재할 수 없다.

대부분의 항공사는 성질이 사나운 투견 등 맹견류와 코가 짧은 단두종의 반려동물은 안전상의 이유로 운송을 금지하고 있다. 특히 단두종의 경우 스트레스와 혹서에 노출 시 동물의 건강에 심각한 영향을 초래할 수 있으므로 운송을 금지한다.

• 단두종의 예

아펜핀셔, 도고 아르젠티노, 마스티프, 보스턴 테리어, 복서, 불도그, 브뤼셀 그리펀, 시추, 스패니얼(잉글리쉬 토이, 카발리에 킹 찰스, 티베탄, 등), 치와와, 재퍼니스 친, 라사압소, 프레사 까나리오, 차우차우, 퍼그, 페키니즈, 샤페이, 핏불, 카네 코르소, 도그 드 보르도 등

 읽을 거리

얼굴 납작한 퍼그, 비행 금지

캐세이패시픽항공은 18일부로(현지시간) 코가 짧은 개가 호흡하는데 문제가 있고 비행 도중 스트레스로 인한 고열로 건강 상 위험이 높다는 우려 때문에 얼굴이 납작한 이른바 단두종(斷頭種) 개의 탑승을 금지했다.

…중략…

2010년 미 교통부가 2005년 5월부터 2010년 5월까지 비행기 화물칸에 사망한 개를 집계한 내용을 발표하면서 항공사들이 잇따라 이 같은 조치를 내렸다. 미 항공사들의 월간 보고서들을 수집해 집계한 이 결과에서 퍼그와 불도그 등 납작한 얼굴의 개가 비행 중 사망한 개들의 반을 차지한 것으로 나타났다. 사망한 개 108마리 중 25마리가 잉글리쉬 블도그였다. 교통부는 성명에서 화물기에 납작한 얼굴의 개를 실을 때 개주인은 이 조사결과를 검토하고 수의사에게 문의하라고 조언했다.

단두종 개는 코가 긴 개보다 숨 쉬는 데 제약이 있어 사망할 위험이 높다. 이 개가 숨 쉴 때 제약이 있으면 헐떡대면서 몸의 열을 식히기 힘들다.

출처: 얼굴 납작한 퍼그, 비행 금지 (CNN 기사 번역), 이수지 번역, 2011.07.20, https://news.joins.com/article/5818365

2) CBBG Cabin Bulky Baggage

CBBG란 'Cabin Bulky Baggage'를 줄여 사용하는 말로, 기내로 휴대하기에는 부피가 크거나 위탁수하물로 운송하기에는 부적합한 악기류 및 도자기류, 귀중품, 특수한 물품 등을 기내로 반입/탑재하고자 하는 경우 별도의 수하물용 좌석 항공권을 구입하여 이용하는 것을 의미한다.

CBBG로 기내 반입이 가능한 사이즈는 다음과 같다.

구분	악기	박스	신체 장기
사이즈	가로 55cm × 세로 70cm × 높이 155cm (단, 첼로케이스는 150cm)	가로 40cm × 세로 60cm × 높이 90cm	가로 60cm × 세로 40cm × 높이 50cm
무게	75kg 이내		

표 3-12_CBBG로 기내 반입이 가능한 사이즈

위와 같이 사이즈와 무게를 제한하는 이유는, 물건을 좌석에 탑재하였을 때 다른 승객의 Seat Belt Sign, No Smoking Sign 및 Exit Sign 기내 상단에 부착된 표시 등 등를 볼 수 있는 시야를 방해해서는 안되고, 또 각 좌석당 평균 성인 중량약 75kg을 초과하여 항공기 무게 및 중량 배분에 영향을 초래할 수 있기 때문이다.

지상직원은 CBBG를 접수 시 기내 반입에 따른 주의사항을 면밀히 확인하여야 한다. 먼저 수하물의 구격과 무게, 포장 상태 등을 점검하고 수하물이 다른 승객에게 불편을 초래하거나 혐오감, 불편함을 줄 수 있다고 판단되는 경우 운송을 거절할 수 있다. 또한 기내로 반입할 수 없는 위해물품, 위험물 등이 함께 포장되어 있는지를 점검한다. CBBG의 좌석은 비상구나 통로쪽의 통행에 지장을 주지 않도록 창측 좌석을 우선하여 승객과 나란히 배정한다.

3) 스포츠 장비

국내의 항공사들은 대부분 승객의 편의를 위하여 FBAFree Baggage Allowance, 무료 수하물 허용량와는 별도의 스포츠 장비 운송 규정을 정하여 운영하고 있다. 골프백, 스키 및 스노우보드 장비는 일반가방 1개와 합산하였을 때 무게의 합이 승객의 FBA 허용량 이내일 경우 초과수하물 요금을 부과하지 않고 1pc로 간주한다.

골프장비
- (골프백 1개 + 일반가방 1개)
  무게의 합이 32kg 이하: 1개의 위탁수하물로 간주합니다.
- (골프백 1개 + 일반가방 1개)
  무게의 합이 32kg 초과 45kg 이하: 2개의 위탁수하물로 간주합니다.

스노우/수상스키, 스노우보드 장비
- (스키/스노우보드 가방 1개 + 일반가방 1개)
  무게의 합이 32kg 이하: 1개의 위탁수하물로 간주합니다.
- (스키/스노우보드 가방 1개 + 일반가방 1개)
  무게의 합이 32kg 초과 45kg 이하: 2개의 위탁수하물로 간주합니다.

· 출처: 아시아나항공 스포츠장비 안내

🔺 그림 3-45_스포츠 장비의 무료수하물 허용량

4) COB Courier on Board

🔺 그림 3-46_COB

　전문 수출수입업자가 수출입 등에 관한 서류와 견본품을 휴대하고 항공기에 탑승하여 본인이 직접 입회 통관하는 자를 말한다. COB의 수하물은 무게와 부피가 상당하므로, 해당 수하물 탑재 시 해당 편에 적재가능한 최대 한도를 사전에 반드시 확인하여 수하물 탑재로 인한 항공기 지연을 사전에 방지하여야 한다. 해당 수하물의 모든 법적 책임은 항공기에 탑승하는 Courier에게 있다.

5) 무기총기류 등 및 폭발물류

총기, 폭죽, 탄약, 화약, 호신용 최루가스 분사기, 전기충격기, 도검류 등을 통칭한다. 여객기에는 공개 또는 비공개 여부를 떠나 치명적이거나 위험한 무기를 휴대하여 항공기에 탑승할 수 없으며 발견 즉시 해당 국가의 관계기관에 신고하여야 한다.

다만, 항공기 내로 무기를 반입하려는 승객은 항공보안법 시행규칙 제12조의 2 기내 무기반입 허가 절차에 따라 지방항공청장의 허가를 받아야 하며, 회사는 지방항공청장의 허가를 받은 무기 등 위해물품을 항공기 내로 반입을 허용할 수 있다. 위탁수하물로 운반시에는 관할 지방경찰청장 또는 경찰서장이 허가한 총기소지 허가증을 소지한 개인 및 취급업체가 요청할 수 있다.

승인된 무기류를 항공기 내로 반입할 때는 다음의 사항을 준수한다.

- 항공기 내 무기반입 허가서류 소지 확인한다.
- 해당 지점장혹은 보안담당자 입회 하에 무기 반입자의 총기와 실탄을 분리하여 용기에 담아 봉인한다.
- 항공기 출발 전 지점장혹은 보안담당자이 해당 기장에게 전달한다.
- 기장 책임 하에 비인가자 접근을 방지하고 보존한다. 다만, 기장이 보관에 따른 안전문제 발생이 우려된다고 판단하는 경우 위탁수하물로 운송하게 할 수 있다.
- 해당 지점장은 승객에게 기내 무기반입에 관한 규정을 설명하고 승객의 서명이 포함한 서약서를 접수한다.
- 무기반입 기록 서류는 1년간 보관한다.
- 항공기 운항 중 무기반입 허가 승객에게는 주류 제공을 금지한다.
- 목적지 도착 후 객실승무원은 기장에게 봉인된 무기 및 실탄 등을 전달받아 해당 항 지점장에게 전달하며, 지점장은 무기반입자에게 인계한다.

승인된 무기류를 위탁수하물로 탑재할 경우는 다음의 사항을 준수한다.

- 무기류 위탁 접수 전, 지점의 관련 교육을 이수한 항공사 직원 입회 아래 사법 경찰관리로부터 총기 및 실탄 분리 상태를 확인한다.
- 실탄은 별도로 봉하여 별도의 무기류가 운송 중 파손되지 않는 안전한 용기에 보관한다.
- 무기류를 항공기 Cargo Compartment 내 적재하여 운송할 경우 가능한 외부 접근이 용이하지 않도록 안쪽으로 위치시킨다.
- 무기 운송 기록을 1년 간 보관한다.

4 수하물의 종가요금 Valuation Charge 신고

종가요금이란, 위탁한 수하물이나 화물이 고가인 경우 해당 수하물이 파손이나 분실이 되었을 때 항공사에서 제공하는 보상범위를 초과할 때 사전에 그 가치를 신고함으로써 분실이나 파손 시 원래 가치에 대한 보상을 받기 위하여 지불하는 요금을 의미하며 이는 항공사에서 제공하는 일종의 보험이다.

종가신고가 가능한 수하물은 통상적으로 위탁수하물 1kg 낭 20 미국달러를 초과하는 가치를 지닌 상품으로, 그 신고가능 액수한도는 항공사마다 다르며, 요율 또한 다르다. 통상적으로 상품의 가치가 최대 3,500불까지 종가신고가 가능하며 종가신고 요율은 100불 당 0.5불을 징수한다.

5 수하물 사고처리 업무

수하물 사고에는 항공사가 승객의 수하물을 운송 또는 보관하는 과정에서 발생한 분실, 파손, 도난 또는 지연 등 모든 과정의 사고를 말한다. 다만, 기내에 반입된 휴대수하물은 승객의 책임 하에 보관되어 운송되는 것으로 항공사의 직접적인 귀책사유가 없는 한 분실 및 파손에 대하여 책임지지 않는다.

여객운송·공항서비스 업무를 담당하는 지상직원 수하물 사고를 예방하도록 업무 수행시 주의를 기울여야 한다. 그 이유는 통상적으로 항공사 서비스 만족도의 주요 기준으로 수하물 서비스를 평가하며, 수하물 서비스에서 문제가 발생

하면 다른 어떤 기준들이 만족스러웠다고 하여도 그 항공사의 서비스는 불만족한 것으로 평가가 내려지기 쉽상이다.

또한 수하물 사고처리 업무를 담당하는 지상직원은 발생한 수하물 사고를 접수하고 처리하는 과정에서 일관성있고 성의 있는 태도로 대 고객 서비스를 지향한다면 승객의 불만을 일정부분 해소할 수 있으며 향후 불미스러운 과정으로의 진화를 예방하고 소화하는데 큰 역할을 감당하는 것이다.

1) 수하물 사고 종류에 따른 신고기한

항공사의 여객운송약관에는 손해배상 청구기한과 제소기한을 명시하고 있으며 이는 몬트리올 협약 제31조 이의제기의 시한과 대한민국 상법 제911조 위탁수하물의 일부 멸실/훼손 등에 관한 통지에 따라 적용되는 기한이다.

표 3-13_수하물 사고 종류에 따른 신고기한

구분			신고 기한
지연 (Delay)	AHL	Advise If Holding	도착일로부터 21일 이내 신고
분실 (Missing)			
파손 (Damage)	DPR	Damage & Pilferage	수하물을 인도 받은 날로부터 7일 이내 신고
도난, 일부 멸실 (Pilferage)			
미인도 (Unclaimed)	OHD	On Hand	

· **몬트리올 협약 제31조 Timely Notice of Complaints**

In the case of damage, the person entitled to delivery must complain to the carrier forthwith after the discovery of the damage, and, at the latest, within seven days from the date of receipt in the case of checked baggage and fourteen days from the date of receipt in the case of cargo. In the case of delay, the complaint must be made at the latest within twenty-one days from the date on which the baggage or cargo have been placed at his or her disposal.

•상법 제6편 항공운송 제911조(위탁수하물의 일부 멸실/훼손 등에 관한 통지)

① 여객이 위탁수하물의 일부 멸실 또는 훼손을 발견하였을 때에는 위탁수하물을 수령한 후 지체 없이 그 개요에 관하여 운송인에게 서면 또는 전자문서로 통지를 발송하여야 한다. 다만, 그 멸실 또는 훼손이 즉시 발견할 수 없는 것일 경우에는 위탁수하물 을 수령한 날부터 7일 이내에 그 통지를 발송하여야 한다.

② 위탁수하물이 연착된 경우 여객은 위탁수하물을 처분할 수 있는 날부터 21일 이내에 이의를 제기하여야 한다.

③ 위탁수하물이 일부 멸실, 훼손 또는 연착된 경우에는 제916조 제3항부터 제6항까지를 준용한다.

2) 수하물 사고의 주요 원인

수하물 분실의 주요 원인은 다음과 같다.

• 잘못된 목적지로 수하물 Tag을 부착하는 하는 경우 Mis-tagging
• 잘못된 항공편에 수하물을 싣는 경우 Mis-loading
• 수하물 Tag이 떨어진 경우 Tag-off
• 오래된 수하물 Tag을 제거하지 않은 경우 Mis-sorting
• 항공기간 연결 시간이 짧은 경우 Short Connection
• 승객의 최종 목적지까지 위탁되지 않은 경우 Short Check
• 승객은 탑승하였으나 수하물을 잘못 Off-load 하는 경우 Mis-offloading
• 승객은 본 여정과 달리 Rerouting 하였으나 수하물은 그렇지 못한 경우
• 항공기 Space 문제나 중량 제한 문제로 탑재하지 못한 경우
• 다른 승객이 실수로 비슷한 모양과 색깔의 가방을 수취하는 경우 Switched P/U
• 수하물 분류 시스템 오류 혹은 직원 실수로 항공기에 탑재하지 않은 경우 Left Behind
• 실수로 수하물 컨테이너를 탑재하지 않은 경우 등

수하물 파손의 주요 원인은 다음과 같다.

- 가장 자체의 약한 내구성
- BHS_{Baggage Handling System} 상의 처리 과정에 의한 파손
- 수하물 상호 부딪힘 혹은 하중 등에 의한 파손
- 수하물 처리_{BSA, Baggage Sorting Area} 담당직원의 잘못된 수하물 취급에 의한 파손
- TSA 등 보안검색 기관에 의해 발생되는 파손
- 가방의 내구성에 비해 무겁거나 부피가 큰 내용물을 넣어 발생하는 파손
- Carousel 상에서 부딪힘, 끼임 현상 등에서 발생한 파손
- 깨지기 쉬운 물품의 지입으로 인한 내용물 파손
- 항공사에 위탁하기 전에 이미 파손된 경우

수하물의 도난은 보안검색, 수하물 처리 담당 직원 등의 의도적인 불법행위, 승객의 착각 또는 악의적인 허위신고가 주를 이룬다.

3) 수하물의 사고처리

(1) 수하물의 분실사고

수하물 분실사고가 접수되었을 때는 다음과 같은 절차로 업무를 진행한다. 먼저, 사전에 출발지점 또는 기타 유관 지점으로부터 수하물 사고 관련 내용이 접수된 것이 있는지 확인한다. 그 후 해당 수하물을 취급했던 처리 현장을 재점검한다.

- 수하물 도착 항공편의 컨테이너 또는 항공기 내부에서 수하물이 모두 하기되었는지 재확인한다.
- 수하물이 항공기 하기 후에 정상적으로 수하물 수취대까지 모두 전달되었는지 재확인한다.
- 수하물 수취대 주변에 남아있는 수하물이 있는지 재확인한다.
- 비슷한 디자인의 수하물이 남아있는지 재확인한다. 이는 다른 승객이 착각하여 수하물을 잘못 픽업하였을 가능성을 염두한다.

승객으로부터 최대한 상세하게 PIR _{Property Irregularity Report, 수하물사고보고서}를 접수한다.

이후 작성된 PIR을 기초로 관련이 있는 지점 등을 중심으로 Tracing, 추적한다. 필요한 경우 유관 지점에 연락하여 해당 공항에 남아있는 수하물이 있는지 전화, 이메일 등으로 확인한다. 3주간의 추적에도 불구하고 수하물이 발견되지 않는다면 승객과 배상 협의를 진행한다.

(2) 수하물의 파손사고

수하물 파손사고가 접수되었을 때는 다음과 같은 절차로 업무를 진행한다.

먼저, 사전에 출발지점 또는 기타 유관 지점으로부터 수하물 사고 관련 내용이 접수된 것이 있는지 확인한다. 예를 들어, 사전에 Pre-damage _{이미 파손된 부분에 대한 표시} 표식이 부착되었는지, 승객으로부터 면책확인서 등을 받은 것이 있는지에 대해 확인하고, 배상 제외 조건에 해당하는 경미한 파손 _{긁힘, 찢김, 마모, 흠집, 얼룩 등}은 아닌지 확인한다.

분실과 마찬가지로 승객으로부터 PIR을 접수한다. 이때 파손사고 관련 승객의 불편한 사항에 대해 사과하고, 지상직원은 수하물 파손 상태와 부위를 정확히 확인하고 PIR에 기입한다. 또한 파손된 수하물의 구입 연도와 가격을 가능한 정확히 확인하여 기록하고 가능하면 사진 촬영을 통해 파손 수하물의 근거 자료로 첨부한다.

4) PIR_{Property Irregularity Report}

PIR의 세부 작성 항목은 다음과 같다.
- NM: 승객 성명 Passenger's Name and Name on Bag tag
- TN: 수하물표 번호 Baggage Tag Number
- RT: 탑승구간 Routing and/or Locations to be traced
- FD: 탑승편명 및 날짜 Flight Number and Date
- BR: 수하물표 상의 여정 Baggage Itinerary

- CT: 수하물의 색상 및 형태 Color of Baggage and Type
- BI: 수하물의 상표 및 특징 Brand Name of Baggage and Distinctive Outside Identification
- CN: 내용물 Contents
- PA: 거주지 주소 및 배달주소 Passenger's Permanent Address & Delivery Address
- TA: 체류지 주소 Passenger's Temporary Address
- CP: 전화번호 Cellular/Mobile Phone Number
- EA: 이메일 주소 E-mail Address
- FF: 기타 For more Information
- TD: 파손 상태 Type of Damage
- BD: 세부 가방 내역, 파손 내역 Baggage Detail, Detail of Damage
- CD, LP: 파손/분실 내용물 Contents Damaged and Lost Property
- SI: 추가 정보 Supplementary Information

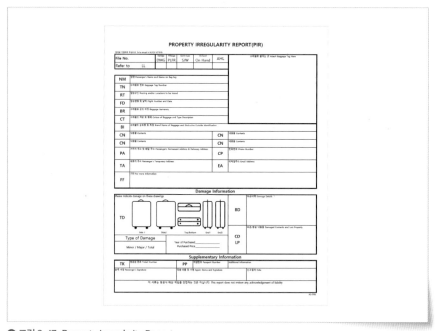

◎ 그림 3-47 _Property Irregularity Report

- TK: 항공권 번호 Ticket Number
- PP: 여권번호 Passport Number
- Passenger's Signature 승객서명 Agent Name and Signature 직원 이름 및 서명 Date 신고일자

5) 바르샤바 조약 및 몬트리올 협약에 따른 수하물 배상 한도

 표 3-14 _ 바르샤바 조약 및 몬트리올 협약에 따른 수하물 배상 한도

구분	바르샤바 조약	몬트리올 협약
수하물 분실 또는 도난	• 위탁수하물 사고에 책임한도는 kg당 USD20 • 중량 산정은 수하물표 상의 중량을 근거로 하며, 중량 산정 불가시 승객이 작성한 LBQ 를 바탕으로 IATA Table of Weight 를 적용해서 무게를 산정 (Pilferage 포함) • 승객의 실제 손해액 계산시에는 감가상각율 10% 적용 • 중량에 의한 배상가능액과 승객의 실제 손해액 중 낮은 금액을 배상	• 위탁수하물 배상 책임한도는 1인당 SDR 1,288 • 분실된 수하물 및 물품의 입증 책임은 승객에게 있으므로 승객에게 LBQ 등에 기재된 물품에 대한 영수증 등의 입증자료를 요구 • 입증된 분실 및 도난 수하물에 한하여 감가상각을 한 후 실제 손해액을 산정 (감가상각율 연 10% 적용) • 1인당 배상한도 SDR 1,288 와 승객의 실제 손해액 중 낮은 액수를 배상
수선 및 세탁	• 수리비 및 세탁비 영수증을 근거로 배상 • 중량에 의한 배상 가능액 USD20/kg 과 수리비 및 세탁비 중 낮은 금액을 배상	• 수리비 및 세탁비 영수증을 근거로 배상 • 1인당 배상한도 SDR 1,288 와 수리비 및 세탁비 중 낮은 금액을 배상
현금 배상 또는 현품 구입 배상	• 파손된 수하물의 원 구입가액에 연간 10%씩 감가상각액을 공제한 금액내에서 신품을 구입하여 주거나 현금으로 지급 • 중량에 의한 배상 가능액과 원 구입가액에 감가상각액을 공제한 금액 중 낮은 액수를 배상	• 파손된 수하물의 원 구입가액에 연간 10%씩 감가상각액을 공제한 금액내에서 대체품을 제공하거나 현금으로 지급 • 입증을 위한 구입 영수증 등의 증빙이 반드시 필요 • 1인당 배상한도 SDR 1,288 와 원 구입가액에 감가상각액을 공제한 금액 중 낮은 금액을 배상

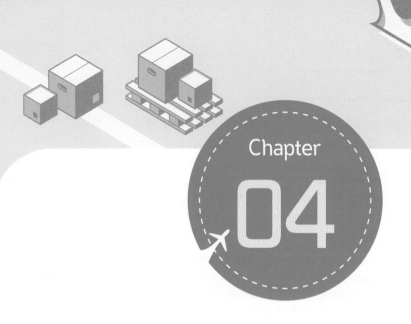

탑재관리,
여객기의 항공화물,
위험품

제1절 탑재관리

1 Weight & Balance

1) 개념

항공기는 기종, 운항 시점의 기상상황, 공항 활주로의 길이 등 다양한 외부 요인에 따라 주어진 한계중량과 무게 중심이 제한적이고 예민하다. 따라서 항공기는 승객을 탑승하고 화물을 탑재할 때 총 무게가 항공기가 허용하는 한계 중량을 초과해서는 안되고, 항공기의 안전한 무게 중심을 위하여 화물을 적절한 위치에 싣도록 배분하여야 한다.

항공기의 중량은 항공기 자체의 무게 외에 승무원, 기내식, 기내판매물품 등 기내에서 사용되는 Service Items, 승객, 수하물, 화물 및 연료 등 탑재되는 모든 것의 무게의 합으로 이루어진다. 또한 이 무게를 일정한 기준선으로부터 각각의 거리 및 그 위치에 작용되는 힘의 합계를 통하여 항공기의 무게중심을 계산한다.

Weight & Balance의 목적은 항공기에 싣는 승객과 화물 탑재에 있어 그 위치와 허용중량 등에 대한 적절한 조정을 통하여 안전하고 경제적인 비행을 꾀하기 위함이다.

2) Weight중량의 이해

항공기의 중량 관리는 안전 운항을 위해 항공기 제작사에서 설정하고 제공한 항공기의 제한 Limit를 초과하지 않도록 하고, 동시에 허용된 중량의 범위를 최대한으로 활용함으로써 운항에 있어 안전성과 경제성 두마리 토끼를 모두 잡는데 매우 중요한 요소이다. 이와 관련한 중량에 관한 용어를 살펴보자.

3) 항공기의 중량에 관한 용어

(1) MEW Manufacture's Empty Weight

항공기의 가장 기본적인 중량으로, 아무것도 탑재하지 않고 항공기 제작사에서 출고될 때의 무게이다.

(2) BEW Basic Empty Weight

항공기를 직접 운용하는 항공사에서 항공기 운항에 필수적으로 필요한 시설 및 장비 Standard Items를 추가 장착한 무게이다.

$$BEW = MEW + Standard\ Items$$

- **Standard Items의 예**
  - Engine Oil 탑재량
  - Lavatory Fluid and Chemical Charge
  - Life vest 등 Emergency Equipment
  - 기내서비스를 위한 Galley 구조물 등
  - Unusable Fuel (계기상에는 연료의 양이 0이어도 실제 연료탱크에 남아있는 연료)

(3) SOW Standard Operating Weight

항공기의 표준운항중량으로 BEW에서 항공기를 운영하는데 필요한 항목 Operating Items를 합한 중량이다.

$$SOW = BEW + Operating\ Weight$$

SOW의 같은 말로 OEW Operating Empty Weight 또는 DOW Dry Operating Weight라고도 한다.

· Operating Items의 예

- 운항/객실 승무원
- 승무원의 휴대품
- 기내식, 기내 서비스 품목 등
- 고정적으로 탑재하는 Fly Away Kit
- Potable Water

* 각 항공사마다 Operating Item은 상이할 수 있다.

(4) Payload 유상탑재중량

항공사에서 유상으로 판매하여 항공기에 탑재되는 승객, 수하물 및 화물의 총 중량을 의미한다. 단, 이때 승객은 유/무상 구분없이 모두 포함되며, 좌석을 점유하는 DHC Dead Head Crew, 근무하지 않는 단순 이동 승무원도 포함된다. Payload는 항공기의 안전을 위해 허용탑재중량 ACL, Allowable Cabin Load 를 초과할 수 없다.

(5) ACL Allowable Cabin Load, 허용탑재중량

항공기가 안전하게 운항, 비행할 수 있는 범위에서 탑재할 수 있도록 허용된 중량을 말한다. 운항조건을 고려한 객실 및 화물칸에 최대로 탑재가 가능한 유무상 중량을 말한다. 활주로의 길이, 항공기의 총 중량, 탑재 연료량 등에 따라 ACL은 변동한다.

$$ACL = AGTOW - SOW - \text{Take-off Fuel}$$

(6) ZFW Zero Fuel Weight

항공기의 날개 부분에서 양력이 발생하게 되면 항공기의 날개는 휘는 현상이 나타난다. 이때 날개에 위치한 연료탱크에 연료가 가득 채워져 있을 때는 휘는 정도가 크지 않지만, 비행을 하면서 연료를 소모하게 되면 날개가 가벼워져 휘는 각도가 더 커지게 된다. 각도 한계를 초과하면 날개가 동체에서 부러져 분리될 가능성이 있다. 따라서 날개의 연료탱크가 빈 상태에서도 양력에 의한 날개의 손상을 예방하기 위한 한계치를 고려해야 한다.

이때 기준이 되는 값은 ZFW로 계산하며, 항공기가 운항하기 위해 승객 및 화물을 탑재하고 연료만을 탑재하지 않은 상태에서의 항공기 중량을 의미한다.

$$ZFW = SOW + Payload$$

(7) MZFW Maximum Zero Fuel Weight

항공기를 제작사에서는 중량을 초과하여 발생할 수 있는 어떠한 사고도 미연에 방지하기 위해 연료를 탑재하지 않은 상태에서의 각 기종별로 최대 허용중량을 설정하였으며 이를 MZFW라고 한다.

(8) TXW Taxi Weight

항공기에 승객과 수하물 및 화물을 탑재하고 운항에 필요한 연료를 탑재한 항공기의 중량을 의미한다.

$$TXW = SOW + Payload + Ramp Fuel$$

(9) TOW Take-off Weight

Taxi Weight에서 Taxi Fuel을 빼고, 항공기의 실제 이륙 시점의 중량을 의미한다.

(10) MTOW Maximum Take-off Weight

이륙 시 허용되는 항공기의 최대 중량으로서, 항공기 제작사에서 설정한 중량이다.

(11) LDW Landing Weight

LDW는 비행하는 동안 연료를 소비한 후 착륙 시점의 항공기의 무게이다. 항

공기가 구조적으로 안전하게 착륙할 수 있는 최대중량인 MLDW Maximum Landing Weight, 최대착륙중량을 초과하면 안된다.

$$LDW = TOW - TIF$$

(12) AGTOW Allowable Gross Take-off Weight

우리말로 최대허용 이륙중량을 뜻한다. 항공기 제작사에서 설정하는 MTOW 가 있으나, TOW는 탑재되는 연료량, 활주로의 길이나 상태 등에 따라 제한을 받는다. 또한 항공기에는 단순 운항을 위한 연료 뿐 아니라 비상 상황목적지 공항이 혼잡으로 인한 착륙지연 또는 공항의 폐쇄로 인한 대체공항 착륙 등에 대비하기 위한 추가 연료를 탑재하기 때문에 연료 탑재량에 따라 TOW는 변할 수 밖에 없다.

따라서 항공사에서는 최대허용중량을 매 항공편마다 산출하여 적용하고 있으며 아래 4가지 중 가장 작은 값을 AGTOW로 설정한다.

- MZFW + Take-off Fuel
- MLDW + Burn-off Fuel
- MTOW
- RTOW Runway Limited Take-off Weight: 활주로의 길이, 상태, 당시 온도, 기압, 경사 및 장애물 등을 고려하여 산정한 최대이륙중량

4) 연료의 중량 관한 용어

(1) Ramp Fuel

항공기 운항을 위해 탑재하는 전체 연료를 말하며 Total Fuel이라고도 한다.

(2) Taxi Fuel

항공기가 주기장에서 활주로 이륙 시작 지점까지 이동하는데 소모되는 연료를 말한다. 착륙 후 Taxi in 하는 동안의 연료는 포함하지 않는다.

(3) TOFTake-off Fuel

항공기 이륙 시점에 탑재되어 있는 연료로 Ramp Fuel에서 Taxi Fuel을 뺀 값이다.

(4) TIFTrip Fuel

항공기가 출발지 공항에서 이륙하여 목적지 공항에 착륙하기까지 비행을 위해 사용하는 연료를 말한다. 같은 의미로 Burn-off Fuel 라고도 한다.

5) 표로 보는 항공기 중량에 대한 이해

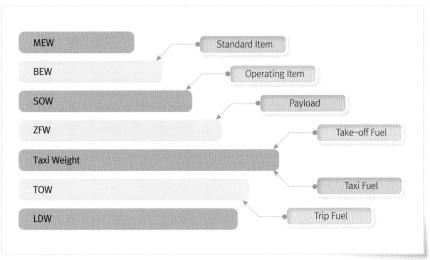

◐ 그림 4-1_항공기 중량에 대한 이해

6) 중심 관리Balance의 이해

항공기의 안전하고 경제적인 운항을 위해서는, 항공기 제작사 및 관련 기관에서 정한 범위 내에서 항공기의 중심이 유지되도록 해야 한다. 항공기에 탑재되는 연료, 승객, 수하물 및 화물 등의 탑재 위치를 감안하여 각각의 누르는 힘의 작

용이 항공기 전체의 안전한 무게중심의 범위를 초과하지 않도록 해야 한다.

무게 중심에 관한 주요 용어는 다음과 같다.

(1) Datum Line기준선

무엇을 재거나 그릴 때는 기준이 되는 선이 필요하다. 항공기에서도 마찬가지이다. 항공기에서 기준선은 항공기의 중심을 계산하고, 부품의 위치 측정을 위해 임의로 설정한 참조선이다. 다시 말해 Datum Line은 항공기의 중심 계산을 위한 기준선을 의미한다. 이 기준선은 대부분 항공기의 기수로부터 일정한 거리를 두어 앞쪽으로 정해준다.

(2) Moment

항공기의 특정 지점에 작용하는 힘이며 항공기 기수의 상하 운동을 발생시킨다.

(3) ARM

Datum Line에서 항공기의 일정 부분까지의 거리를 ARM이라고 한다.

(4) CG Center of Gravity

🔺 그림 4-2

모든 물체는 밸런스를 유지시키는 중심부분이 있으며 이를 CG무게중심, Center

of Gravity이라고 한다. 시소를 예로 들면, 왼편에는 무거운 사람이 앉고 오른편에는 가벼운 사람이 앉았다고 가정했을 때 시소가 수평으로 균형을 이루려면 지지대를 기준으로 이 둘이 앉아야 하는 위치가 다르다. 이와 같이 항공기에서도 탑재되는 물품의 위치와 승객의 좌석 배치에 따라 항공기의 무게 중심은 이동하게 된다.

CG는 다음과 같은 방법으로 계산한다.

CG = Total Moment항공기 모든 지점에 미치는 힘/Total Weight항공기 전체의 무게

2 Load Control

Load Control이란, 항공기의 적절한 무게 중심을 산출하고 항공기의 무게중심이 지정된 범위를 초과하지 않는 범위 내에서 승객의 좌석 배정을 효율적으로 관리하며, 항공기에 탑재되는 수하물과 화물 등의 중량이 초과되지 않도록 조절하여 항공기의 안전운항에 기여한다. 또한 적절한 중량배분을 통하여 연료소모를 최소화하고 항공기의 공간을 최대한으로 활용하여 경제운항 또한 기여한다.

탑재관리 업무를 수행하는 직원을 탑재관리사, 영어로는 Load Controller 또는 LD Load Director 라고 하며, 이들은 항공기의 중량과 중심을 감안하여 Load Plan탑재계획서를 수립하고 수하물의 탑재 및 승객의 탑승 종료 후 Load-sheet중량배분에 관한 명세서를 작성하는 업무를 수행한다.

1) 탑재관리사의 업무 Flow

탑재관리사는 수하물의 무게를 탑승수속 담당 직원이 탑승수속 시 시스템에 입력한 중량을 토대로 산출한다. 따라서 탑승수속 시 수하물의 중량을 정확히 입력해야 하며, 카운터에서 위탁하는 짐 외의 다른 모든 짐Gate Bag, Commercial Baggage 등의 중량을 시스템에 정확히 입력하여야 한다.

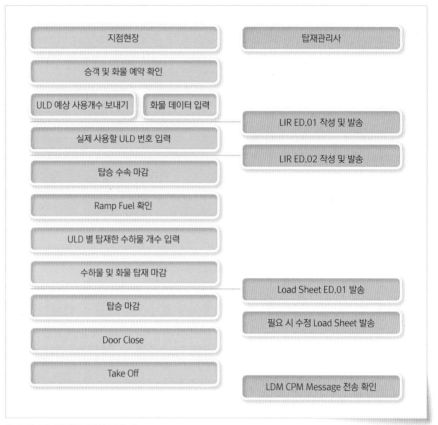

🔵 그림 4-3_탑재관리사의 업무 Flow

표 4-1_탑재관리사의 업무 Flow

시간	업무
D-210	• STD, AC LEG Number, Booking, Pantry, Crew 수, SOW, AGTOW 및 Fuel Data, CGO Booking, Build Up 내용, ACL과 Paylaod 등 W&B 계산에 필요한 내용 확인
D-200	• BSA(Baggage Sorting Area, 수하물 분류구역)에 ULD 탑재계획 및 Load Master에 CGO 탑재계획 통보
D-190	• BSA로부터 ULD No. 접수
D-180	• Counter Check-in Open
D-60	• BSA에 1차 수하물 탑재 상황과 CGO ULD의 A/C Shipside delivery 상황 점검, 2차 추정 Payload, ZFW 및 TOW 확인 점검 등 재확인 • LIR (Loading Instruction Report) 1차 통보

시간	업무
D-50	• Check-in 마감 및 탑승수속 정보 접수(Pax 및 Baggage), Actual payload 산출, 최종 AG-TOW, ACL, ZFW/TOW, CG 확인 점검
D-40	• Bag and CGO 탑재 시작
D-7	• Load-sheet 전달
D-5	• LMC (Last Minutes Change, 마지막 시점에 변경되는 사항) 확인
D-4	• Door Close
D+5	• LDM, CPM Message 전송 확인 • LDM: Loading Distribution Message, 수하물이 어떻게 탑재되었는지에 대한 메시지 • CPM: Container/Pallet Message, 어떤 수하물에 어떤 컨테이너에 적재되었는지에 대한 메시지

한편, 항공기의 공간, ACL이 부족하거나 또는 탑재 작업 소요시간이 지연되는 등의 이유로 인해 예정된 항공편의 일부 승객 또는 탑재물을 하기해야 하는 경우가 발생한다. 이때 신속한 업무 처리를 위해 항공사에서는 하기 우선순위Off-load Priority를 설정하여 탑재관리사로 하여금 신속한 조치를 취할 수 있도록 하고 있다. 그 순위는 다음과 같다.

표 4-3_하기 우선순위(Offload Priority)

우선순위	내용
1	Non-Revenue Cargo
2	Unreserved Revenue Cargo
3	NON-Revenue Excess BAG
4	NON-Revenue SUBLO Ticket Holder
5	Reduced SUBLO Ticket Holder(priority up to discount ratio)
6	Bonus Ticket Holder Not Space Confirmed
7	Unreserved Revenue Passenger
8	Cabin Crew on Training
9	Reserved Revenue Cargo (General)
10	NOSUB Ticket Holder (Airpremia/Travel Agent/OAL Personnel)

우선순위	내용
11	Reserved NON-Revenue Urgent Cargo
12	Bonus Ticket Holder with Space Confirmed
13	Flight Crew on Training
14	50 % Reduced NOSUB Ticket Holder
15	Reserved Revenue Urgent Cargo (DIP, Mail-AO/CP/LC)
16	Revenue Excess BAG (incl. E/B Occupied Seats)
17	Reserved Revenue Passenger and BAG
18	Human Transplant Organs (Life and Death Shipment, HUM)
19	Tour Conductor with Tour Group
20	Special Mail, News Materials (Newspaper, Photo, Tape)
21	Government Inspector
22	DIP Pouch
23	Extra Crew
24	AOG Parts

2) 탑재관리사가 발행하는 서류의 종류

(1) LIR Loading Instruction Report, 탑재지시서

탑재관리사가 탑재 및 하기를 담당하는 담당 직원에게 해당 항공기에 대한 탑재/하기 사항을 공식적으로 전달하는 지시 문서이다. 항공기에 탑재할 컨테이너, 수하물 등의 위치를 선정하여 지시한다. Load Plan 탑재계획서라고도 한다.

LIR을 작성하기 전에 탑재관리사는 다음의 사항을 확인하여야 한다.

- 해당 항공기의 편명
- 항공기 등록번호
- 출발시간
- SOW, MTOW, MZFW, 예상하는 TOW 등 운항에 기초가 되는 데이터

- 연료량 및 Payload
- 승객 화물의 예약 현황
- 기타 특이사항

(2) Load-Sheet

LIR에 따라 탑재한 내역을 기초로 항공편에 탑재된 승무원, 승객, 수하물, 화물 및 연료 등과 관련한 모든 무게 데이터로 산출된 무게와 중량배분에 관한 정보가 정리된 비행서류로 탑재관리사가 해당 항공편의 기장에게 전달 해야하는 서류이다.

Load-Sheet는 탑재관리사가 직접 조종실에 들어가 기장에게 전달하거나 지상직원이 대신 전달할 수도 있으며, 최근에는 ACARS Aircraft Communications Addressing and Reporting System, 운항정보교신시스템으로 원격으로 기장에게 전달한다.

또한 탑재관리사가 발행한 LIR과 Load Sheet는 관련 법령에 의하여 3개월간 보관하여야 하고 위험물이 탑재된 항공편에 대한 서류는 1년 간 보관하여야 한다.

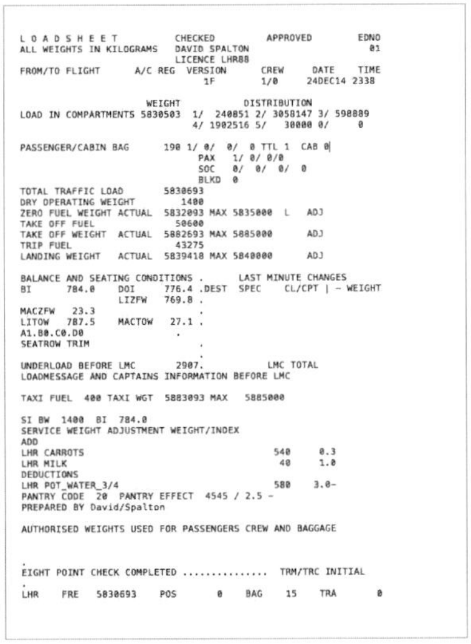

```
L O A D S H E E T          CHECKED          APPROVED        EDNO
ALL WEIGHTS IN KILOGRAMS   DAVID SPALTON                      01
                           LICENCE LHR88
FROM/TO FLIGHT      A/C REG  VERSION       CREW     DATE    TIME
                                1F         1/0     24DEC14 2338

                     WEIGHT           DISTRIBUTION
LOAD IN COMPARTMENTS 5830503  1/  240851 2/ 3058147 3/ 598889
                              4/ 1902516 5/   30000 0/      0

PASSENGER/CABIN BAG      190 1/ 0/  0/  0 TTL 1  CAB 0
                              PAX   1/ 0/ 0/0
                              SOC   0/  0/  0/  0
                              BLKD  0
TOTAL TRAFFIC LOAD       5830693
DRY OPERATING WEIGHT        1400
ZERO FUEL WEIGHT ACTUAL  5832093 MAX 5835000  L   ADJ
TAKE OFF FUEL              50600
TAKE OFF WEIGHT  ACTUAL  5882693 MAX 5885000      ADJ
TRIP FUEL                  43275
LANDING WEIGHT   ACTUAL  5839418 MAX 5840000      ADJ

BALANCE AND SEATING CONDITIONS .      LAST MINUTE CHANGES
BI      784.0    DOI     776.4 .DEST  SPEC    CL/CPT | - WEIGHT
                 LIZFW   769.8 .
MACZFW   23.3                  .
LITOW   787.5    MACTOW   27.1 .
A1.B0.C0.D0                .
SEATROW TRIM                   .
                               .
UNDERLOAD BEFORE LMC      2907.           LMC TOTAL
LOADMESSAGE AND CAPTAINS INFORMATION BEFORE LMC

TAXI FUEL  400 TAXI WGT  5883093 MAX   5885000

SI BW  1400  BI  784.0
SERVICE WEIGHT ADJUSTMENT WEIGHT/INDEX
ADD
LHR CARROTS                                540     0.3
LHR MILK                                    40     1.0
DEDUCTIONS
LHR POT_WATER_3/4                          580    3.0-
PANTRY CODE  20  PANTRY EFFECT  4545 / 2.5 -
PREPARED BY David/Spalton

AUTHORISED WEIGHTS USED FOR PASSENGERS CREW AND BAGGAGE


.
EIGHT POINT CHECK COMPLETED ..............  TRM/TRC INITIAL
.
LHR   FRE   5830693   POS     0   BAG   15   TRA     0
```

그림 4-4_Text-type Load-Sheet 예시

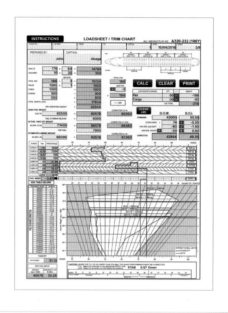

● 그림 4-5_Graphical Load-Sheet 예시

3) 탑재관리사가 발행하는 Message의 종류

탑재관리사는 도착지 공항에서도 탑재된 내역에 대해 알 수 있도록 해당 항공편에 대한 탑재 정보를 Message 형태로 전달하며 Message는 3가지의 종류가 있다.

(1) LDM Load Message

항공기의 각 화물칸에 어떤 수하물이 얼마나 실렸는 지에 대한 가장 기본이 되는 Message이다.

(2) CPM Container/Pallet Distribution Message

수하물을 탑재한 컨테이너의 항공기내 위치와 무게에 대한 정보가 담긴 Message이다.

(3) UCM Unit Load Device Control Message

항공기에 탑재하는 ULD컨테이너는 1회용이 아니다. 여러 항공편을 운항하며 ULD의 위치를 컴퓨터로 추적할 수 있도록 Message를 기록한다.

 제2절   여객기의 항공화물

1 항공화물운송

1) 개요

항공화물운송은 국제적 시장 창출과 확대의 역할을 담당하고 있으며, 무역의 확대와 발전에 지대한 영향력을 갖고 있다. 또한 항공운송은 지역과 국가 간에 상호 경쟁을 유발하여 시장 가격을 국내외적으로 형성하는데 중요한 기능을 한다.

우리나라의 항공화물운송은 굉장히 중요한 산업 중 하나이다. 우리나라의 국가경쟁력은 수출에서 나온다 해도 과언이 아닐 정도로 수출은 국가 산업에 매우 중요한 요소라 할 수 있다. 특히 반도체, 스마트폰 등의 대부분의 제품은 항공운송을 통해 수출이 되고 있다.

항공화물운송은 신속성와 안정성에 중점을 둔 운송수단이다. 2차세계대전 이후 항공기의 고속화 및 대형화로 항공 화물시장은 급속도로 발전하였고, 특히 화물 전용기의 도입으로 각 지역과 국가 간의 물류 운송의 중요한 핵심 축으로 성장하게 되었다.

항공화물운송의 장점은, 먼저 여타의 운송수단자동차, 철도, 해상 등 보다도 빠르고 정시성이 높은 운송수단이라 할 수 있다. 긴급하고 유행에 민감한 상품, 유통기

한이 짧은 상품 등의 운송에 적합하다. 두번째로는 안정성이다. 항공운송은 비교적 화물 손상의 확률이 상대적으로 적다. 이는 갑작스러운 수요나 급변하는 시장 환경에 즉각적인 대처를 통해 효과를 극대화할 수 있다.

하지만 항공기의 공간의 제약 등으로 부피가 큰 대형 화물의 운송에는 취약하며 운임이 비싸고 항공기의 운항은 기후의 영향을 민감하게 받아 중량 제한 등으로 인해 화물의 대량운송이 불가능하다는 단점이 존재한다. 특히 우리나라의 경우 국토면적이 넓지 않기 때문에 국내의 항공운송의 영향력은 극히 적을 수밖에 없다.

(1) 항공기의 분류

항공기의 공간은 Main Deck와 Lower Deck로 분류할 수 있다.

먼저 Main Deck는, 항공기를 반으로 나누었을 때 윗부분을 의미하고, 여객기에는 승객이 탑승하는 공간을 말하고, 화물기에서는 이 공간에도 사람 대신 화물을 싣는다.

Lower Deck는, 항공기의 아랫부분, 즉 하부 화물칸을 말한다. 이곳에는 승객의 수하물 또는 화물 등을 탑재한다.

B747이나 A380같은 대형 항공기의 경우 여객이 탑승하는 층이 1,2층으로 분리되어 운영되고, 2층에 해당하는 공간을 Upper Deck라고 하기도 한다.

화물운송에서는 항공기의 분류를 화물 전용기, 화객혼용기 그리고 여객기로 분류한다.

· 화물전용기 Freighter

항공기 전체에 화물만을 적재하여 운항하는 비행기로, 항공기의 위, 아래 공간 모두에 화물이 적재된다. 여객기에 비해 화물의 크기 제한이 덜하고, 일부 화물전용기에만 탑재할 수 있는 특수화물 CAO, Cargo Aircraft Only 의 적재가 가능하다.

· 화객혼용기 Combination Aircraft

항공기 하부는 화물실로 이루어지고, 상부에는 승객이 탑승하는 공간 뿐만 아니라 화물이 탑재될 수 있는 공간으로 구성된 항공기이다. 흔히 '콤비기'라고 불리우는 이 항공기는 대표적으로 B747-400M이 화객혼용기로 활용되었으며 현재는 전세계 항공사 중 KLM만 운영하고 있다.

- 여객기

여객승객이 탑승하여 운행하는 항공기를 의미한다. 항공기 상부는 승객이 탑승하는 공간, 하부는 화물과 수하물이 적재되는 공간으로 나뉘어 진다.

🔺 그림 4-6_화물전용기

🔺 그림 4-7_화객혼용기

2) 여객기의 화물운송

국내의 항공시장은 LCC의 성장과 함께 승객을 수송하는 여객운송이 주를 이루었다. 하지만 승객의 수하물을 싣고도 남는 화물칸의 빈 공간을 화물운송에

활용한다면 항공사의 수익창출의 극대화 효과를 기대할 수 있다. 따라서 대부분의 항공사는 여객과 화물운송을 동시에 취급하고 있다.

코로나19로 인해 여객의 수요가 급감하자 항공사에서는 객실 내에서도 화물운송을 시작하였다. 일전에는 여객기의 객실을 활용하여 화물을 운송하는 방법이 국내 법령에 의해 까다롭게 제한이 되었지만 2020년 6월 국토교통부는 추가 안전운항기준을 마련하여 객실 내 화물 운송이 가능하도록 조치하였다.

 읽을 거리

코로나19에 대처하는 항공사의 모습

"사람 대신 앉았다.. 시카고 향하는 대한항공 여객기 안 화물들"

대한항공이 국내에서는 처음으로 기내 좌석에 화물을 앉혀 나르기 시작했다. 코로나19 여파로 기내에 여객을 채울 수 없는 대신 최근 운임이 급등하며 호조세를 보이는 화물운송을 최대한 늘린다는 차원이다.

출처: 박수지 기자, 2020.6.11, 한겨레, http://www.hani.co.kr/arti/

3) 항공화물의 운임

항공화물의 운임은 전적으로 항공사에서 임의로 정하지 않는다. IATA에서 일정 부분 운임을 결정한다. IATA에서 정해진 금액에 대해 각 항공사는 항공사가 소속된 국가의 정부에 허가를 받아 운임을 책정하고 있다.

항공 화물은 부피와 무게의 제한으로 인해 부피, 무게 중 큰 값을 적용하여 산출한다. 무게는 가벼우나 부피가 큰 경우 부피로 운임을 적용하고 반대의 경우 무게로 운임을 적용한다. 이것을 산출 중량Chargeable Weight이라고 한다.

산출 중량을 구하는 방법은 두가지가 있다. 첫째, 실제 중량의 의한 방법By actual weight이다. 둘째, 용적 중량에 의한 방법By volume weight이 이다. 용적 중량은 최대 용적 가로 X 세로 X 높이에 단위 용적 당 기준 중량을 곱하여서 산출된다.

4) 수출항공화물의 업무 흐름

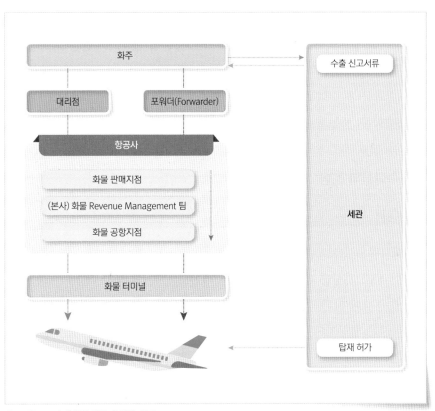

⬤ 그림 4-8_수출항공화물의 업무 흐름

화물을 보내고자 하는 송하인은 항공사와 직접 접촉하지 않고, 중간에 대리점 또는 포워더Forwarder가 개입하게 된다. 대리점은 항공사의 대리점을 의미하고, 포워더는 항공사에 속하지 않고 독립적인 회사로 송하인을 대신하여 항공 운송을 예약하는 역할을 담당한다.

항공사에서는 대리점과 포워더로부터 예약명단을 접수한다. 예약이 확정되면 화물을 보세창고로 반입시키고 수출 통관 절차를 거쳐야 한다. 이후 화물과 화물에 관한 서류를 항공사에 전달한다. 항공사는 이것을 실제로 항공기에 탑재하고 세관에 적하목록 항공기에 어떤 화물을 실었는지에 대한 리스트를 제출하면, 세관에서는 출항허가를 내준다. 이때 비로소 화물을 탑재한 항공기가 출발할 수 있다.

2 화물 운송 공항서비스 실무

화물이라 함은 수하물을 제외한 항공기 화물칸에 탑재되어 운송되는 상업적 물품을 말하며, 일반화물과 특수화물로 구분한다.
- 일반화물: 특수화물을 제외한 모든 화물
- 특수화물: 생동물, 귀중화물, 부패성 화물, 위험물 등

1) 특수화물의 운송

(1) 생동물

지상직원은 NOTOC에 의거 생동물의 탑재사실 및 탑재위치를 기장에게 통보하여야 하고 기장은 Compartment 내부온도를 적정상태로 유지하여야 한다. 생동물 종류에 따른 적정온도는 NOTOC 기재사항을 따른다.

생동물은 항공기의 온도와 Ventilation 조절이 가능한 항공기에만 생동물을 탑재할 수 있다. 생동물과 부패성 화물Perishable Cargo은 Ventilation 조건을 고려하여 적정 이격거리를 유지한다.

(2) 유해

유해는 시체 Human Corpse 와 유골 Human Ashes 로 분류한다. 유골은 수하물로 운송이 가능하나, 시체는 반드시 화물로 운송함을 원칙으로 한다. 유해 탑재 시 식품 및 Live Animals과의 적정 이격 거리를 준수한다.

(3) 부패성 화물

부패성 화물 Perishable Cargo이란 온도 습도 등의 변화에 의하여 부패나 변질이 되기 쉽고, 지연운송의 경우에는 상품의 가치가 하락하는 화물을 말한다. 부패성 화물은 포장 상태가 양호한 지 확인 후 탑재가 가능하다.

(4) 외교행낭Diplomatic Pouch

외교행낭은 외교관계에 관한 비엔나협약The Vienna Convention on Diplomatic Relations 에 따라 국제적으로 보호받는 일종의 우편물이다.

외교행낭은 국가 정부기관과 국제기구가 해외에 있는 대사관, 영사관 또는 사무소에 보내는 서류나 물품을 담음 가방, 봉투, 컨테이너 등을 의미한다. 외교행낭으로 이용되는 용기가방에는 외부에서 식별할 수 있는 표식이 있어야 하며 비엔나협약에서 정한 물품만 넣을 수 있다. 외교행낭의 처리 절차는 다음과 같다.

외교행낭을 보낼 때는, 외교행랑은 인계 받은 지상직원은 해당 내용을 객실사무장에게전달하는 PM에 반영하여 외교행낭을 기장에게 직접 인계하여야 한다. 담당직원은 기장과 외교행낭 인수인계서를 교환하여야 한다.

외교행낭을 받을 때는, 지상직원은 기장으로부터 외교행낭을 직접 인수받아야 하며, 인수인계서를 작성하여야 한다. 기장으로부터 행낭 인수 후 입국 게이트 밖에서 대기하고 있는 외교행낭 소유국 관계자에게 직접 전달하여야 한다. 전달과 동시에 인수인계서를 작성하여야 한다.

제3절   위험물

항공 위험물은 화학적, 물리적 특성이 인화성, 독성, 부식성, 방사성 또는 인화성이고 또 오염의 우려가 있어 사람 또는 항공기 및 다른 화물에 위해를 끼칠 수

있는 가능성이 있는 화물을 말한다. 성질에 따라 9가지로 구분되고 또한 각 품목마다 성질, 포장, 취급방법, 내용물 등을 라벨을 붙여 표기하고 운송해야 한다.

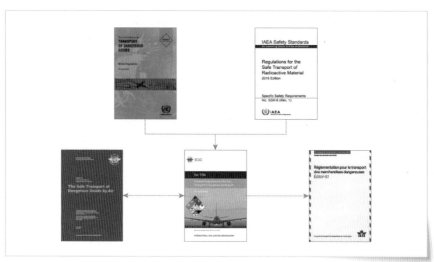

🔺 그림 4-9_항공 위험물 관련 국제 매뉴얼

이와 관련하여 ICAO에서는 Technical Instruction ICAO TI으로 정리되어 있으며, 이를 기본으로 IATA에서는 Dangerous Goods Regulation DGR을 제작하여 항공기를 운항하는 항공사 및 운송업무 종사자에게 지침을 주고 있다.

국내 법령으로는 항공안전법 제70조위험물운송 등, 제71조위험물 포장 및 용기의 검사 등, 제72조위험물 취급에 관한 교육 등에서 규정하고 있으며, 국토부에서 고시한 항공위험물 운송기술기준에서 상세히 규정하고 있다.

1 위험물의 분류

1) 위험 성질에 의한 분류

몇 개의 위험분류Hazard Classes들은 광범위한 분류 때문에 여러 개의 하위분류 Division를 가지고 있다. 위험물에는 위험 성질에 따라 아래와 같이 9가지로 분류하고 있으며, 단순히 성질상의 분류로 상대적인 위험도에 의한 것은 아니다.

표 4-4 _ 위험 성질에 의한 분류

Class 1: 폭발성 물질 (Explosives)	
Division 1.1	대 폭발(Mass Explosion)위험성이 있는 물질 또는 제품
Division 1.2	발사(Projection) 위험성은 있으나 대폭발 위험성이 없는 물질 및 제품
Division 1.3	화재(Fire) 위험성이 있으며, 또한 약간의 폭발(Blast) 위험성 또는 약간의 발사 위험성 혹은 그 양쪽 모두가 있으나, 대 폭발 위험성은 없는 물질 및 제품
Division 1.4	중대한 위험성이 없는 물질 및 제품
Division 1.5	대 폭발 위험성이 있는 매우 둔감한 물질
Division 1.6	대 폭발 위험성이 없는 극도로 둔감한 물질
Class 2: 가스류 (Gases)	
Division 2.1	인화성 가스
Division 2.2	비인화성, 비독성 가스
Division 2.3	독성 가스
Class 3: 인화성 액체 (Flammable Liquids)	
Class 4: 인화성 고체 (Flammable Solids)	
Division 4.1	가연성 고체, 자기 반응성 물질, 둔감한 화약류 및 중합 물질
Division 4.2	자연 발화성 물질
Division 4.3	물과 접촉시 인화성 가스를 방출하는 물질
Class 5: 산화성 물질 및 유기과산화물 (Oxidizing Substances and Organic Peroxides)	
Division 5.1	산화성 물질
Division 5.2	유기과산화물
Class 6: 독성 및 전염성 물질 (Toxic and Infectious Substances)	
Division 6.1	독물
Division 6.2	전염성 물질
Class 7: 방사성 물질 (Radioactive Material)	
Class 8: 부식성 물질 (Corrosives)	
Class 9: 기타 위험물질 및 제품 (Miscellaneous Dangerous Substances and Articles, Including Environmentally Hazardous Substances)	

2) 위험물 포장 등급에 의한 분류

- Packing Group I: 대 위험성이 있는 물질 High Danger
- Packing Group II: 중 위험성이 있는 물질 Medium Danger
- Packing Group III: 소 위험성이 있는 물질 Low Danger

2 여객운송에서의 위험물

위험물이란 승객의 건강과 안전 그리고 재산에 심각한 해를 초래할 수 있는 물품이나 물질을 말한다. 따라서 이러한 품목들의 운송은 국제 위험물 규정에 의해 강력하게 규제되고 있으며 개인의 안전과 재산에 무해하게 위험물을 운송하기 위한 조건들을 제시하고 있다.

위험물은 수하물로 운송되는 것을 금지하고 있으나 일부 특정 물품은 일정량 이하이거나 개인적 용도로만 사용한다는 조건 하에 휴대하거나 위탁수하물로 운송될 수 있다. 어떤 위험물을 수하물 안에 넣을 수 있는지 혹은 없는지에 대한 안내는 홈페이지나 전자여정안내서E-ticket등에 명시되어 있으며 위험물에 대한 경고 안내문 또한 발권 카운터, 탑승수속 카운터, KIOSK, 탑승구 등에 비치되어야 한다.

1) 항공운송이 금지된 위험물Forbidden Dangerous Goods

일반적인 운송 환경에서 쉽게 폭발하거나 위험한 반응을 일으키거나 화염이나 열을 발생시키는 물질, 또 유독성, 부식성 가스를 배출시키는 물질과 가연성 가스나 증기를 내뿜는 물질 등은 항공운송이 전면 금지된다.

2) 휴대/위탁 수하물로 운송이 금지되는 품목

아래의 제한 품목은 항공운송 시 위험을 초래할 수 있는 품목으로 승객 및 항공기의 안전을 위하여 휴대수하물 및 위탁수하물로 탁송이 금지되어 있다.

(1) 발화성/인화성 물질

• 다량의 라이터, 성냥, 라이터용 연료, 딱성냥, 페인터, 시너, 석유버너, 휘발유, 번개탄 등
• 개인적인 사용 목적을 위한 라이터 및 성냥은 탑승객이 신체에 소지하고 탑승이 가능하다. 다만, 중국 등 일부 국가의 공항에서 출발 시 라이터는 휴대

수하물 및 위탁수하물 모두 운송이 허용되지 않는다. 일부 국가에서는 수량 제한을 하고 있다

- 배터리가 분리되지 않는 일체형 헤어 고데기Hair Curler는 국내 출발 시 기내 운송이 가능하다. 다만, 일본 등 일부 국가의 공항에서 출발 시에는 휴대 및 위탁수하물 모두 운송이 허용되지 않는다.

(2) 고압 가스 용기

- 내용물이 충전된 휴대용 부탄가스, 각종 스프레이, 산소통, 산소 용기 등
- 다만, 에어로졸을 포함한 비방사성 의료용품, 세면용품헤어스프레이, 향수 등은 개별품목 당 0.5kg 또는 0.5ℓ, 승객 1인당 총 순수량 2kg 또는 2ℓ를 초과하지 않을 경우 휴대 또는 위탁수하물로 항공기 반입이 가능하다.

(3) 무기 및 폭발물류

- 총기류, 폭죽, 탄약, 화약, 호신용 최루가스 분사기, 전기 충격기, 도검류

(4) 기타 위험 품목

- 독극물, 부식성 물질, 방사성 물질, 자기성 물질, 유해/자극적 물질 등 탑승객 및 승무원, 항공기와 탑재물에 위험을 줄 가능성이 있는 품목
- Dry Ice의 승객 1인당 최대 탑재 허용량은 휴대수하물과 위탁수하물 모두 포함하여 2.5kg로 제한하며 항공사의 사전 승인을 득한 경우에만 탑재가 가능하다.

3) 승객 또는 승무원에 의해 운송이 가능한 위험물

승객 또는 승무원에 의해 운송되는 위험물은 항공위험물운송기술기준 제210조승객 또는 승무원이 운반하는 위험물에 따라 요구조건을 충족할 경우 운송이 가능하다. 개수 또는 양에 대한 제한사항이 명시되어 있지 않을 경우 각 항공사마다 별도의 지침을 만들어 운영하고 있다.

・항공위험물운송기술기준 제210조, 승객 또는 승무원이 운반하는 위험물

① 승객 또는 승무원은 방사성물질의 예외 포장물을 포함하여 별표 24에서 별도로 규정하지 않는 한 위험물을 휴대 수하물이나 위탁수하물로 또는 몸에 지닌 채 로 운반할 수 없다. 리튬 전지나 화공물질 등의 위험물을 포함하고 있는 서류 가방, 현금 박스, 현금 가방 등의 방호장치를 갖춘 장비의 운송은 허용되지 아니 한다. (별표1 참조)

② 제1항에 따라 별표 24에서 별도로 규정한 위험물이 승객 또는 승무원에 의해 운송되거나 환적 중 소유자로부터 분리된 분실 또는 경로를 잘못 잡은 수하물에 포함되어 운송되는 경우에는 기술기준의 적용을 받지 아니한다.

③ 항공사, 여행사는 승객이 휴대 또는 휴대수하물로 항공기 안으로 운반하여 항공으로 운송할 수 없는 위험물의 종류를 승객과 대면하는 장소에 비치하여 승객으로 하여금 위험물 운송에 대한 제한사항을 인지할 수 있도록 하여야 한다.

표 4-5_승객 또는 승무원에 의해 운송이 가능한 위험물

물품 또는 물건	위치			항공운송 사업자의 승인필요 여부	기장에게 고지필요 여부	제한사항
	위탁수하물 소지	휴대	몸에 소지			

의료용품

물품 또는 물건	위탁수하물 소지	휴대	몸에 소지	승인필요 여부	고지필요 여부	제한사항
1) 해당 내용물이 채워져 있는 의료용 작은 산소 실린더 또는 공기 실린더	허용	허용	허용	필요	필요	가) 실린더 당 총 질량이 5kg을 초과하지 않을 것 나) 의도치 않은 내용물 분출을 유발시킬 수 있는 손상으로부터 실린더, 밸브, 압력조절장치가 보호되어야 함 다) 산소 실린더 또는 공기 실린더의 적세 위치 및 개수 정보는 기장에게 고지되어야 함
액체산소가 들어있는 장치	금지	금지	금지	해당 없음	해당 없음	액체산소가 들어있는 장치는 운송되거나 휴대수하물이나 위탁수하물 또는 승객이 소지하여 운송할 수 없다.
2) 기계적으로 움직이는 의수족의 작동을 위해 몸에 착용하는 2.2군의 가스 가 들어있는 실린더	허용	허용	허용	필요	해당 없음	여행기간 동안의 의수족 사용에 필요한 가스 공급을 위해 비슷한 크기의 여분 실린더도 운송이 허용된다.
3) 에어로졸을 포함한 여 방사성 비방사성 의료용품	허용	허용	허용	필요	해당 없음	가) 개별 품목당 0.5킬로그램 또는 0.5리터를 초과하지 않을 것 나) 에어로졸은 의도치 않게 내용물이 분출되지 않도록 방출밸브에 캡을 씌우거나 또는 다른 적절한 보호장치가 되어 있을 것 다) 3), 10), 13)에서 언급한 모든 품목의 승객 1인당 총 순수량이 2킬로그램 또는 2리터를 초과하지 않을 것
4) 리튬배터리로 작동되는 것을 포함한 여 방사성 동위원소를 이용한 심장박동조율기나 기타 의료장치	해당 없음	해당 없음	허용	필요	해당 없음	이하적 지료의 결과, 해당방사성들이 몸 안에 이식되어 있거나 또는 몸 밖으로 나와서 몸에 부착되어 있는 경우이어야 함
몸 안에 들어있는 방사성 의약품	해당 없음	해당 없음	허용	필요	해당 없음	해당 사안이 이하적 지료의 결과로 그러한 경우이어야 함
5)장애가 있거나, 건강이나 고령으로 인해서, 또는 다리 골절상의 일시적으로 장애로 인해 거동이 자유롭지 못한 승객들이 사용하는 휠체어와 같은 이동 보조장비로서, 특별조항 A123 또는 A199에 부합하는 배터리 또는 누액방지 타입의 습식배터리를 전원으로 사용하는 경우	허용	금지	금지	필요	필요 (5의 다) iv)참조)	가) 누액방지 습식배터리는 특별조항 A67에 부합되어야 하며, 포장지침 872에 명시되어 있는 진동 및 압력와 시험에 적합한 것이어야 함 나) 운송사업자는 다음 사항을 확인할 것 i) 배터리가 이동보조장비에 견고하게 부착되어 있는지 확인 것 ii) 배터리 단자에 단락방지 조치(예를 들면, 배터리를 상자 안에 넣고 밀봉하는 식으로)가 취해져 있는지 확인 iii) 전기회로가 배터리로 분리되어 있는지 확인 다) 이동보조장비는 수하물, 우편물, 상품 또는 다른 화물의 움직여서 이로 인해 손상되지 않도록 보호조치를 취하여야 함 라) 사용자가 배터리를 탈부착할 수 있도록 설계되어 있는 이동보조장비의 경우에는: i) 배터리를 탈거할 경우, 이동보조장비를 위탁수하물로 아무런 제한없이 운송할 수 있음 ii) 탈거된 배터리는 강화된 단단함 포장용기에 담겨져 운반하여야 함 iii) 배터리는 단락방지 조치가 취해져 있어야 함 iv) 포장된 배터리가 어디에 실려 있는지 기장에게 고지되어야 함 마) 승객은 사전에 개별 운송사업자에게 이동보조장비를 같이 운송해야 한다는 것을 알려야 하고, 이에 대한 안내를 받을 것을 추천함

물품 또는 물건	위치			항공운송 사업자의 승인필요 여부	기장에게 고지필요 여부	제한사항
	위탁 수하물/수하물	휴대	몸에 소지			
6) 장애가 있거나, 건강이나 고령으로 인해서, 또는 다리 골절처럼 일시적으로 거동이 자유롭지 못한 승객들이 사용하는 휠체어 같은 이동 보조장비로서, 전해액 누액방지가 되어있지 않은 배터리를 전원으로 사용하는 이동보조장비	허용	금지	금지	필요	필요	가) 탑재 가능한 장소에 이동보조장비를 항상 바로 세운 상태로 탑재, 적재, 결박, 하기하여야 한다. 그리고 항공운송사업자는 다음 사항을 확인해야 한다. i) 배터리가 이동보조장비에 견고하게 부착되어 있는지 확인 ii) 배터리 단자에 단락방지 조치(예를 들면, 배터리를 단자가 취해져 있는지 확인 iii) 전기회로가 배터리와 분리되어 있는지 확인 나) 만일 이동보조장비를 바로 세운 상태로 탑재, 적재, 결박, 하기할 수 없는 경우라면 배터리를 탈거하여 다음과 같이 강하고 단단하게 포장하여 운반해야 함 i) 배터리포장함은 누설방지 조치를 하여 배터리의 전해액이 흘러나 다른 배터리로 전해되어 샐 수 있게 하고, 밀폐틀에 단단히 고정시켜 뒤집혀지 않도록 하거나 또는 스티로폼, 브래킷 또는 고정 장치와 같은 완충용 물질로 내에 고정하되, 다른 화물이나 수하물을 바닥재로 사용해서는 안됨 ii) 배터리는 단락방지 조치를 취하여 포장상자 안에 똑바로 세워 고정시키고, 배터리 내부의 전해액 유량을 충분하기에 충분한 흡수제로 둘러싸야 함 iii) 이들 포장에는 '휠체어 동반 습식배터리' 또는 '이동보조장비 동반 습식배터리'라고 표기하고, 5.3의 요건에 따라 부식성 위험물 라벨(그림 5-22)과 함께 위아래 방향 라벨(그림 5-26) 부착하여야 함. 이동보조장비를 위탁수하물로서 아무런 제한없이 운송할 수 있음 다) 이동보조장비는 수하물, 우편물, 상품 또는 다른 화물로 인해 손상되지 않도록 보호조건을 보호될 수 있게 하여서 보호되어야 함 라) 배터리가 장착되어 있는 이동보조장비가 어디에 실려있는지 또는 포장된 배터리가 어디에 실려 있는지 위치가 기장에게 고지되어야 함 마) 승객은 사전에 개별 운송사업자에게 이동보조장비를 같이 운송해야 한다는 것을 알리고, 이에 대한 안내를 받을 것을 추천함. 또한 배터리가 누액방지 타입이 아니라면, 누액방지 벤트캡으로 다음 조치가 되어 있어야 함
7) 장애가 있거나, 건강이나 고령으로 인해서, 또는 다리 골절처럼 일시적으로 거동이 자유롭지 못한 승객들이 사용하는 휠체어와 같은 이동보조장비로서, 리튬이온배터리를 전원으로 사용하는 이동보조장비	허용	7기라) 참조	금지	필요	필요	가) 리튬이온배터리는 UN Manual of Tests and Criteria, Part 3, 세부항목 38.3에 따라 각 시험요건을 충족하는 타입의 것이어야 함 나) 항공운송사업자는 다음 사항을 확인해야 함 i) 배터리가 이동보조장비에 견고하게 부착되어 있는지 확인 ii) 배터리 단자에 단락방지 조치(예를 들면, 배터리를 단자가 취해져 있는지 확인 iii) 전기회로가 배터리와 분리되어 있는지 확인 다) 이동보조장비는 수하물, 우편물, 상품 또는 다른 화물의 움직여서 이로 인해 손상되지 않도록 보호조치를 위해서 운송해야 함 라) 사용자가 배터리를 탈거할 수 있도록(예를 들면 접을 수 있는 휠체어의 경우와 같이) 특별히 설계되어 있는 이동보조장비의 경우에는: i) 탈거된 리튬이온배터리는 객실에 운반할 것 ii) 배터리 단자는 노출된 단자 부위를 테이프로 등으로 절연하는 식으로 단락방지를 취해야 할 것 iii) 배터리는 손상되지 않도록 보호하기 위해 장비 등의 보호조치를 취해야 함 iv) 배터리를 이동보조장비에서 탈거할 경우에는 정비계조사 또는 장비소유자의 지침에 따라 기월 것 v) 배터리는 300와트시(Wh)를 초과하지 않을 것 vi) 운송할 보조배터리가 한 개만 있을 경우에는 최대 300와트시(Wh)를 초과하지 않아야 하고, 운송할 보조배터리 2개일 경우에는 각각의 배터리가 160와트시(Wh)를 초과하지 않아야 함 마) 리튬이온배터리의 위치는 기장에게 고지되어야 함 바) 승객은 사전에 개별 운송사업자에게 이동보조장비를 같이 운송해야 한다는 것을 알리고, 이에 대한 안내를 받을 것을 추천함

물품 또는 물건	위치			항공운송 사업자의 승인필요 여부	기장에게 고지 필요 여부	제한사항
	위탁수하물	휴대수하물	몸에 소지			
8) 리튬계열 배터리가 들어있는 휴대용 의료 전자장비(자동외부제세동기, 흡입기, 지속적 기도양압용 압력기 등)						
리튬 함량이 2그램을 초과하지 않는 리튬메탈 셀/배터리가 들어있거나 100와트시(Wh)를 초과하지 않는 리튬이온 셀/배터리가 들어있는 휴대용 의료 전자장비	허용	허용	허용	필요 없음	필요 없음	가) 승객이 의료용 목적으로 운송하는 경우 나) 장착되어 있는 배터리 또는 여분 배터리 각각이 UN의 시험 및 기준 매뉴얼의 Part III, 38.3에서 요구하는 각각의 시험요건을 충족해야 함
리튬 함량이 2그램을 초과하는 또는 100와트시(Wh)를 넘지 않는 리튬이온배터리가 들어있는 휴대용 의료전자장비용 여분 배터리	금지	허용	허용	필요 없음	필요 없음	가) 승객이 의료용 목적으로 운송하는 경우 나) 장착되어 있는 배터리 또는 여분 배터리 각각이 UN의 시험 및 기준 매뉴얼의 Part III, 38.3에서 요구하는 각각의 시험요건을 충족해야 함 다) 여분 배터리는 소매판매용 묶지 않은 상태로 또는 노출된 단자 부위를 테이프로 감거나 아니면 개개 배터리를 각각 비닐봉투나 보호파우치에 넣는 등의 방법으로 단락방지 조치가 되어 있어야 함
리튬 함량 2그램 초과 8그램 이하의 리튬메탈배터리 또는 100와트시(Wh) 초과 160와트시(Wh) 이하의 리튬이온 배터리가 들어있는 휴대용 의료전자장비	허용	허용	허용	필요	필요	가) 승객이 의료용 목적으로 운송하는 경우 나) 장착되어 있는 배터리 또는 여분 배터리 각각이 UN의 시험 및 기준 매뉴얼의 Part III, 8.3에서 요구하는 각각의 시험요건을 충족해야 함
리튬 함량 2그램 초과 8그램 이하의 리튬메탈배터리 또는 100와트시(Wh) 초과 160와트시(Wh) 이하의 리튬이온 배터리가 들어있는 휴대용 의료전자장비용 여분 배터리	금지	허용	허용	필요		가) 승객이 의료용 목적으로 운송하는 경우 나) 장착되어 있는 배터리 또는 여분 배터리 각각이 UN의 시험 및 기준 매뉴얼의 Part III, 38.3에서 요구하는 각각의 시험요건을 충족해야 함 다) 여분 배터리는 소매판매용 묶지 않은 상태로 또는 노출된 단자 부위를 테이프로 감거나 아니면 개개 배터리를 각각 비닐봉투나 보호파우치에 넣는 등의 방법으로 단락방지 조치가 되어 있어야 함 라) 개당 리튬 함량이 2그램을 초과하는 리튬메탈배터리 또는 개당 100와트시(Wh)를 넘는 리튬이온배터리는 승객 한 명당 최대 2개까지 허용됨
9) 수은이 들어있는 소형 의료용 또는 지료용 온도계	허용	허용	허용	필요 없음	필요 없음	가) 한 사람당 한 개만 허용 나) 개인적 사용 목적에 한함 다) 보호케이스 안에 들어 있어야 함

물품 또는 물건	위치			항공운송사업자의 승인필요 여부	기장에게 고지 필요 여부	제한사항
	위탁수하물	휴대수하물	몸에 소지			
이미용품						
10) 에어로졸을 포함한 세면용품	허용	허용	허용	필요 없음	필요 없음	가) 세면용품이란 향에는 헤어스프레이, 향수, 롤롱 등과 같은 물품이 포함됨 나) 한 개 용품 당 전체 순수량이 0.5킬로그램 또는 0.5리터를 초과하지 않을 것 다) 에어로졸은 의도치 않게 내용물이 분출되지 않도록 방출밸브에 캡을 씌우거나 또는 다른 적절한 보호장치가 되어 있을 것 라) 3), 10), 13)에서 언급된 바와 같이 1인당 총순수량이 2킬로그램 또는 2리터를 초과하지 않을 것. 즉, 1인당 500밀리리터 에어로졸 캔 4개까지 허용
11) 탄화수소 가스가 들어있는 헤어컬 기	허용	허용	허용	필요 없음	필요 없음	가) 한 사람당 한 개만 허용 나) 열이 나는 부분은 안전커버로 덮어있어야 함 다) 리필용 가스는 운반이 허용되지 않음
소비재						
12) 알코올 도수가 체적비로 24퍼센트 초과 70퍼센트 이하에 해당하는 알코올 음료	허용	허용	허용	필요 없음	필요 없음	가) 소매판매용 포장일 것 나) 용기가 5리터 이하일 것 다) 1인당 총 순수량으로 5리터까지 허용 *주 - 제정비로 24퍼센트 이하의 알코올 음료는 제한을 받지 않음.
13) 부식적인 위험이 없는 2.2군의 에어로졸로서, 스포츠용 또는 가정용인 것	허용	금지	금지	필요 없음	필요 없음	가) 개별 용기 당 총 순수량이 0.5킬로그램 또는 0.5리터 이하로 의도치 않게 내용물이 분출되지 않도록 방출밸브에 캡을 씌우거나 또는 다른 적절한 보호장치가 되어 있을 것 나) 3), 10), 13)에서 언급된 바와 같이 1인당 총순수량이 2킬로그램 또는 2리터를 초과하지 않을 것 다) 1인당 총순수량의 2킬로그램 또는 2리터를 초과하지 않을 것. 캔 4개까지 허용
14) 견고하게 포장되어 있는 1.4군의 카트리지(UN 0012 및 UN 0014에 한함)	허용	금지	금지	필요		가) 1인당 총중량이 5킬로그램을 초과하지 않고 소유자 개인이 사용하는 것이어야 함 나) 폭발성 및 발화성 추진제 또는 방사체가 포함된 탄약은 해당되지 않음 다) 2인 이상에게 허용된 양을 하나 또는 여러 개의 포장물로 묶을 수 없음
15) 소형포장의 안전성냥	금지	허용	허용	필요 없음	필요 없음	가) 1인당 1개만 허용 나) 개인적 사용 목적에 한함
따성냥	금지	금지	금지	해당 없음	해당 없음	금지
담배흡용 소형라이터	금지	허용	허용	필요 없음	필요 없음	가) 1인당 1개만 허용 나) 개인적 사용 목적에 한함 다) 흡수되어 있지 않은 상태의 액체연료(액화가스가 아닌)가 들어 있지 않아야 함

물품 또는 물건	위치			항공운송사업자의 승인필요 여부	기장에게 고지필요 여부	제한사항
	위탁수하물	휴대수하물	몸에 소지			
라이터 연료 및 라이터 리필연료	금지	금지	금지	해당없음	해당없음	금지
의도치않은 작동 방지장치가 붙어있는 예혼합형 버너 라이터	금지	금지	허용	필요 없음	필요 없음	가) 1인당 1개만 허용 나) 개인적 사용 목적에 한함 다) 흡수되어 있지 않은 상태의 액체연료(액화가스와 갑산가 들어 있지 않아야 함
의도치않은 작동 방지장치가 붙어있지 않은 예혼합형 버너 라이터	금지	금지	금지	해당없음	해당없음	금지
16) 화재를 일으킬 수 있을만한 고온을 낼 수 있는 배터리로 작동되는 장비 (예: 수중 고화도램프)	허용	허용	금지	필요	필요 없음	가) 열이 발생하는 부품, 배터리 또는 다른 부품(예: 휴즈)을 탑거하여 열발생 부품과 배터리를 낼 수 있는 배터리로 작동되는 장비 나) 탈거된 배터리에는 반드시 단락방지 조치(소매관매을 포장을 봉장을 둔지 않은 상태로 또는 노출된 단자 부위를 테이프로 감거나 아니면 개개 배터리를 각각 비닐봉투나 보호주머에 넣는 등의 방법으로)가 되어 있을 것
17) 부차적인 위험이 없는 2.2군의 압축가스 실린더가 포함된 노사태 구조용 배낭	허용	허용	금지	필요	필요 없음	가) 1인당 1개만 허용 나) 1.4S군의 200밀리그램 이하로 들어있는 불꽃발화장치가 포함되어 있을 수도 있음 다) 배낭은 우연히 활성화 될 수 없도록 하는 방법으로 포장되어 있어야 함 라) 배낭 내의 에어백에는 압력방출밸브가 달려있어야 함
18) 작은 카트리지가 담려있어 자동팽창 또는 구명 제킷이나 구명조기와 같은 개인용 장비	허용	허용	허용	필요	필요 없음	가) 1인당 1개 허용 나) 개인용 안전장비는 우연히 활성화 될 수 없도록 하는 방법으로 포장되어 있어야 함 다) 카트리지에 들어 있는 가스는 부차적인 위험이 없는 2.2군의 이산화탄소 또는 그에 준하는 적절한 가스로 제한 라) 팽창 목적으로만 사용할 것 바) 장치에 장착되어 있는 소형 카트리지는 두 개를 초과하지 않아야 함 바) 여분의 카트리지 2개까지 허용
기타 장비를 위한 소형 카트리지	허용	허용	허용	필요	필요 없음	가) 카트리지에 들어 있는 가스는 부차적인 부수적인 위험이 없는 2.2군이 이산화탄소 또는 그에 준하는 적절한 가스로, 1인당 4개까지 허용 나) 각 카트리지의 용수량은 50밀리리터를 초과하지 않아야 함 *주 - 50밀리리터 수용 용량의 이산화탄소 카트리지 4개는 28그램의 카트리지와 같음.
19) 시계, 전자계산기, 카메라, 휴대전화, 노트북컴퓨터, 캠코더 등과 같은 휴대용 전자장비	허용	허용	허용	필요 없음	필요 없음	
의료용 장비를 포함한 휴대용 전자장비로서, 리튬메탈 또는 리튬이온 배터리가 들어 있는 것 (리튬메탈 또는 리튬이온 배터리가 다른 장비에 전원을 공급할 목적으로 장착되어 있는 곤음공급 아래의 항목에 따라 여분의 배터리로 취급되어 운송되어야 함)	허용	허용	허용	필요 없음	필요 없음	가) 개인적 사용 목적으로 승객 또는 승무원이 운반하는 경우에 한함 나) 되도록 이면 휴대수하물로 운송한다. 다) 각 배터리는 다음의 기준을 초과해서는 안됨 - 리튬메탈배터리의 경우, 리튬 함량이 2그램 이하 - 리튬이온배터리의 경우, 100와트시(Wh) 이하 라) 만약 장비가 위탁수하물로 운송되는 경우에는 의도치 않은 동작이 일어나지 않도록 조치가 취해져야 함 마) 배터리 및 셀은 UN Manual of Tests and Criteria, Part 3, 세부항목 38. 3의 각 시험요건을 충족해야 함

물품 또는 물건	위치			항공운송 사업자의 승인필요 여부	기장에게 고지필요 여부	제한사항
	위탁 수하물	휴대 수하물	몸에 소지			
리튬메탈 또는 리튬이온 셀/배터리를 사용하는 의료용 장비를 포함함. 휴대용 전자장비를 위한 여분 배터리	금지	허용	허용	필요 없음	필요 없음	가) 개인적 사용·목적으로 승객 또는 승무원이 운반하는 경우에 한함 나) 단락을 방지하기 위해 개별적으로 포장된 것이어야 함(소매판매용 포장을 뜯지 않은 상태로 또는 노출된 단자 부위를 테이프로 감거나 아니면 개개 배터리를 각각 비닐봉투나 보호파우치에 넣는 등의 방법 등) 다) 각 배터리는 다음의 기준을 초과해서는 안됨 - 리튬메탈배터리의 경우, 리튬 함량이 2그램 이하 - 리튬이온배터리의 경우, 100와트시(Wh) 이하 다) 배터리 및 셀은 UN Manual of Tests and Criteria, Part 3, 세부항목 38.3의 각 시험요건을 충족해야 함
100와트시(Wh)를 초과 160와트시(Wh) 미만의 리튬이온배터리가 들어있는 휴대용 전자장비	허용	허용	허용	필요	필요 없음	가) 개인적 사용·목적으로 승객 또는 승무원이 운반하는 경우에 한함 나) 되도록 휴대수하물로 운송한다. 다) 배터리 및 셀은 UN Manual of Tests and Criteria, Part 3, 세부항목 38.3의 각 시험요건을 충족해야 함
100와트시(Wh) 초과 160와트시(Wh) 미만의 리튬이온배터리가 들어있는 휴대용 전자장비를 위한 여분 배터리	금지	허용	허용	필요	필요 없음	가) 개인적 사용·목적으로 승객 또는 승무원이 운반하는 경우에 한함 나) 개인당 개별 포장된 여분 배터리 2개 까지 허용 다) 단락을 방지하기 위해 개개 배터리를 각각 포장을 뜯지 않은 상태로 또는 노출된 단자 부위를 테이프로 감거나 아니면 개개 배터리를 각각 비닐봉투나 보호파우치에 넣는 등의 방법 등 다) 배터리 및 셀은 UN Manual of Tests and Criteria, Part 3, 세부항목 38.3의 각 시험요건을 충족해야 함
배터리로 작동되는 휴대용·전자담배 장비	금지	허용	허용	필요	필요 없음	가) 개인적 사용·목적으로 승객 또는 승무원이 운반하는 경우에 한함 나) 여분의 배터리는 단락을 방지하기 위해 개별적으로 포장된 것이어야 함(소매판매용 포장을 뜯지 않은 상태로 또는 노출된 단자 부위를 테이프로 감거나 아니면 개개 배터리를 각각 비닐봉투나 보호파우치에 넣는 등의 방법 등) 다) 각 배터리는 다음의 기준을 초과해서는 안됨 - 리튬메탈배터리의 경우, 리튬 함량이 2그램 이하 - 리튬이온배터리의 경우, 100와트시(Wh) 이하 다) 배터리 및 셀은 UN Manual of Tests and Criteria, Part 3, 세부항목 38.3의 각 시험요건을 충족해야 함 다) 비행기 탑승 중 장비 또는 배터리의 충전은 금지됨

물품 또는 물건	위탁수하물	휴대수하물	몸에 소지	항공운송사업자의 사용자의 승인필요 여부	기장에게 고지 필요 여부	제한사항
20) 시계, 전자계산기, 카메라, 휴대전화, 노트북컴퓨터, 캠코더 등과 같은 휴대용 전자장비의 전원으로 사용되는 연료전지	금지	허용	허용	없음	없음	가) 인화성액체, 부식성물질, 인화성화약가스, 물반응성물질 또는 금속수소화합물을 포함한 연료전지 카트리지만 허용 나) 탑승객에 탑재된 연료전지의 재충전은 여분의 카트리지를 장착하는 것 이외에는 전자 허용되지 않는다. 다) 연료전지 또는 카트리지의 최대 연료량은 다음 기준을 초과해서는 안된다 - 액체인도는 200밀리리터까지 - 고체인도는 200그램까지 - 액화가스의 경우, 비금속 연료전지 카트리지는 120밀리리터까지 또는 금속 연료전지 카트리지는 200밀리리터까지 주입 가능 - 금속수소화물의 수소의 경우, 연료전지 또는 연료전지카트리지 수용량 120밀리리터를 넘지 않아야 함 라) 각 연료전지 또는 연료전지 카트리지에는 국제전기기술위원회(IEC: International Electrotechnical Commission)의 소형연료전지 안전기준(IEC 62282-6-1, Ed.1)을 충족하고, 안전기준의 규격과 일치한다는 제조자의 확인이 있어야 함 마) 금속수소화합물에 수소를 포함하고 있는 연료전지는 특별규정 A162 요건에 부합하여야 한다. 바) 승객 1인당 2개까지 허용
여분의 연료전지 카트리지	허용	허용	허용	필요	없음	사) 연료를 포함하고 있는 연료전지는 휴대수하물로만 운송이 허용된다. 아) 장비 내에서 연료 전지와 전지가 결합된 전자 사이의 반응은 국제전기기술위원회(IEC: International Electrotechnical Commission)의 소형연료전지 안전기준(IEC PAS 62282-6-1, Ed.1)을 충족하는 것이어야 하며, 가능만으로만 아니한다. 자) 휴대전자장비를 사용하지 않는 시간 동안에는 배터리의 충전이 일어나지 않도록 설계된 형식이어야 하며, 제조자는 "항공기의 객실에서 사용 가능(Approved for Carriage in Aircraft Cabin)"이라는 내구성 있는 표시를 하여야 한다. 차) 출발 국가의 해당 당국이 요구하는 언어에 추가하여, 영어로 표기하여야 한다.
21) 드라이아이스	허용	허용	금지	필요	없음	가) 1인당 2.5kg로그램까지 허용. 나) 상하기 쉬운 물품을 포장·운송하기 위해서 사용되는 것에 한함. 다) 포장은 이산화탄소가 방출될 수 있도록 되어 있어야 함 라) 위탁수하물로 운송되는 경우에는 다음 각 포장에 다음과 같은 표시가 되어 있어야 함 - "DRY ICE" 또는 "CARBON DIOXIDE, SOLID"; and - 드라이아이스의 순중량은 2.5kg로그램 이하
22) 수은 기압계 또는 수은 온도계	금지	허용	금지	필요		가) 기상청 또는 그와 유사한 기능을 수행하는 국가 기관의 대표자가 운반하는 경우 허용 나) 기압계나 온도계는 누출을 방지할 수 있고 수은이 반응하지 아니하여 뚫리지 않는 물질로 만들어진 밀봉 내부 라이너 또는 배낭 옷은 견고한 외부 포장에 들어 있어서 포장을 어떻게 위치시키더라도 수은이 포장으로부터 빠져나가는 것을 방지할 수 있어야 한다.
23) 화학작용제탐지장비 또는 긴급경고 및 식별 장비 같은 방사성물질이 들어 있는 계기	허용	허용	금지	필요	없음	가) 해당 계기가 이 표의 2-10에 적힌 활동 방사능 기준값을 넘지 않아야 함 나) 대륙배터리 없이 견고하게 포장되어 있어야 함 다) 화학무기금지기구(OPCW) 직원의 공무수행 목적으로 운반되는 경우에 한함

물품 또는 물건	위치			항공운송 사업자의 승인필요 여부	기장에게 고지필요 여부	제한사항
	위탁 수하물	휴대 수하물	몸에 물품 소지			
24) 에너지흡흡용 램프	허용	허용	허용	필요 없음	필요 없음	가) 소매판매용 포장 그대로 운반 나) 개인적 용도 또는 가정용 사용에 한해 허용
25) 공기질 모니터링 장비의 교정을 위한 투과장비	허용	금지	금지	필요 없음	필요 없음	특별조항 A41에 부합하여야 함
26) 특별조항 A67에 부합하는 누예방지형 휴대용 전자장비	허용	금지	금지	필요 없음	필요 없음	가) 배터리 전압이 12볼트 이하이고 100와트시(Wh)를 넘지 않아야 함 나) 의도치 않은 작동을 방지하기 위한 조치나 배터리 분리, 노출단자 절연 조치 등이 되어있어야 함
특별조항 A67에 부합하는 누예방지형 예비분의 배터리	허용	허용	금지	필요 없음	필요 없음	가) 배터리 전압이 12볼트 이하이고 100와트시(Wh)를 넘지 않아야 함 나) 의도치 않는 노출단자 절연 조치 등과 같은 단락방지 조치가 되어 있어야 함 다) 1인당 개별포장된 배터리 2개까지 허용
27) 내연소엔진 또는 연료배터리엔진	허용	금지	금지	필요 없음	필요 없음	특별조항 A70에 부합해야 함
28) 비강성 표본	허용	허용	금지	필요 없음	필요 없음	특별조항 A180에 부합해야 함
29) 냉동예냉각소를 포함한 절연포장	허용	허용	허용	필요 없음	필요 없음	특별조항 A152에 부합해야 함
30) 서류가방, 현금상자, 현금가방 등 보안타입의 장비로서, 리튬배터리나 발화물질 등과 같은 위험물이 장비의 일부분으로 결합되어 있는 것	허용	금지	금지	필요	필요	가) 이도지 않은 자동 방지장치가 붙어있어야 함 나) 장비가 폭발성 물질이나 발화성 물질, 또는 폭발성 품목을 포함하고 있는 경우, 이러한 품목이나 물질은 제24조제3항에 따라 해당 국가당국에 의해 1등급 위험물에서 제외된 것이어야 함 다) 인일 장비가 리튬 셀이나 배터리를 포함하고 있는 경우, 이러한 셀이나 배터리는 다음의 사양에 부합되어야 함 - 리튬메탈셀의 경우 리튬 함량이 1그램 이하이어야 함 - 리튬메탈배터리의 경우 총 리튬 함량은 2그램 이하이어야 함 - 리튬이온셀의 경우, 와트시용이 20와트시(Wh) 이하이어야 함 - 리튬이온배터리의 경우, 와트시용이 100와트시(Wh) 이하이어야 함 - 배터리 및 셀은 UN Manual of Tests and Criteria, Part 3, 세부항목 38.3의 각 시험요건을 충족해야 함 라) 장비가 염료나 잉크를 분출하기 위한 가스를 포함하고 있는 경우 - 소형 가스 카트리지 및 용기만 허용되며, 포함되어 있는 가스의 용량은 2.2g군 가스 이외에 이 지침에 속하지 않은 성분이 포함되어 있는 경우 50밀리리터 이하이어야 함 - 가스 누출이 승무원들을 불편하게 하거나 불쾌하게 만들어서 부여된 업무를 정상히 수행하는데 방해할 정도가 되어서는 안됨 - 이도치않게 작동된 경우, 모든 위해적 효과는 장비 내로 한정되어야 하며 심한 소음이 유발되어서는 안됨 마) 결함이 있거나 손상된 보안타입의 장비는 운송이 금지됨

4) 전동휠체어

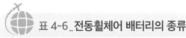

표 4-6_전동휠체어 배터리의 종류

종류	배터리 용량	비고
비누출형 배터리	• 제한 없음	• 배터리 분리 가능 여부 확인 필요
누출형 배터리		

리튬이온배터리	• 배터리 용량:
	  - 1개 구동 시 300Wh 이하
	  - 2개 구동 시 개당 160Wh 이하
	• 분리불가 일체형 제한 없음
		• 배터리 용량 및 분리 가능 여부 확인 필요
		• 분리된 리튬 배터리는 기내로만 반입 가능

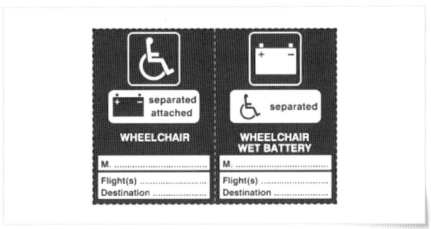

🔺 그림 4-10 _전동휠체어 배터리에 부착하는 스티커의 예시

　전동휠체어의 탑재는 비누출형 배터리Non-spillable Battery를 장착한 경우를 제외하면 반드시 기장에게 통보하여야 한다.

　배터리의 분리가 불가능할 경우, 가능한 Bulk에 탑재하여 도착지에서 빠른 서비스를 위하여 최우선으로 하기할 수 있는 위치에 탑재한다. Bulk에 탑재할 때 운항 중 흔들리지 않도록 스트랩 등을 사용하여 단단하게 고정하여야 한다. 이때 취급 및 운항 중 오작동이 일어나지 않도록 주전원을 포함한 모든 전원은 Off 해야 한다. 배터리는 수직방향으로 똑바로Upright position 탑재하고, 배터리 전원단자는 합선이 되지 않도록 처리하여야 한다. 또한 기장에게 배터리가 분리되지 않

는 전동휠체어가 화물칸에 탑재가 되었다는 사실을 알려야 한다.

배터리의 분리가 가능한 경우, 리튬이온 배터리는 기내로 승객이 가지고 탑승하고, 배터리가 분리된 후 절연처리를 하고 다른 수하물 또는 화물에 의해 손상을 방지하도록 탑재한다.

5) 스마트 가방 Smart Luggage

스마트 가방이란, 제품 내에 배터리가 장착된 가방을 통칭하는 것으로, 수납 기능 외에 리튬배터리로 작동하는 배터리 충전, GPS 수하물 추적기능, 이동보조수단 등의 부가 기능을 가진 슈트케이스를 의미한다.

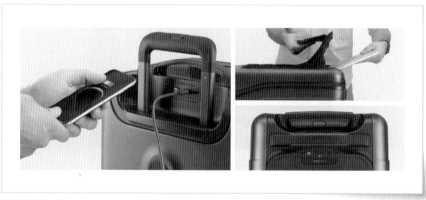

◐ 그림 4-11_스마트 가방

대부분의 항공사는 리튬배터리가 장착된 스마트가방에 대해 리튬배터리가 분리되지 않는 경우 위탁수하물로 운송을 금지하고, 분리 가능한 리튬배터리는 분리하여 승객이 휴대하고 탑승할 경우에만 허용한다.

다만 알칼라인 AA건전지, 버튼형 건전지 등 리튬배터리로 작동하는 가방이 아닌 경우 위탁수하물로 운송이 가능하다.

6) 리튬배터리로 구동되는 소형 이동수단

장애인, 노약자용 전동 휠체어를 제외한 리튬배터리로 구동되는 일체의 소형 이동수단전기자전거, 전동 킥보드 등은 배터리 용량과 관계없이 휴대수하물 및 위탁수하물로 처리 할 수 없다.

7) 숨겨진 위험물Hidden Dangerous Goods

사전에 신고되지 않은 위험물이 승객의 수하물에 포함되어 운송되는 것을 방지하기 위해 탑승수속 업무를 맡는 지상직원은 위험물품이 포함되어 있을 것으로 의심이 가는 경우 반드시 승객으로부터 확인을 요청해야 한다.

3 기장에 대한 통보사항Notification to Captain

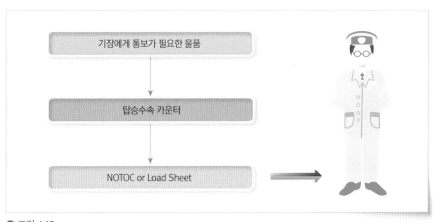

◑ 그림 4-12

항공기에 위험물을 탑재하는 경우 항공기 출발 전 화물로 운송될 위험물과 관련한 정보를 정확하고 읽기 용이하게 기장통보서Notification to Captain를 제공한다. 기장통보서에는 항공기에 탑재된 포장물 또는 ULD에 손상 및 누출 징후가 없다는 사실을 확인 또는 표시한 내용과 담당 지상직원의 서명이 포함되어야 한다.

승객의 전동휠체어 등 탑승수속 카운터에서 위탁하는 위험물의 경우 대체로 Load-Sheet에 SI Special Information으로 위험물의 탑재 내역을 기장에게 고지한다.

Notification to Captain				(1) Station of Loading	(2) FLT Number	(3) date	(4) Aircraft Registration	(5) Prepared by								

Dangerous Goods

(6) Destination	(7) Air Waybill Number	(8) Proper Shipping Name	(9) Class or Division	(10) UN or ID Number	(11) No. of Packages	(12) Net Quantity of TI per Package	(13) Radioactive Package Category	(14) UN Packing Group	(15) IMP Code	(16) CAO	(17) Loaded		(20) Emergency Response Code
											(18) ULD	(19) Position	

Other Special Load

(21) Destination	(22) Air Waybill Number	(23) Contents and Description	(24) Number of Packages	(25) Quantity	(26) Supplementary Information	(27) Code	(28) loaded	
							(29) ULD	(30) Position

(31) Total Quantity of DRY ICE in Each Hold:	FWD CMPT (	kg),	AFT CMPT (	kg),	BULK (	kg)

(32) Other Notification

(33) Captain's Signature	Name	Signature	(34) Cargo Operation Manager's Signature	Name	Signature

◆ 그림 4-13_NOTOC Sample

4 위험물의 라벨링

1) 위험물 성질에 의한 라벨링

위험물 라벨은 아래와 같은 의미를 가지고 있다.

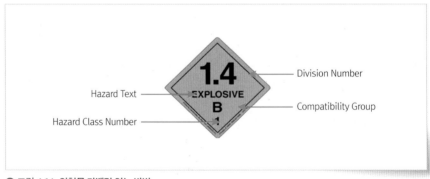

◆ 그림 4-14_위험물 라벨링 읽는 방법

각 Class 별 성질은 앞서 언급한 A. 위험 성질에 의한 분류에서 참고한다.

표 4-7 _ 위험물 라벨

구분	
Class 1	
Class 2	
Class 3	
Class 4	
Class 5	
Class 6	
Class 7	
Class 8	
Class 9	

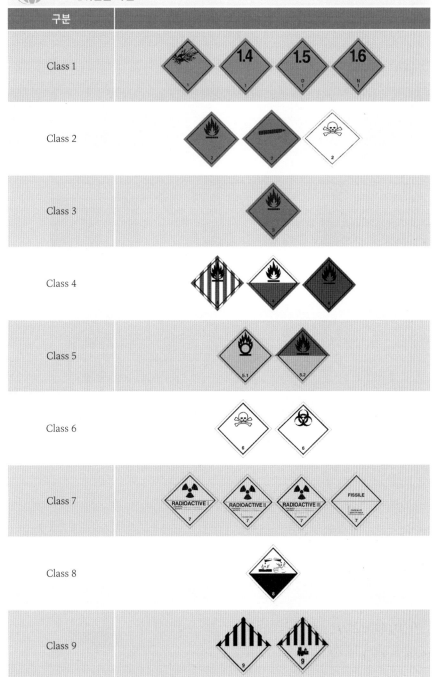

2) 취급성 라벨Handling Labels

위험물을 취급하는 지상 직원이 업무 상 주의해야 할 내용을 담은 라벨이다.

표 4-8_Handling Labels

이름	IMP Code	Handling Label
Magnetized Material (Class 9) 자기성 물질	MAG	MAGNETIZED MATERIAL KEEP AWAY FROM AIRCRAFT COMPASS DETECTOR UNIT
CAO(Cargo Aircraft Only) 화물기로만 운송이 가능한 위험물	CAO	CARGO AIRCRAFT ONLY FORBIDDEN IN PASSENGER AIRCRAFT
Cryogenic Liquid 극저온 액체	RCL	CONTAINS CRYOGENIC LIQUID
Package Orientation (This way up) 포장물 방향성 라벨	N/A	
Keep Away from Heat 열주의 라벨	N/A	keep away from heat
Radioactive Material - Excepted Package 방사성 물질 예외 포장	RRE	Radioactive Material, Excepted Package This package contains radioactive material, excepted package and is in all respects in compliance with the applicable international and national governmental regulations. UN _____ The information for this package need not appear on the Notification to Captain (NOTOC)
Lithium Battery Label 리튬배터리 라벨	ELI, ELM	

3) 포장의 마킹과 라벨링

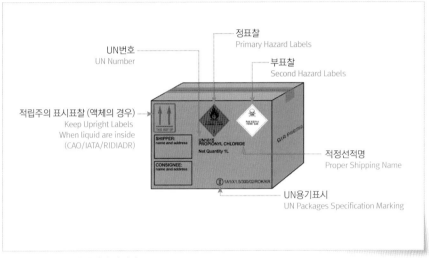

🔺 그림 4-15_포장의 마킹과 라벨링

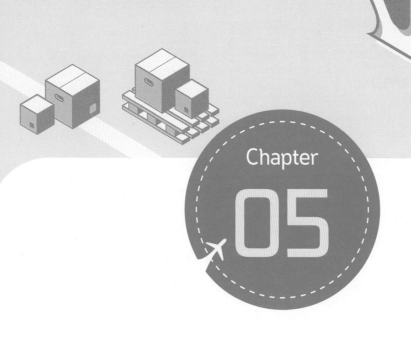

Chapter

05

항공사의 여객운송·
공항서비스 업무 교육

제1절 법정교육

법정교육이란, 국내 법령으로 지정되어 항공운송산업에 종사하는 직원이 반드시 받아야할 교육을 의미한다.

1 항공보안교육

보편화되는 항공운송의 흐름에서 항공보안의 중요성이 대두되면서 [항공보안법] 제28조의 1항과 [국가항공보안계획] 10.2.6에서 항공보안업무 수행자를 지정하고 업무를 수행하기 전에 반드시 교육을 받아야 한다. 이에 따라 국토교통부에서는 [국가민간항공보안 교육훈련지침] 예규를 통해 규정하고 있다.

> **· 항공보안법 제28조 (교육훈련 등)**
>
> ▪ 국토교통부장관은 항공보안에 관한 업무수행자의 교육에 필요한 사항을 정하여야 한다.

1) 교육대상

[국가민간항공보안 교육훈련지침] 제3조에 따라, 항공사의 교육대상은 항공사 보안책임자 또는 보안감독자^{대표이사}, 항공사의 보안 유관부서의 장 및 중간관리자^{안전보안실}, 항공기 승무원, 탑승수속 담당 직원, 항공사의 전화 응대업무 직원 및 안내직원, 공항지점 근무 직원, 항공기 정비사, 항공사의 일반직원 등 대부분의 업무 담당자가 포함된다.

2) 교육목적

[국가민간항공보안 교육훈련지침] 제4조에서는 교육목적을 다음과 같이 설정하고 있다.

- 항공보안 수준 표준화
- 위협증가시 신속한 보안 강화능력 배양
- 최신 항공보안 변화에 대한 적극 대응
- 위기사태 발생시 신속한 대응 능력 함양
- 국제적 수준에 맞는 항공보안 체제 유지
- 현장적응력이 강한 전문 보안요원 양성
- 항공 관련 업무 수행자에 대한 보안 의식 함양

3) 탑승수속 담당직원의 교육과정

[국가민간항공보안 교육훈련지침] 별표 11에서는 탑승수속 담당직원의 초기 및 정기 보안교육과정을 다음과 같이 규정하고 있다. 정기교육은 초기교육 이수 후 2년 내 수료하여야 한다.

 표 5-1 _[별표 11] 탑승수속 담당 직원 초기 보안교육 과정(제22조 관련)

구분	내용
과정명	탑승수속 담당 직원 초기 보안교육 과정
대상	탑승수속 담당 직원
시간	최소 3시간 이상
과정목표	탑승수속 직원에 대한 기본 보안 지식 함양
교관요건	아래 요건 중 최소 한 가지 이상의 요건을 갖춘 자 1. 항공사 보안관련 전문지식 소지자 2. ICAO 항공보안 기초 과정 이수자 3. 탑승수속 담당 직원 초기 보안교육 과정 이수자 4. IATA 항공보안과정 이수자 5. 항공보안 경력2년 이상이며 항공보안 전반에 관한 지식과 경험을 갖춘 자

구분	내용
교육 최소 포함내용	1. 관련법령 2. 최근 위협 내용 3. 수상한 행동 발견 요령,승객 선별 확인 4. 질문 기법 5. 위해물품 및 반입금지 물품 6. 승객 신체, 휴대물품, 위탁수하물 등에 기내반입금지물품 및 위해물품 등 포함여부 확인요령 7. 위해물품 또는 수상한 물건 발견시 신고요령 및 대응방법 8. 항공보안 인적 요소

 표 5-2_[별표 11의 2] 탑승수속 담당 직원 정기 보안교육 과정(제22조 관련)

구분	내용
과정명	탑승수속 담당 직원 정기 보안교육과정
대상	탑승수속 담당 초기 교육 이수자
시간	연1회 최소 1시간 이상
과정목표	보안직무 수행 관련 새로운 정보지식, 기술습득 및 자질향상
교관요건	아래 요건 중 최소 한 가지 이상의 요건을 갖춘 자 1. 항공사 보안관련 전문지식 소지자 2. ICAO 항공보안 기초 과정 이수자 3. 탑승발급 카운터 직원 초기 보안교육 과정 이수자 4. IATA 항공보안과정 이수자 5. 항공보안 경력2년 이상이며 항공보안 전반에 관한 지식과 경험을 갖춘 자
교육 최소 포함내용	1. 위해물품 및 반입금지 물품 2. 최근 보안사고 사례 분석 3. 승객 선별 확인 요령 4. 긴급상황시 대응절차

2 SMS Safety Management System 교육

항공사에서는 항공안전을 확보하고, 안전목표를 달성하기 위하여 관련 제반 법규정 기준과 절차 그리고 안전활동을 포함한 종합적인 안전체계를 구축하여 운영하는데, 이를 SMS, 즉 안전관리시스템이라고 칭한다.

항공사에서 운영하는 SMS의 목표는 결국 처벌이나 문책이 아닌 구조적 결함의 원인을 추적하여 조치함으로써 같은 실수를 반복하지 않도록 예방하는데 그 목표가 있다. 따라서 항공사의 SMS는 하나의 '문화'로 자리잡고 이를 위한 직원의 훈련이 필요하다.

국토부 훈령으로 제정된 [항공안전관리시스템 승인 및 운영지침] 제45조 안전 훈련 및 교육에서 항공사는 모든 직원에게 SMS 교육을 하도록 규정하고 있다. 이중 공항 현장에서 근무하는 운영 직원이 받아야할 교육으로는 총 네가지로 구성되어 있는데 첫째, 항공사 고유의 안전 정책에 대한 이해, 둘째, 안전의 기본 원리, 셋째, SMS 교육 및 마지막으로 안전예방을 위한 보고 절차에 대한 내용을 다룬다.

3 위험물교육

항공운송에서 위험물은 안전과 직결된 중요한 요소이므로 여객운송 업무를 담당하는 지상직원은 반드시 숙지하여야 한다. 항공사 위험물 교육의 목적은 직원이 항공운송 취급 규정과 절차를 숙지하여 항공기와 여객의 안전을 지키기 위함이다.

국토교통부 고시 [항공위험물운송기술기준] 제12조에 근거하여 항공사는 위험물 취급과 관련한 직원에게 반드시 위험물 교육을 실시하여야 한다.

· 항공위험물운송기술기준 제12조

항공운송사업자는 위험물 운송과 관련된 부서 등은 위험물 취급과 관련한 직원을 채용하면해당 직무를 수행하기 전에 초기교육을 이수시켜야 하며, 초기교육 이수 후 24개월 이내에 보수교육을 실시하여야 한다. 다만 유효기간 만료 3개월 내에 보수교육을 이수한 경우 차기 만료 월은 기존 유효기간 만료월로부터 24개월 유효한 것으로 한다. 24개월이 경과한 때에는 위험물 관련 직무에 해당하는 초기교육을 실시하여야 한다.

1) 교육대상

위험물 교육의 대상은 일반 화물과 위험물을 취급하는 과정에서 관여하는 회사의 직원 즉, 지점의 여객운송 및 화물운송 직원, 운항승무원, 객실승무원, 운항관리사, 탑재관리사, 정비사, 위탁조업사의 직원 및 예약센터의 직원까지 포함한다.

2) 교육내용

교육 대상에 따라 직무가 구분되고 각 직무에 따라 교육내용이 상이하다.

표 5-3_위험물 교육대상에 따른 교육 내용 분류

교육 내용	교육 대상	화주		포워더			항공사, 지상조업사						보 안
	직무 구분	1	2	3	4	5	6	7	8	9	10	11	12
일반원칙과 체계		O	O	O	O	O	O	O	O	O	O	O	O
제한사항		O		O	O	O	O	O	O	O	O	O	O
화주의 일반 준수사항		O		O			O						
분류		O	O	O			O						O
위험물 목록		O	O	O			O				O		
포장요건 및 포장지침		O	O	O			O						
라벨링과 표기		O	O	O	O	O	O	O	O	O	O	O	O
위험물 운송서류, 관련서류		O		O	O		O	O					
접수절차							O						
미신고 위험물의 인지		O	O	O	O	O	O	O	O	O	O	O	O
보관 및 탑재절차					O	O	O			O		O	
기장에 대한 통보사항							O		O		O		
승객 및 승무원에 관한 규정		O	O	O	O	O	O	O	O	O	O	O	O
긴급대응절차		O	O	O	O	O	O	O	O	O	O	O	O

- **직무 별 Category 구분**

  1. 화주 또는 화주의 책무를 수임 받은 자
  2. 포장업무 수행자
  3. 위험물 취급과정에 관여하는 화물 포워더의 직원
  4. 위험물이 아닌 일반화물의 취급과정에 관여하는 화물 포워더의 직원
  5. 화물의 취급과 보관, 탑재업무에 관여하는 포워더의 직원
  6. 위험물을 접수하는 항공사 또는 지상조업사의 직원
  7. 위험물이 아닌 일반화물을 접수하는 항공사 또는 지상조업사의 직원
  8. 화물, 위탁수하물, 우편물의 취급, 일반화물의 보관, 탑재업무에 관여하는 항공사 또는 지상조업사의 직원
  9. 탑승객 대상 업무 수행 직원
  10. 운항승무원 및 탑재관리사(운항관리사 포함)
  11. 승무원(운항승무원 제외)
  12. 승객, 휴대/위탁수하물, 화물, 우편의 보안검색 및 보관 업무를 담당하는 보안검색요원, 감독자 등 보안절차와 관련된 직원

이중 여객운송·공항서비스 직원은 Category 9에 해당한다. 따라서 여객운송·공항서비스 직원은 업무에 투입되기 전 반드시 Category 9에 해당하는 위험물 초기 교육을 이수하여야 업무 투입 자격이 부여된다. 초기교육 수료 이후 매 2년 내 정기교육을 지속적으로 이수하여야 자격이 갱신된다.

4 항공교통약자서비스 교육

2020년 개정된 [항공사업법 시행규칙] 제64조의5_{교통약자 관련 종사자의 훈련·교육}에 따라 항공사는 해당하는 직원에게 교통약자의 이동편의시설 종류와 사용방법, 교통약자용 보조기구 및 장애인 안내견의 Handling 절차, 휠체어 배터리 등 교통약자가 사용하는 위험물의 취급 등에 대한 내용을 매년 2시간 이상 교육하여야 한다.

1) 교육대상

- 고객 안내 및 서비스 상담 업무 담당 직원
- 예약 및 발권 업무 담당 직원
- 객실승무원
- 휠체어 탑승설비 등 교통약자의 이동을 보조하는 직원

> **• 항공사업법 시행규칙 제64조의5 (교통약자 관련 종사자의 훈련·교육)**
>
> ① 항공교통사업자는 법 제61조제11항제4호에 따라 다음 각 호의 종사자에게 연간 2시간
> 이상 훈련·교육을 실시해야 한다.
> 1. 고객 안내 및 서비스 상담 업무를 담당하는 직원
> 2. 예약 및 발권 업무를 담당하는 직원
> 3. 객실승무원
> 4. 휠체어 탑승설비 등 그 밖의 이동수단 운행업무를 담당하는 직원
> ② 제1항에 따른 종사자 훈련·교육에 다음 각 호의 내용이 포함되어야 한다.
> 1. 교통약자 이동편의시설 종류와 사용방법
> 2. 교통약자용 보조기구 및 보조견의 취급
> 3. 교통약자가 사용하는 위험물 취급 등 안전 및 보안 관련 규범
> 4. 그 밖에 교통약자의 항공여행에 관한 필요한 사항

5 개인정보보호교육

항공사는 그 어느 산업군보다도 개인정보를 많이 취급하는 직군이다. 탑승권을 예약하기 위해서 이름과 성별, 생년월일, 여권번호, 전화번호 등 민감한 정보를 요구하고 이를 탑승 등에 활용하기에 안전한 개인정보 취급은 필수적이다.

특히, 개인정보보호법 제28조에 의거하여, 업무를 목적으로 개인정보를 취급하는 사업자, 단체 및 개인은 개인정보의 적정한 취급을 보장하기 위하여 개인정보취급자를 대상으로 교육을 실시하도록 법으로 규정하고 있다.

다만 개인정보보호교육 미실시에 대한 과태료는 존재하지 않으나, 개인정보보

호법 제34조의2에따라서 개인정보를 취급하는 자가 처리하는 개인정보가 분실, 도난, 유출, 위조, 변조 또는 훼손된 경우 5억원 이하의 과징금이 부과될 수 있다. 따라서 안전한 개인정보 취급을 위해 항공사에서는 개인정보보호 교육을 실시하여 사고를 사전에 예방하도록 노력하고 있다.

> **• 개인정보보호법 제28조(개인정보취급자에 대한 감독)**
>
> ① 개인정보처리자는 개인정보를 처리함에 있어서 개인정보가 안전하게 관리될 수 있도록 임직원, 파견근로자, 시간제근로자 등 개인정보처리자의 지휘·감독을 받아 개인정보를 처리하는 자(이하 "개인정보취급자"라 한다)에 대하여 적절한 관리·감독을 행하여야 한다.
>
> ② 개인정보처리자는 개인정보의 적정한 취급을 보장하기 위하여 개인정보취급자에게 정기적으로 필요한 교육을 실시하여야 한다.

6 산업안전보건교육

산업안전보건교육이란, 근로자가 유해한 작업환경에서 업무를 하며 당할 수 있는 재해 또는 사고를 예방하기 위해 사업주가 근로자를 채용시, 작업 내용이 변경되었을 시 등에 근로자에게 실시해야 하는 교육이다. 산업안전보건교육은 산업안전보건법 제31조에 의거, 근로자가 유해위험요인 등 안전보건지식을 습득해 적절한 대응을 할 수 있도록 교육함으로써 산업재해를 예방하는데 그 목적을 둔다.

교육은 분기별 3시간 이상 수강하여야 하며, 통상적으로 항공사에서는 사내 자체 교육을 통해 실시하나 경우에 따라서는 안전보건공단 등에서 파견 강사가 나와 교육을 하기도 한다.

7 직장 내 성희롱 예방교육

직장 내 성희롱 예방교육은 사업주가 직장 내 성희롱을 예방하고 근로자에게

안전한 근로환경을 조성하기 위하여 실시하는 법정 의무교육 중 하나이다. [남녀 고용평등과 일·가정 양립 지원에 관한 법률] 제13조에 의거 연 1회 이상 실시하여야 한다.

> **· 개인정보보호법 제28조(개인정보취급자에 대한 감독)**
>
> ① 개인정보처리자는 개인정보를 처리함에 있어서 개인정보가 안전하게 관리될 수 있도록 임직원, 파견근로자, 시간제근로자 등 개인정보처리자의 지휘·감독을 받아 개인정보를 처리하는 자(이하 "개인정보취급자"라 한다)에 대하여 적절한 관리·감독을 행하여야 한다.
>
> ② 개인정보처리자는 개인정보의 적정한 취급을 보장하기 위하여 개인정보취급자에게 정기적으로 필요한 교육을 실시하여야 한다.

이 교육에는 직장 내 성희롱에 관련한 법령, 직장 내 성희롱 발생 시 처리 절차와 조치 기준, 직장 내 성희롱 피해근로자의 고충상담 및 피해구제 절차, 이 외에 직장 내 성희롱 예방에 필요한 내용들을 다루게 된다.

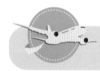

제2절   여객운송·공항서비스 교육

1 직무교육

항공사에 여객운송·공항서비스 직원으로 입사한 직원이 필수로 받아야하는 교육으로 각 항공사마다 교육 커리큘럼은 다소 상이할 수 있지만 큰 맥락에서는 대부분 비슷하게 운영하고 있다.

1) 교육 과목

모든 교육 과목은 실제 업무에서 사용되는 실무에 대해 진행되며 구체적으로는 다음의 교육 과목으로 구성되어 있다.

표 5-4 _ 항공사 여객운송 교육(예)

구분	구성 과목
1	예약 및 발권
2	탑승수속(DCS)
3	출입국규정
4	수하물사고처리절차
5	비정상운항처리절차
6	출입국신고시스템
7	공항방송매뉴얼
8	여객운송매뉴얼
9	항공기탑재관리
10	소비자피해구제절차
11	운송비품과 양식관리
12	Tarmac Delay

항공기 탑재관리는 생소할 수 있지만, 우리나라의 주요 항공사는 탑재관리사가 지점에서 근무하며 업무를 수행하기에 지상 업무와 밀접한 관계를 갖고 있어 상호 직무의 이해와 원활한 소통을 위해 교육 과목에 편성하고 있는 추세이다.

2) 교육 시간

교육시간은 신입직원과 경력직원에 따라 상이하다. 보통 신입직원 입사시 공항서비스 교육에 짧으면 1주일에서 보통 약 한달 이내의 교육 시간을 수료하게 되고, 경력직원은 그 경력에 따라 교육 시간을 조정하여 현업에 즉시 투입되도록 권장한다.

2 Phonetic Alphabet

Phonetic Alphabet음성 알파벳은 항공산업에서 사용되는 알파벳의 표준 로마자 독음법이다. 이는 서로 대면하여 소통하거나, 무선 통신 등을 통해 내용을 전달할 때 발음 문제로 인한 혼선을 방지하기 위해 각 알파벳마다 확실한 연관 단어를 부여한 것이다. 특히 항공교신 간에는 잘못 의미가 전달될 시, 큰 사고로 이어질 수 있기 때문에 이러한 소통의 불통 문제를 해결하고 사고를 예방하는데 그 목적이 있다.

이 Phonetic Alphabet은 1956년 IATA가 주관하여 제정하였으며 이후 ICAO에서 그대로 준용하며 모든 항공기 관제 등 무선통신에서 사용되었고 동일하게 지상업무에서도 통용되어지고 있다.

표 5-5_0

Alphabet	Word	Alphabet	Word
A	Alpha	N	November
B	Bravo	O	Oscar
C	Charlie	P	Papa
D	Delta	Q	Quebec
E	Echo	R	Romeo
F	Foxtrot, Fox	S	Sierra, Smile
G	Golf	T	Tango
H	Hotel	U	Uniform
I	India	V	Victor, Victory
J	Juliet	W	Whiskey
K	Kilo	X	X-ray
L	Lima	Y	Yankee
M	Mike	Z	Zulu

공항서비스 환경에서 사용되는 Phonetic Alphabet의 예를 들어보면, 국제선을 탑승하는 승객들의 이름의 명단은 영어로 구성되어 있다. 따라서 다음과 같이 말한다.

표 5-6_Phonetic Alphabet 의 응용 예시

Name	Phonetic Alphabet
HONG	Hotel + Oscar + November + Golf
Mark Rotich	Mike + Alpha + Romeo + Kilo, Romeo + Oscar + Tango + India + Charlie + Hotel

John, Peter 등 보편적인 영어이름 또는 한글이름 등은 의사 소통에 큰 문제가 없을 수 있겠지만, 생소한 외국인의 이름을 전달할 때에는 정확한 단어를 구사하여야 하기에 Phonetic Alphabet으로 명확하게 의미를 전달할 수 있다.

3 항공용어

표 5-7_항공용어

ABBREVIATION & KEY	MEANING
A/C Aircraft	항공기
A/P, APT Airport	공항
ACU Air Conditioning Unit	항공기 에어컨 특수 차량
AG, AGT Agent	대리점, 대리인 또는 직원
AOG Aircraft On Ground	항공기 운항불가, 긴급정비
APIS Advanced Passenger Information System	사전 입국심사 제도
APU Auxiliary Power Unit	(항공기 내) 보조 동력 장치
ARNG Arrange	조정, 정리, 배열
ARVL Arrival	도착

ABBREVIATION & KEY	MEANING
ASAP As soon as possible	가능한 조속히
ASP Advanced Seating Product	사전 좌석배정 제도
ASST Assistance	보조, 도움
ASU Air Start Unit	항공기 엔진 작동 특수 차량
ATA Actual Time of Arrival	항공기 실제 도착 시간 (=ON-BLK)
ATD Actual Time of Departure	항공기 실제 출발시간
ATTN Attention	집중, 주의
AUTH Authorization	승인, 허가
AVIH Animal in Hold	화물칸에 실리는 동물
B/P Boarding Pass	탑승권
BBML Baby Meal	유아식
BHS Baggage Handling System	수하물 처리시스템, 수하물에 부착된 TAG 을 스캐닝하여 분류, 항공기별로 지정 Lateral로 자동 방출됨
BKG Booking	예약
BLND Blind passenger	시각장애인
BLOCK TIME Block Time	항공기가 출발지 공항에서 움직이기 시작해 (Push Back =Off-Block=ATD) 목적지 공항에 완전히 정지할 때까지 (=On-Block=A-TA) 소요시간
BSA Baggage Sorting Area	수하물 분류작업 지역
BSCT Bassinet	아기바구니, 요람
CAPT Captain	기장, 조종사

ABBREVIATION & KEY	MEANING
CBBG Cabin Baggage	고가 물품(예:첼로)의 운송을 목적으로 구입한 추가 좌석
CFG Configuration	좌석 배열, 좌석 수
CGO Cargo	화물
CHD, CHLD Child	소아, 어린이 (만 2 세 이상 ~ 만 12 세 미만)
CHG Change	변경
CHK-IN, C/I Check-in	체크인, 탑승수속
CHTR Charter	항공기를 전세내어 운항하는 비행편 (=전세기편)
CIP Commercially Important Person	거래처 중요인사, 공항우대서비스를 받는 기업인
CIQ Customs, Immigration, Quarantine	세관, 출입국, 검역
CNTR Counter	체크인 카운터
CNXL Cancel	취소
CO-MAIL Company Mail	회사내 우편물
CON, CONX, CONN Connection	연결
CPM Container/Pallet Message	(컨테이너) 화물 탑재 메시지
CRS Computerized Reservation System	컴퓨터 예약시스템
DB Denied Boarding	초과예약으로 인한 탑승 거절
DBC Denied Boarding Compensation	탑승 거절에 따른 보상
DEAF Deaf passenger	청각장애인

ABBREVIATION & KEY	MEANING
DEPA Deportee Accompanied by an escort	호송인과 동행하는 추방자
DEPU Deportee Unaccompanied	호송인과 동행하지 않는 추방자
DG Dangerous Goods	위험물품
DLY Delay	지연
DMG Damage	파손
DOC Document	서류, 다큐먼트
DOM Domestic	국내, 국내선
ETA Estimated Time of Arrival	항공기 도착 예정시간
ETD Estimated Time of Departure	항공기 출발 예정시간
F/O First Officer	부기장, 부조종사
FBA Free Baggage Allowance	무료 수하물 허용량
FLT Flight	비행, 항공편
FQTV Frequent Traveler Mileage Program	상용고객 마일리지 적립 프로그램
GD General Declaration	(항공기)입출항 신고서, 승무원 명부
GMT Greenwich Mean Time	그리니치 표준시
GPU Ground Power Unit	항공기 전기 공급 특수 차량
GRP Group	그룹, 단체
HNML Hindu Meal	힌두교도 특별식

ABBREVIATION & KEY	MEANING
HTL Hotel	호텔
I/U Involuntary Upgrade	항공사 사정으로 승객이 소지한 항공권의 Class 가 아닌 상위 Class 로 좌석을 배정해주는 경우
IATA International Air Transport Association	국제항공운송협회
ICAO International Civil Aviation Organization	국제민간항공기구
INAD Inadmissible	법무부 심사에서 입국이 거절된 승객
INF, INFT Infant	유아 (생후 10 일 이상 ~ 만 2 세 미만)
INFO Information	정보
INTL International	국제
IRR Irregularity, Irregular	비정상 상황
JMP Jump Seat	이착륙시 승무원이 앉는 좌석
KSML Kosher Meal	유대교인 특별식
L/B Left Behind Item	기내 유실물
L/O Layover	24 시간 이내 경유
LCC Low Cost Carrier	저가/저비용 항공사
LDM Load Distribution Message	화물 탑재 메시지
MAAS Meet and Assist	안내, 에스코트 서비스
MCT Minimum Connecting Time	환승 시 최소 연결시간
MEDA Medical Assistance Required	기내환자 (탑승가능 소견서 필요)

ABBREVIATION & KEY	MEANING
MSG Message	메시지
NIL Nil	없음, 0
NOSH No Show	노쇼 승객 (예약은 했으나 S/U 하지 않은 승객)
NOTOC Notification to Captain	조종사에게 보고되는 위해물 탑재 목록
NOREC No Record	예약 기록이 없는 승객
OAL Other Airlines	타 항공사
OBD On Board	항공기 탑승
OOG Out of Gauge	초과규격 수하물
PA Public Address	기내방송
PAX, PSGR Passenger	승객
PC, PCS Piece, Pieces	(수량) ~개
PETC Pet in the Cabin (including assistance)	기내에 승객이 데리고 가는 동물
PIR Property Irregularity Report	수하물 사고 신고서
PM Passenger Manifest	승객 명단
PNR Passenger Name Record	항공편 예약 기록
PSM Passenger Service Message	특별 서비스 메시지
PSPT, PPT Passport	여권
PTM Passenger Transfer/Transit Message	환승 안내 메시지

ABBREVIATION & KEY	MEANING
RPA Restricted Passenger Advice	보호 대상 승객 (WCHR, UM, BLND 등이 포함)
RQ, RQST Request	요청
RUSH BAG Rush Bag	긴급 수송 수하물
SEMN Seaman	선원
SKD Schedule	스케줄
SPCL Special	특별
SPML Special Meal	특별 기내식
SRI Security Removed Item	안전에 위협이 될 수 있는 기내 반입 불가 물품. 따로 포장하여 객실 사무장이 보관하며 하기하면서 찾을 수 있음
SSR Special Service of Requirement	특별서비스 요청사항
STA Scheduled Time of Arrival	스케줄상의 항공기 도착 시각
STD Scheduled Time of Departure	스케줄상의 항공기 출발 시각
STF Staff	직원, 사원
STRC Stretcher	환자용 침대
T/C Tour Conductor	여행 가이드, 인솔자
T/S Transfer/Transit Service	환승
TCP The Complete Party Travel Companion Passenger	일행
TPM Teletype Passenger Manifest	승객 명단 (=PM)
TTL Total	합계, 총

ABBREVIATION & KEY	MEANING
TWOV Transit/Transfer without Visa	무비자 환승
UM, UMNR Unaccompanied Minor	비동반소아
UPGR Upgrade	좌석 승급
VIP Very Important Person	중요인사
WCHR Wheel Chair for Ramp	자력으로 계단을 오르내릴 수 있고 좌석에도 도달할 수 있지만, 장거리를 걷기에는 무리가 있는 승객
WCHC Wheel Chair for Cabin	자력으로 이동이 불가능한 승객
WCHS Wheel Chair for Step	자력으로 계단을 오르내릴 수도 없고 장거리를 걸을 수도 없지만 좌석에는 도달할 수 있는 승객
WCOB Wheel Chair On Board	기내용 휠체어
WCMP Wheel Chair with Manual Power	승객 스스로 조작하여 이동이 가능한 휠체어. 보통, 승객이 소유한 휠체어로 화물칸에 선적이 가능함
WCBD Wheel Chair with Dry Battery	건식 배터리가 부착되는 전동 휠체어
WCBW Wheel Chair with Wet Battery	습식 배터리가 부착되는 전동 휠체어
XBAG, EB Excess Baggage	티켓상에 명시된 무게를 초과하는 수하물

4 항공사의 IATA/ICAO 코드

항공사를 지칭하는 데에는 항공사 고유의 이름뿐 아니라 항공사 이름을 부호화하여 분류한 2 Letter Code라고도 하는 IATA Carrier Code와 3 Letter Code라고 부르는 ICAO Carrier Code가 존재한다.

IATA Carrier Code는 예약, 발권, 운송 등의 업무에 활용하는 코드로, 항공권이나 여정안내서 상의 항공편명, 탑승권 및 수하물표에 표기되는 편명에 활용되는 등 주로 승객들이 접하는 밀접한 분야에서 주로 사용된다. 또한 공식적인

IATA Carrier Code가 없어도 비행은 가능하지만, 항공권 판매, 타 항공사와의 정산 등의 업무를 위해서는 반드시 IATA Carrier Code가 필요하다. ICAO Carrier Code는 주로 비행과 관련된 편명, 관제 통신 업무 등에서 사용된다.

다음은 우리나라 주요 항공사의 IATA, ICAO Carrier Code이다.

표 5-8_IATA, ICAO Carrier Code

항공사	IATA	ICAO
대한항공	KE	KAL
아시아나항공	OZ	AAR
제주항공	7C	JJA
진에어	LJ	JNA
에어부산	BX	ABL
에어서울	RS	ASV
티웨이	TW	TWB
이스타항공	ZE	ESR
플라이강원	4V	FGW
에어로케이	RF	EOK
에어프레미아	YP	APZ

5 공항의 IATA/ICAO 코드

항공사와 마찬가지로 전세계에는 수많은 공항들이 존재한다. IATA에서는 각 공항에 대해 중복되지 않는 3 Letter Code를 부여하여 공항들의 식별을 용이하게 하였다. IATA 코드는 공항이나 도시 이름에서 쉽게 유추가 가능한 알파벳을 사용하고 있으며, 이 또한 여정안내서, 탑승권이나 수하물표 등 승객이 주로 접하는 영역에 표기되기에 일반 승객들에게도 친숙한 편이다.

반면에 ICAO 공항코드는 4 Letter Code로 구성되어 있어 3 Letter로 구성된 IATA Code와는 구별된다. IATA 코드가 도시 또는 항공편과 연계된 철도역까지 관여하는 반면에 ICAO Code는 절저히 공항에만 부여하는 것이 차이점이

다. ICAO Code는 운항관리 등 전문적인 항공기 운항 영역에 주로 사용된다. ICAO 코드의 앞 2자리는 대륙-국가별 코드로 분류되고, 뒤 2자리는 지역이나 도시, 공항별로 구분된다.

1) 국내 공항 현황

다음은 국내 공항의 ICAO/IATA Code이다.

표 5-9 _ 국내 공항의 ICAO/IATA Code

NO.	AIRPORT	ICAO Code	도시명	IATA Code
1	INCHEON INTERNATIONAL AIRPORT	RKSI	인천(서울)	ICN
2	GIMPO INTERNATIONAL AIRPORT	RKSS	김포(서울)	GMP
3	JEJU INTERNATIONAL AIRPORT	RKPC	제주	CJU
4	GIMHAE INTERNATIONAL AIRPORT	RKPK	김해(부산)	PUS
5	CHEONGJU INTERNATIONAL AIRPORT	RKTU	청주	CJJ
6	DAEGU INTERNATIONAL AIRPORT	RKTN	대구	TAE
7	YANGYANG INTERNATIONAL AIRPORT	RKNY	양양	YNY
8	MUAN INTERNATIONAL AIRPORT	RKJB	무안	MWX
9	GUNSAN AIRPORT	RKJK	군산	KUV
10	YEOSU AIRPORT	RKJY	여수	RSU
11	POHANG AIRPORT	RKTH	포항	KPO
12	ULSAN AIRPORT	RKPU	울산	USN
13	WONJU AIRPORT	RKNW	원주(횡성)	WJU
14	SACHEON AIRPORT	RKPS	사천(진주)	HIN
15	GWANGJU AIRPORT	RKJJ	광주	KWJ

2) 전세계 주요 공항의 IATA Code

표 5-10 _ 국내 공항의 ICAO/IATA Code

NO.	CONT.	COUNTRY	CITY	도시명	3CODES
1	Africa	Algeria	Annaba	안나바	AAE
2	Europe	Denmark	Aalborg	알보그	AAL
3	Europe	Denmark	Aarhus	오르후스	AAR
4	Africa	Cote d'Ivoire	Abidjan	아비잔	ABJ
5	Africa	Nigeria	Abuja	아부자	ABV
6	Africa	Ghana	Accra	아크라	ACC
7	Africa	Ethiopia	Addis Ababa	아디스아바바	ADD
8	Europe	Russia	Sochi	소치	AER
9	Europe	Spain	Malaga	말라가	AGP
10	Asia	Kazakhstan	Almaty	알마티	ALA
11	Africa	Algeria	Algiers	알제	ALG
12	Middle East	Jordan	Amman	암만	AMM
13	Europe	Netherlands	Amsterdam	암스테르담	AMS
14	Middle East	Jordan	Aqaba	아카바	AQJ
15	Europe	Sweden	Stockholm	스톡홀름	ARN
16	Asia	Turkmenistan	Ashgabad	아슈하바트	ASB
17	Europe	Russia	Astrakhan	아스트라한	ASF
18	Africa	Eritrea	Asmara	아스마라	ASM
19	Europe	Greece	Athens	아테네	ATH
20	North America	USA	Atlanta	애틀랜타	ATL
21	Middle East	UAE	Abu Dhabi	아부다비	AUH
22	Middle East	Iran	Ahwaz	아와즈	AWZ
23	Middle East	Bahrain	Bahrain	바레인	BAH
24	Europe	Spain	Barcelona	바르셀로나	BCN
25	Europe	Serbia	Belgrade	벨그라드	BEG
26	Middle East	Lebanon	Beirut	베이루트	BEY
27	Middle East	Iraq	Baghdad	바그다드	BGW
28	Europe	UK	Birmingham	버밍엄	BHX

NO.	CONT.	COUNTRY	CITY	도시명	3CODES
29	Europe	Spain	Bilbao	빌바오	BIO
30	Asia	Thailand	Bangkok	방콕	BKK
31	Africa	Mali	Bamako	바마코	BKO
32	Africa	Algeria	Batna	바트나	BLJ
33	Europe	Denmark	Billund	빌룬	BLL
34	Europe	Italy	Bologna	볼로냐	BLQ
35	Europe	France	Bordeaux	보르도	BOD
36	South America	Colombia	Bogota	보고타	BOG
37	Asia	India	Mumbai	뭄바이	BOM
38	Europe	Germany	Bremen	브레멘	BRE
39	Europe	Italy	Bari	바리	BRI
40	Europe	Belgium	Brussels	브뤼셀	BRU
41	Europe	Switzerland	Basel	바젤	BSL
42	Middle East	Iraq	Basra	바스라	BSR
43	Europe	Hungary	Budapest	부다페스트	BUD
44	Europe	Georgia	Batumi	바투미	BUS
45	Africa	Egypt	Cairo	카이로	CAI
46	Asia	China	Guangzhou	광저우	CAN
47	South America	Venezuela	Caracas	카라카스	CCS
48	Europe	France	Paris	파리	CDG
49	Asia	Indonesia	Jakarta	자카르타	CGK
50	Europe	Germany	Cologne	쾰른	CGN
51	Africa	Guinea	Conakry	코나크리	CKY
52	Europe	Romania	Cluj	클루지	CLJ
53	Asia	Sri Lanka	Colombo	콜롬보	CMB
54	Africa	Morocco	Casablanca	카사블랑카	CMN
55	Europe	Romania	Constanta	콘스탄차	CND
56	Africa	Benin	Cotonou	코토누	COO
57	Europe	Denmark	Copenhagen	코펜하겐	CPH
58	Africa	South Africa	Cape Town	케이프타운	CPT
59	Europe	Italy	Catania	카타니아	CTA
60	Africa	Algeria	Constantine	콘스탄틴	CZL

NO.	CONT.	COUNTRY	CITY	도시명	3CODES
61	Asia	Bangladesh	Dhaka	다카	DAC
62	Africa	Tanzania	Dar es Salaam	다르에스살람	DAR
63	Europe	Croatia	Dubrovnik	두브로브니크	DBV
64	Asia	India	Delhi	델리	DEL
65	Africa	Senegal	Dakar	다카르	DKR
66	Africa	Cameroon	Douala	두알라	DLA
67	Middle East	Saudi Arabia	Dammam	담맘	DMM
68	Europe	Ukraine	Dnepropetrovsk	드네프로페트로프스크	DNK
69	Middle East	Qatar	Doha	도하	DOH
70	Europe	Ireland	Dublin	더블린	DUB
71	Europe	Germany	Dusseldorf	뒤셀도르프	DUS
72	Middle East	UAE	Dubai	두바이	DXB
73	Asia	Tajikistan	Dushanbe	두샨베	DYU
74	Africa	Uganda	Entebbe	엔테베	EBB
75	Middle East	Iraq	Erbil	에르빌	EBL
76	Europe	Cyprus	Ercan	에르칸	ECN
77	Europe	UK	Edinburgh	에딘버러	EDI
78	Middle East	Saudi Arabia	Gassim	가심	ELQ
79	South America	Argentina	Buenos Aires	부에노스아이레스	EZE
80	Europe	Italy	Rome	로마	FCO
81	Europe	Germany	Friedrichshafen	프리드리히스하펜	FDH
82	Africa	Congo	Kinshasa	킨샤사	FIH
83	Europe	Germany	Baden-Baden	바덴바덴	FKB
84	Europe	Germany	Muenster	뮌스터	FMO
85	Europe	Germany	Frankfurt	프랑크푸르트	FRA
86	Asia	Kyrgyzstan	Bishkek	비슈케크	FRU
87	Europe	Italy	Genoa	제노아	GOA
88	Europe	Sweden	Gothenburg	고텐부르크(예테보리)	GOT
89	South America	Brazil	Sao Paulo	상파울루	GRU
90	Europe	Austria	Graz	그라츠	GRZ
91	Europe	Switzerland	Geneva	제네바	GVA
92	Europe	Azerbaijan	Baku	바쿠	GYD

NO.	CONT.	COUNTRY	CITY	도시명	3CODES
93	Europe	Germany	Hanover	하노버	HAJ
94	Europe	Germany	Hamburg	함부르크	HAM
95	Asia	Vietnam	Hanoi	하노이	HAN
96	South America	Cuba	Habana	아바나	HAV
97	Africa	Egypt	Alexandria	알렉산드리아	HBE
98	Europe	Finland	Helsinki	헬싱키	HEL
99	Asia	Hong Kong	Hong Kong	홍콩	HKG
100	Asia	Thailand	Phuket	푸켓	HKT
101	Africa	Egypt	Hurghada	후르가다	HRG
102	Europe	Ukraine	Kharkiv	하르키프	HRK
103	North America	USA	Washington Dulles	워싱턴 덜레스	IAD
104	North America	USA	Houston	휴스턴	IAH
105	Asia	Korea	Seoul	서울	ICN
106	Middle East	Iran	Isfahan	이스파한	IFN
107	Europe	Ukraine	Ivano-Frankovsk	이바노프란코프스크	IFO
108	Middle East	Iran	Tehran	테헤란	IKA
109	Asia	Pakistan	Islamabad	이슬라마바드	ISB
110	Middle East	Iraq	Sulaymaniyah	슬레이마니아	ISU
111	Middle East	Saudi Arabia	Jeddah	제다	JED
112	North America	USA	New York	뉴욕	JFK
113	Africa	Djibouti	Djibouti	지부티	JIB
114	Africa	South Africa	Johannesburg	요하네스버그	JNB
115	Africa	Tanzania	Kilimanjaro	킬리만자로	JRO
116	Africa	Nigeria	Kano	카노	KAN
117	Middle East	Afghanistan	Kabul	카불	KBL
118	Europe	Ukraine	Kiev	키예프	KBP
119	Africa	Rwanda	Kigali	키갈리	KGL
120	Europe	Ukraine	Kherson	헤르손	KHE
121	Asia	Pakistan	Karachi	카라치	KHI
122	Europe	Moldova	Chisinau	키시나우	KIV
123	Asia	Japan	Osaka	오사카	KIX

NO.	CONT.	COUNTRY	CITY	도시명	3CODES
124	Africa	Sudan	Khartoum	카르툼	KRT
125	Europe	Slovakia	Kosice	코시체	KSC
126	Middle East	Iran	Kermanshah	케르만샤	KSH
127	Asia	Nepal	Kathmandu	카트만두	KTM
128	Asia	Malaysia	Kuala Lumpur	쿠알라룸푸르	KUL
129	Europe	Azerbaijan	Ganja	간자	KVD
130	Middle East	Kuwait	Kuwait	쿠웨이트	KWI
131	Europe	Russia	Kazan	카잔	KZN
132	North America	USA	Los Angeles	로스앤젤레스	LAX
133	Asia	Tajikistan	Khudzhand	후잔트	LBD
134	Africa	Gabon	Libreville	리브르빌	LBV
135	Europe	Russia	Saint Petersburg	상트페테르부르크	LED
136	Europe	Germany	Leipzig	라이프치히	LEJ
137	Europe	UK	London Gatwick	런던 개트윅공항	LGW
138	Asia	Pakistan	Lahore	라호르	LHE
139	Europe	UK	London Heathrow	런던 히드로공항	LHR
140	Europe	Portugal	Lisbon	리스본	LIS
141	Europe	Slovenia	Ljubljana	류블랴나	LJU
142	Africa	Nigeria	Lagos	라고스	LOS
143	Europe	Luxembourg	Luxembourg	룩셈부르크	LUX
144	Europe	Ukraine	Lviv	리비프	LWO
145	Europe	France	Lyon	리옹	LYS
146	Europe	Spain	Madrid	마드리드	MAD
147	Europe	UK	Manchester	맨체스터	MAN
148	Africa	Kenya	Mombasa	몸바사	MBA
149	Middle East	Oman	Muscat	무스카트	MCT
150	Middle East	Saudi Arabia	Medinah	메디나	MED
151	Africa	Somalia	Mogadishu	모가디슈	MGQ
152	Middle East	Iran	Mashhad	마샤드	MHD
153	North America	USA	Miami	마이애미	MIA
154	Europe	Malta	Malta	몰타	MLA

NO.	CONT.	COUNTRY	CITY	도시명	3CODES
155	Asia	Maldives	Male	말레	MLE
156	Asia	Philippines	Manila	마닐라	MNL
157	Africa	Mozambique	Maputo	마푸토	MPM
158	Europe	France	Marseille	마르세유	MRS
159	Africa	Mauritius	Port Louis	포트루이스	MRU
160	Europe	Belarus	Minsk	민스크	MSQ
161	Europe	Germany	Munich	뮌헨	MUC
162	Europe	Italy	Milan	밀라노	MXP
163	Middle East	Afghanistan	Mazar-E Sharif	마자르이샤리프	MZR
164	Europe	Azerbaijan	Nakhichevan	나히체반	NAJ
165	Europe	Italy	Naples	나폴리	NAP
166	Africa	Kenya	Nairobi	나이로비	NBO
167	Europe	France	Nice	니스	NCE
168	Africa	Chad	N'Djamena	은자메나	NDJ
169	Africa	Niger	Niamey	니아메	NIM
170	Middle East	Iraq	Najaf	나자프	NJF
171	Africa	Mauritania	Nouakchott	누악쇼트	NKC
172	Asia	Japan	Tokyo	도쿄	NRT
173	Africa	Cameroon	Yaounde	야운데	NSI
174	Europe	Germany	Nuremberg	뉘른베르크	NUE
175	Europe	Ukraine	Odessa	오데사	ODS
176	Europe	Portugal	Porto	포르토	OPO
177	North America	USA	Chicago	시카고	ORD
178	Africa	Algeria	Oran	오랑	ORN
179	Europe	Norway	Oslo	오슬로	OSL
180	Asia	Kyrgyzstan	Osh	오슈	OSS
181	Europe	Romania	Bucharest	부카레스트	OTP
182	Africa	Burkina Faso	Ouagadougou	와가두구	OUA
183	Europe	Russia	Novosibirsk	노보시비르스크	OVB
184	Europe	Ukraine	Zaporizhia	자포리자	OZH
185	Asia	China	Beijing	베이징	PEK
186	Europe	Czech	Praque	프라하	PRG

NO.	CONT.	COUNTRY	CITY	도시명	3CODES
187	Europe	Serbia	Pristina	프리스티나	PRN
188	Europe	Italy	Pisa	피사	PSA
189	South America	Panama	Panama City	파나마시티	PTY
190	Asia	China	Shanghai	상하이	PVG
191	Europe	Latvia	Riga	리가	RIX
192	Europe	Russia	Rostov	로스토프나도누	ROV
193	Europe	Netherlands	Rotterdam	로테르담	RTM
194	Middle East	Saudi Arabia	Riyadh	리야드	RUH
195	Europe	Spain	Santiago de Compostela	산티아고데콤포스텔라	SCQ
196	Africa	Seychelles	Victoria	세이셸	SEZ
197	North America	USA	San Francisco	샌프란시스코	SFO
198	Asia	Vietnam	Ho Chi Minh	호치민	SGN
199	Asia	Singapore	Singapore	싱가포르	SIN
200	Europe	Bosnia and Herzegovina	Sarajevo	사라예보	SJJ
201	Europe	Greece	Thessaloniki	테살로니키	SKG
202	Europe	Macedonia	Skopje	스코페	SKP
203	Europe	Bulgaria	Sofia	소피아	SOF
204	Africa	Egypt	Sharm El Sheikh	샴엘쉐이크	SSH
205	Europe	Germany	Stuttgart	슈투트가르트	STR
206	Europe	Russia	Strarvropol	스트라브로폴	STW
207	Europe	Russia	Ekaterinburg	예카테린부르크	SVX
208	Middle East	Iran	Shiraz	시라즈	SYZ
209	Europe	Austria	Salzburg	잘츠부르크	SZG
210	Asia	Uzbekistan	Tashkent	타슈켄트	TAS
211	Europe	Georgia	Tbilisi	트빌리시	TBS
212	Middle East	Iran	Tabriz	타브리즈	TBZ
213	Europe	Montenegro	Podgorica	포드고리차	TGD
214	Europe	Albania	Tirana	티라나	TIA
215	Middle East	Saudi Arabia	Taif	타이프	TIF
216	Europe	Estonia	Tallinn	탈린	TLL

NO.	CONT.	COUNTRY	CITY	도시명	3CODES
217	Africa	Algeria	Tlemcen	틀렘센	TLM
218	Europe	France	Toulouse	툴루즈	TLS
219	Middle East	Israel	Tel Aviv	텔아비브	TLV
220	Africa	Madagascar	Antananarivo	안타나나리보	TNR
221	Asia	Taipei	Taipei	타이페이	TPE
222	Europe	Italy	Turin	튜린(토리노)	TRN
223	Asia	Kazakhstan	Astana	아스타나	TSE
224	Africa	Tunisia	Tunis	튀니스	TUN
225	Europe	Germany	Berlin	베를린	TXL
226	Europe	Russia	Ufa	우파	UFA
227	Asia	Mongolia	Ulaanbaatar	울란바토르	ULN
228	Europe	Bulgaria	Varna	바르나	VAR
229	Europe	Italy	Venice	베니스	VCE
230	Europe	Austria	Vienna	비엔나	VIE
231	Europe	Russia	Moscow Vnukovo	모스크바 브누코보	VKO
232	Europe	Spain	Valencia	발렌시아	VLC
233	Europe	Lithuania	Vilnius	빌니우스	VNO
234	Europe	Poland	Warsaw	바르샤바	WAW
235	Middle East	Saudi Arabia	Yanbu	얀부	YNB
236	North America	Canada	Montreal	몬트리올	YUL
237	North America	Canada	Toronto	토론토	YYZ
238	Europe	Croatia	Zagreb	자그레브	ZAG
239	Africa	Tanzania	Zanzibar	잔지바르	ZNZ
240	Europe	Switzerland	Zurich	취리히	ZRH

항공사 여객운송
공항서비스 실무

Chapter

06

비정상운항
처리 절차

제1절 비정상운항

1 비정상운항의 정의

항공기가 예정된 운항시각을 지키지 못한 상태로 운항하거나 취소되는 경우로 계획된 항공기가 내부 및 외부 등에서 발생한 요인으로 인하여 지연, 결항, 및 회항 등이 발생한 상태를 말한다. 영어로는 IROP, Irregular Operation이라 한다.

1) 용어의 정의

(1) 지연Delay

항공기 정비, 환자 발생, 불법 행위의 발생, 악기상, 항공기 연결 및 예기치 못한 사태 등으로 인하여 지연되어 운항하는 것을 의미한다.

(2) 결항Cancellation

항공기 정비, 환자 발생, 불법 행위의 발생, 악기상, 항공기 연결 및 예기치 못한 사태 등으로 인하여 항공기 운항이 취소되는 것을 의미한다.

(3) 회항Diversion

항공기 정비, 환자 발생, 불법 행위의 발생, 악기상, 항공기 연결 및 예기치 못한 사태 등으로 인하여 항공기가 목적지 공항에 착륙하지 못하고 교체공항이나 중간공항에 착륙하는 것을 말한다.

(4) 회항Return

항공기 정비, 환자 발생, 불법 행위의 발생, 악기상, 항공기 연결 및 예기치 못한 사태 등으로 인하여 항공기가 목적지 공항에 착륙하지 못하고 최초 출발지 공항으로 회항하는 것을 말한다.

2) 비정상운항 관련 법령 등 참고사항

비정상운항에서의 여객운송·공항서비스 관련 참고할 수 있는 규정 및 법령은 다음과 같다.

- 각 항공사의 여객운송약관
- 바르샤바 및 몬트리올 국제협약 상의 항공사의 법적 책임
- 항공사업법
- 국토교통부 항공교통이용자보호기준
- 공정거래위원회 소비자분쟁해결기준

각 항공사에서 운영하는 여객운송약관에는 항공사에서 책임을 지는 항목에 대해 약관에 고지하고 있다. 항공사 약관에서 명시된 보상의 범위와 한도는 바르샤바 및 몬트리올 협약을 준용하여 그 법적 책임과 한도를 정하고 있다.

- **바르샤바 협약 (Warsaw Convention)**

정식 명칭은 "국제항공운송에 있어 일부 규칙의 통일에 관한 협약" (Convention for the Unification of certain Rule Relating to International Transportation by Air)으로, 1929년 제정된 이 협약은 1920년대 태동하던 항공산업의 보호와 국제항공의 발전을 촉진이 되어지던 시대적 상황에 부응하기 위해 항공사의 책임을 명시하고 제한하는데 그 취지가 있다.

당시 바르샤바 협약에서는 두가지 목적을 설정하였다. 첫째, 항공으로부터 발생하는 손해배상청구의 처리에 대한 통일적 제도를 마련하는 것과 둘째로 사고로부터 손해가 발생한 경우 항공운송인의 책임을 제한하는 것 등이다. 이 협약은 국제항공운송인의 민사책임에 관한 통일 규칙을 마련한 것으로 항공운송인의 책임을 정한 최초의 조약이다.

항공사업법 제61조는 항공교통사업자 즉, 항공사에게 항공교통서비스 이용 중 여객의 피해 발생시 피해구제 절차 및 처리 계획을 수립하도록 규정하고 있다. 자세한 내용은 제7장에서 항공교통이용자의 소비자 권익에 대해 다룬다.

특히 미국의 경우, Tarmac Delay 활주로에서의 대기 지연에 대한 규정이 강하다. 2011년 8월부터 미국 교통부 Department of Transportation Part 259.4에 의거 30석 이상 항공기로 최소 1편 이상 미국 출/도착편을 운항하는 모든 항공사는 Tarmac Delay Contingency Plan을 수립하고 이를 따르도록 규정하고 있다. 이는 승객을 기내에서 하기 시키지 않은 상태로 활주로 대기 지연 시간이 4시간을 초과하지 않도록 규정한다. 단, 안전 또는 보안 상의 이유, 항공교통통제국ATC의 권고에 따른 예외상황의 경우는 4시간 기준시간 규정에서 제외된다.

우리나라 또한 항공교통이용자 보호 기준 제7조에서 이동지역 내 지연 시 조치에 관하여 규정하고 있다.

• 항공교통이용자 보호기준 제7조 (이동지역 내 지연 시 조치)

① 항공운송사업자등은 항공기 내에 항공교통이용자를 탑승시킨 채로 국내운송의 경우 3시간, 국제운송의 경우 4시간을 초과하여 이동지역 내 지연 하여서는 아니 된다. 이 때 지연 시간은 이륙을 위하여 항공기 문이 닫힌 후 이륙 전까지 또는 항공기 착륙 후 하기를 위하여 항공기 문이 열릴 때 까지를 말한다. 다만, 다음 각 호의 사유는 예외로 한다.

　1. 기장이 항공기를 항공기 이동지역에 대기시킬 수 밖에 없는 기상, 정부기관의 지시 등과 같은 안전이나 보안상 이유가 있다고 판단하는 경우

　2. 탑승구로 돌아가는 것 또는 탑승구 이외의 다른 지역에서의 승객하기가 공항운영에 중대한 혼란을 초래할 수 있다고 정부기관 등이 의견을 제시하는 경우

② 항공운송사업자등은 이동지역 내 지연이 2시간 이상 지속되는 경우 항공교통이용자에게 적절한 음식물을 제공하여야 한다. 다만, 기장이 이와 같은 서비스가 안전 또는 보안에 위협이 될 수 있다고 판단하는 경우에는 예외로 한다.

③ 항공운송사업자등은 이동지역 내 지연되는 경우 항공교통이용자에게 매 30분 간격으로 지연사유와 진행상황 등의 정보를 알려야 한다

④ 항공운송사업자등은 이동지역 내 지연에 대한 비상계획을 이행할 수 있는 인적, 물적 자원을 투입하여야 한다.

⑤ 항공운송사업자등은 이동지역 내 지연 규정 준수를 위하여 대한민국 공항운영자, 출입국 당국 등 관계기관과 협의하여야 한다.

⑥ 항공운송사업자등은 3시간 이상 이동지역 내 지연이 발생 하는 경우 지연시간, 지연원인, 승객에 대한 조치내용, 처리결과 등을 지방항공청장에게 지체없이 보고하고 해당 자료를 2년간 보관하여야 한다.

⑦ 공항운영자는 항공운송사업자등이 제1항에 따른 이동지역 내 지연이 발생하지 않도록 적극 협조하여야 한다.

제2절 비정상운항 시의 업무

1 보상서비스 적용 대상

각 항공사에서 내부적으로 규정하고 있는 서비스 적용 대상의 범위는 다소 상이할 수 있지만, 보편적으로는 아래에 해당하는 승객은 서비스 적용 대상이다.

- 예약이 확약된 항공권을 소지한 승객
- 탑승수속이 완료된 승객
- 예약이 확약된 연결환승 스케줄에 탑승하지 못한 승객
- 천재지변과 같은 불가항력적인 상황에서 탑승수속이 완료된 승객
- 도착편의 경우, 탑승객 전원이 서비스 적용 대상이다.

하지만 모두가 서비스 적용 대상에 해당되지는 않는다. 천재지변, 기상, ATC 항공관제센터, Air Traffic Control, 공항사정 등 불가항력적인 사태로 인하여 발생하는 비정상운항은 서비스 적용 대상에서 제외된다. 또한 탑승수속이 완료된 승객 중에서도 SUBLO 항공권 소지자는 적용 대상에서 제외된다.

읽을 거리

항공사의 복지, 임직원 우대 항공권!

항공사 복지의 꽃을 꼽자면 단연 임직원 우대 항공권 복지를 꼽을 것이다. 항간의 소문에는 '항공사에 다니면 비행기 티켓이 공짜'라는 설이 존재한다. 하지만 이것은 잘못된 소문이다. 다만 공짜는 아니지만, 매우 저렴한 가격으로 항공권 구매가 가능하다.

국내 항공의 임직원 우대 항공권은 FOC (Free of Charge) 티켓 또는 ZED (Zonal Employee Discount)라고 불린다. 항공 동맹체에 소속된 대한항공이나 아시아나 같은 FSC 항공사는 자사뿐 아니라 같은 항공 동맹체 내 또는 제휴를 맺은 항공사간 사용 가능한 임직원 티켓을 발행하고, 어느 동맹체에도 소속되지 않은 LCC 항공사의 경우 해당 항공사에서만 사용가능한 임직원 티켓을 제공한다.

이렇게 제공하는 임직원 우대 항공권은 크게 두가지로 나뉜다. 흔히들 '공짜 티켓'으로 알고 있는 SUBLO 티켓과 SUBLO보다는 비싼 NOSUB 티켓이다. SUBLO 항공권은 정가의 90%의 할인율로 매우 적은 비용만 지불하면 되지만, 말그대로 Subject to Load, 확정이 되지 않은 상태의 티켓으로 해당 항공편에 잔여 좌석이 있을 경우에만 탑승이 가능한 티켓이다. 따라서 항공수요가 높은 성수기에 사용하기에는 거의 불가능할 뿐 아니라 인기 노선의 경우 공항에서 발길을 돌려야 하는 경우가 허다하다. 반면 NOSUB 항공권은 No Subject to Load, 좌석이 확약되는 티켓이다. 다만 SUBLO 항공권에 비해 할인율이 정가의 50~75% 정도로 비교적 낮다. 다만 공항에서 자리가 없어 탑승하지 못하고 되돌아갈 필요가 없는 장점이 있다.

2 비정상운항 보상서비스 기준

각 항공사에서는 자체적으로 비정상운항 발생시 승객에게 제공하는 보상 기준을 정하여 대응을 하고 있다. 보편적으로 공항 내 레스토랑과 카페 등에서 사용이 가능한 식음료 바우처Meal Coupon 등을 지급하는 등 전반적인 보상 규정은 대동소이하다.

표 6-1_비정상운항 보상서비스 기준

기준	내용
2~3시간	공항에서 사용할 수 있는 식음료 바우처
3~6시간	식음료 바우처 또는 라운지 서비스, 호텔 Day-use 등
6시간 이상	식음료 바우저 또는 라운지 서비스, 호텔 숙박, 시티투어 등

항공사의 귀책사유로 인한 지연 등에는 항공사의 경비 부담으로 보상서비스가 이루어진다. 다만 지연시간 및 현지 사정을 고려하여 서비스를 실시하여야 하며, 호텔 투숙비용, 식음료 바우처 등 제공 시에는 비용 부담에 대해 전적으로 항공사에서 부담한다는 사실을 승객에게 명확히 고지하여야 한다.

특히 승객 중 VIP, 도움이 필요한 승객UM, 환자, 노약자, 유소아 동반승객 등에게는 각별히 불편한 사항이 없는지 확인하며 주의를 기울여야 한다. 호텔에서 체류하는 경우는 항공기 예상 출발 시각과 공항 집결 시각 등 승객에게 정확하고 신속한 안내가 적절히 수행되어야 한다.

3 지연 및 결항 시의 공항서비스

항공편의 지연 또는 결항이 예상되거나 발생한 경우, 정확하고 상세한 상황을 직원들 간에 공유하는 것은 매우 중요하다. 비정상운항의 원인, 예상 지연시간 그리고 비정상운항에 따른 승객 편의 대책을 세우고 공유하여야 한다.

항공편이 지연 운항할 경우에는 승객의 불편을 최소화하고 사전에 불만을 예방할 수 있도록 조치하여야 한다. 먼저 안내를 담당하는 직원은 용이한 식별을 위해 사원증 또는 유니폼을 착용하고, 비정상운항의 원인과 상황을 정확히 인지하여야 한다. 또한 직원은 승객에게 지연 및 결항에 대해 충분히 설명하고 상황이 진전될 때마다 적절한 안내 서비스를 제공하여야 한다. 승객에게 안내하는 도중 약속한 사항 등에 대해서는 잊지 않고 신속히 조치하여야 한다.

표 6-2_비정상운항의 지점 Check List

기준	내용
1	회사의 운항통제센터와의 소통
2	지연 상황 파악
3	대고객 안내 및 방송
4	CIQ (세관, 출입국, 검역)
5	보상 관련 부대서비스 (숙박, 식사, 교통수단 등)
6	수하물
7	승객 대처 (도움이 필요한 승객 등)
8	대체편 (Rebooking, 타사 항공권 구매 등)
9	케이터링

승객에게 안내방송을 할 경우, 방송 내용을 객실승무원에게 공유하여야 한다. 이는 지상에서의 안내와 객실 내에서의 안내가 상이할 경우 발생할 수 있는 승객의 불만을 사전에 예방할 수 있기 때문이다.

4 이동지역 내 지연 발생시의 조치

항공기 내에 승객을 탑승시킨 채로 국내선의 경우 3시간, 국제선의 경우 4시간을 초과하여 이동지역계류장, 활주로 등 항공기 이동지역 내에서 지연하여서는 안된다. 이때 지연시간은 이륙을 위해 항공기 문이 닫힌 후 이륙 전까지 또는 항공기 착륙 후 하기를 위하여 항공기 문이 열릴 때까지를 말한다.

다만, 기장이 항공기를 이동지역에 대기시킬 수 밖에 없는 기상, 항공당국의 지시 등과 같은 안전이나 보안 상의 이유가 있다고 판단하는 경우나, 탑승구로 돌아가는 것 또는 탑승구 이외의 다른 지역에서의 승객 하기가 공항운영에 중대한 혼란을 초래할 수 있다고 항공당국 등 정부기관이 의견을 제시하는 경우는 예외로 한다.

이동지역 내 지연이 2시간 이상 지속되는 경우 승객에게 적절한 음식물을 제공하여야 한다. 다만, 기장이 이와 같은 서비스가 안전 또는 보안에 위협이 될 수 있다고 판단하는 경우는 예외로 한다. 이동지역 내 지연되는 경우 승객에게 매 30분 간격으로 지연사유와 진행상황 등의 정보를 알려야 한다.

또한 3시간 이상 이동지역 내 지연이 발생하는 경우 지연시간, 지연원인, 승객에 대한 조치내용, 처리결과를 지방항공청에 보고하고, 항공사에서는 해당 자료를 2년간 보관해야 한다.

- **항공교통이용자 보호기준 제7조 이동지역 내 지연 시 조치**

① 항공운송사업자등은 항공기 내에 항공교통이용자를 탑승시킨 채로 국내운송의 경우 3시간, 국제운송의 경우 4시간을 초과하여 이동지역 내 지연 하여서는 아니 된다. 이 때 지연 시간은 이륙을 위하여 항공기 문이 닫힌 후 이륙 전까지 또는 항공기 착륙 후 하기를 위하여 항공기 문이 열릴 때까지를 말한다. 다만, 다음 각 호의 사유는 예외로 한다.

   1. 기장이 항공기를 항공기 이동지역에 대기시킬 수 밖에 없는 기상, 정부기관의 지시 등과 같은 안전이나 보안상 이유가 있다고 판단하는 경우

   2. 탑승구로 돌아가는 것 또는 탑승구 이외의 다른 지역에서의 승객하기가 공항운영에 중대한 혼란을 초래할 수 있다고 정부기관 등이 의견을 제시하는 경우

② 항공운송사업자등은 이동지역 내 지연이 2시간 이상 지속되는 경우 항공교통이용자에게 적절한 음식물을 제공하여야 한다. 다만, 기장이 이와 같은 서비스가 안전 또는 보안에 위협이 될 수 있다고 판단하는 경우에는 예외로 한다.

③ 항공운송사업자등은 이동지역 내 지연되는 경우 항공교통이용자에게 매 30분 간격으로 지연사유와 진행상황 등의 정보를 알려야 한다.

④ 항공운송사업자등은 이동지역 내 지연에 대한 비상계획을 이행할 수 있는 인적, 물적 자원을 투입하여야 한다.

⑤ 항공운송사업자등은 이동지역 내 지연 규정 준수를 위하여 대한민국 공항운영자, 출입국 당국 등 관계기관과 협의하여야 한다.

⑥ 항공운송사업자등은 3시간 이상 이동지역 내 지연이 발생 하는 경우 지연시간, 지연원인, 승객에 대한 조치내용, 처리결과 등을 지방항공청장에게 지체없이 보고하고 해당 자료를 2년간 보관하여야 한다.

⑦ 공항운영자는 항공운송사업자등이 제1항에 따른 이동지역 내 지연이 발생하지 않도록 적극 협조하여야 한다.

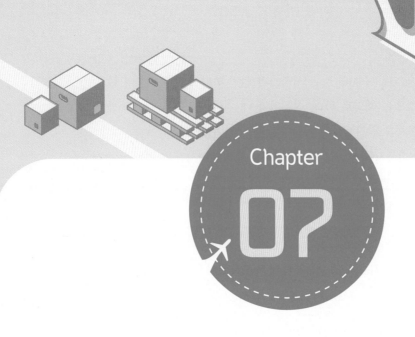

Chapter
07

운송약관 및
항공소비자 권익

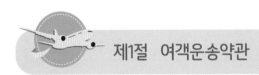

제1절 여객운송약관

1 항공사의 여객운송약관

약관의 규제에 관한 법률 제2조정의에서는 약관을 다음과 같이 정의한다.

"약관이란, 그 명칭이나 형태 또는 범위에 상관없이 계약의 한 쪽 당사자가 여러 명의 상대방과 계약을 체결하기 위하여 일정한 형식으로 미리 마련한 계약의 내용을 말한다." 쉬운 말로, 여러 명을 상대로 동종의 거래를 반복하는 경우에 반복되는 거래를 위해 미리 작성한 계약서라고 할 수 있다.

항공을 통한 운송산업에서도 서비스를 제공하는 사업자항공사는 미리 이용객에게 고지하기 위해 계약조항을 고지하고 항공사의 운송 서비스를 받고자 하는 이용객은 그 운송 약관을 이행한다는 것을 의미하며, 이는 법적 효력을 갖게 된다. 예를 들어 항공사 서비스 이용 도중 수하물이 파손되는 사고를 당했을 때 등에 그 보상 방법과 범위에 대해 운송약관 상에 명시된 내용을 따르게 된다. 항공사는 운송약관을 정하거나 변경하려는 경우 국토교통부 장관에게 신고하여야 한다. 또한 항공사는 승객이 잘 볼 수 있는 곳에 비치하여 요구 시 열람할 수 있도록 하여야 한다. 모든 국적 항공사는 여객운송약관을 홈페이지 등에 게시하고 있다.

> **·항공사업법 제62조 운송약관 등의 비치 등**
>
> ① 항공운송사업자는 운송약관을 정하여 국토교통부장관에게 신고하여야 한다. 이를 변경하려는 경우에도 같다.
> ② 제1항에 따른 신고 또는 변경신고가 신고서의 기재사항 및 첨부서류에 흠이 없고, 법령 등에 규정된 형식상의 요건을 충족하는 경우에는 신고서가 접수기관에 도달된 때에 신고 의무가 이행된 것으로 본다.

③ 제1항에 따른 운송약관 신고 등 필요한 사항은 국토교통부령으로 정한다.

④ 항공교통사업자는 다음 각 호의 서류를 그 사업자의 영업소, 인터넷 홈페이지 또는 항공
교통이용자가 잘 볼 수 있는 곳에 국토교통부령으로 정하는 바에 따라 갖추어 두고, 항
공교통이용자가 열람할 수 있게 하여야 한다. 다만, 제1호부터 제3호까지의 서류는 항
공교통사업자 중 항공운송사업자만 해당한다.

1. 운임표

2. 요금표

3. 운송약관

4. 피해구제계획 및 피해구제 신청을 위한 관계 서류

⑤ 항공운송사업자, 항공운송총대리점업자 및 여행업자는 제14조제1항 및 제2항의 운임
및 요금을 포함하여 대통령령으로 정하는 바에 따라 항공교통이용자가 실제로 부담하
여야 하는 금액의 총액_{이하 "항공운임 등 총액"이라 한다}을 쉽게 알 수 있도록 항공교통이용자
에게 해당 정보를 제공하여야 한다.

• **약관의 규제에 관한 법률 제5조 약관의 해석**

① 약관은 신의성실의 원칙에 따라 공정하게 해석되어야 하며 고객에 따라 다르게 해석되
어서는 아니 된다.

② 약관의 뜻이 명백하지 아니한 경우에는 고객에게 유리하게 해석되어야 한다.

　항공사에서는 운송약관을 여객운송약관과 화물운송약관 둘로 나누어 구별하
고 있다. 또한 여기에서도 국내여객운송약관과 국제여객운송약관, 국내화물운송
약관과 국제화물운송약관 등으로 나누어 운송하는 대상 및 목적지에 따라 구별
하여 약관을 운영하고 있다.

　약관에는 승객과 항공사의 권리, 의무, 책임이 명확하게 명시되어 있기 때문에
공항서비스 업무에 임하는 직원은 반드시 내용을 숙지하고 있어야 한다.

 제2절 바르샤바 조약과 몬트리올 협약

1 바르샤바 조약 Warsaw Convention

정식 명칭은 "The Convention for the Unification of Certain Rules relating to International Transportation of Air 국제항공운송에 관한 통일조약"으로 줄여서 바르샤바 조약이라고 부른다. 1920년 대 서구권에서 막 태동하기 시작한 항공산업의 보호와 급속도로 발전하던 시대적 상황에 부응하기 위해 1929년에 바르샤바에서 성립, 1933년 2월 13일부터 발효되었다.

바르샤바 협약은 항공사에 책임을 규정한 최초의 조약이다. 바르샤바 조약의 협의국들은 두가지 목적을 설정하였는데, 첫째는 국제 항공으로부터 발생하는 손해배상청구 처리에 대한 통일적인 제도를 마련하는 것이고 둘째는 사고로부터 발생한 손해에 항공 운송인의 책임을 제한하는 것이었다.

또한 바르샤바 조약에는 두가지 중요한 특징이 있다. 먼저 '과실추정주의'이다. 과실추정주의란, 운송인과 그 사용인이 손해를 방지하기 위한 모든 필요한 조치를 취하였다는 것 또는 그러한 조치를 취할 수 없었다는 불가항력적인 사실을 증명한 때에는 책임을 부담할 의무가 없다고 규정한 것이다. 둘째는 '유한책임주의'이다. 유한책임주의란, 발생한 과실에 대해 책임한도액을 설정하여 부담하는 최대 금액을 한정한 것이다.

2 헤이그 의정서 Hague Protocol

이후 바르샤바 협약에 이어 항공운송의 발달과 수요의 급증으로 1955년 바르샤바 조약을 개정한 헤이그 의정서 Hague Protocol가 발효된다. 헤이그 의정서는 운송인의 책임제한을 배제하는 요건으로 "고의 또는 고의에 상당하다고 인정되는 과실"의 개념을 폐지하고 대신 "손해를 생기게 할 의도를 가지고 또는 무모하게 손해가 발생될 수 있다는 것을 인지하면서도 강행한 운송인 또는 그 사용인의 작위 또는 부작위"라고 규정하였다.

우리나라는 바르샤바 조약은 가입하지 않았으나 1967년 10월 11일 헤이그 의정서에 가입하게 되면서 바르샤바 조약을 적용 받게 되었다.

3 몬트리올 협약 Montreal Convention

몬트리올 협약의 정식 명칭은 "Convention for the Unification of Certain Rules for International Carriage by Air Done at Montreal on 28 May 1999 국제항공운송에 있어서의 일부 규칙 통일에 관한 협약"으로, 바르샤바 조약과 헤이그 의정서 등 1900년대 수차례 진행된 개정으로 복잡해진 조약체계와 각 국의 차이를 통일하기 위하여 1999년 5월 28일에 몬트리올 협약이 제정되었다. 몬트리올 협약은 2003년 11월 4일부 발효되었다.

우리나라는 몬트리올 협약의 82번째 당사국이 되었고, 몬트리올 협약이 적용되기 위해서는 출발지와 목적지 국가가 모두 몬트리올 협약 당사국이어야만 적용을 받을 수 있다.

몬트리올 협약은 기본적으로 승객과 수하물이 지연될 경우 그 책임을 운송인이 지도록 하고 있다. 다만, 항공사가 지연으로 발생한 피해를 피하기위해 합리적인 노력을 취했거나 그 피해가 불가항력적이었다는 사실을 입증한 경우 손해배상의 책임에서 벗어날 수 있다.

4 각 조약과 협약의 책임한도

대부분의 항공사의 운송약관에 명시된 책임한도는 위 개정 바르샤바 조약과 몬트리올 협약에 근거하여 그 한도를 설정하였다.

표 7-1_각 조약과 협약의 책임한도

구분	개정 바르샤바 조약	몬트리올 협약
여객의 사망 및 상해	16,600 SDR (약 23,000 USD)	128,800 SDR (약 180,000 USD)
수하물의 파손, 분실, 손상 및 지연	Kg당 17SDR (약 20 USD), 휴대수하물의 경우 최대 332 SDR (약 400 USD)	여객 당 최대 1,288 SDR (약 1,800 USD)

제3절 우리나라의 법령

1 항공사업법 제5장 항공교통이용자보호

항공사업법 제5장은 제61조부터 65조까지 항공교통이용자 보호에 관한 내용을 규정하고 있다. 이 규정은 대한민국을 취항하는 모든 항공사에게 적용된다.

항공사업법 제61조는 항공사에게 피해구제 절차와 처리 계획을 수립하도록 규정하고 있다. 항공교통이용자의 피해 항목은 다음과 같다.

- 항공사의 운송 불이행탑승 거절 및 지연
- 위탁수하물의 분실 및 파손
- Overbooking으로 인한 피해
- 취소 항공권의 환불 지연
- 탑승위치, 항공편 등 관련 정보 미제공으로 인한 탑승 불가
- 항공사 과실로 인한 마일리지포인트 누락
- 항공사의 사전 고지 없이 발생한 마일리지포인트의 소멸
- 교통약자 이동편의시설 미설치로 인한 항공기의 탑승 애로 사항

다만, 기상악화, 안전 운항 등을 위한 정비로서 예견하지 못한 정비, 천재지변, 항공기 접속관계불가피한 경우로서 국토교통부령으로 정하는 경우, 그 외 부득이한 사유로 인한 피해에 대하여 항공사가 불가항력적 피해임을 증명하는 경우에는 제외된다.

항공사는 피해구제계획 상에 다음의 사항을 반드시 명시하여야 한다.

- 피해구제 접수처의 설치 및 운영에 관한 사항
- 피해구제 업무를 담당할 부서 및 담당자의 역할과 이뭄
- 피해구제 처리 절차
- 피해구제 신청자에게 처리 결과를 안내할 수 있는 정보제공의 방법

항공사는 피해구제 신청을 접수한 날로부터 14일 내에 결과를 통지하여야 한다. 단, 신청인의 피해조사를 위한 번역 등 추가 절차가 필요한 경우는 접수한 날로부터 60일 이내에 결과를 통지하도록 하고 있다. 항공사가 접수한 신청내역이 처리가 곤란하거나 신청자의 요청이 있는 경우에는 그 피해구제 신청서를 한국소비자원에 이송하여야 한다.

• 항공사업법 제5장 항공교통이용자 보호

제61조(항공교통이용자 보호 등)

① 항공교통사업자는 영업개시 30일전까지 국토교통부령으로 정하는 바에 따라 항공교통이용자를 다음 각 호의 어느 하나에 해당하는 피해로부터 보호하기 위한 피해구제 절차 및 처리계획(이하 "피해구제계획"이라 한다)을 수립하고 이를 이행하여야 한다. 다만, 제12조제1항 각 호의 어느 하나에 해당하는 사유로 인한 피해에 대하여 항공교통사업자가 불가항력적 피해임을 증명하는 경우에는 그러하지 아니하다.

1. 항공교통사업자의 운송 불이행 및 지연
2. 위탁수화물의 분실·파손
3. 항공권 초과 판매
4. 취소 항공권의 대금환급 지연
5. 탑승위치, 항공편 등 관련 정보 미제공으로 인한 탑승 불가
6. 그 밖에 항공교통이용자를 보호하기 위하여 국토교통부령으로 정하는 사항

② 피해구제계획에는 다음 각 호의 사항이 포함되어야 한다.

  1. 피해구제 접수처의 설치 및 운영에 관한 사항

  2. 피해구제 업무를 담당할 부서 및 담당자의 역할과 임무

  3. 피해구제 처리 절차

  4. 피해구제 신청자에 대하여 처리결과를 안내할 수 있는 정보제공의 방법

  5. 그 밖에 국토교통부령으로 정하는 항공교통이용자 피해구제에 관한 사항

③ 항공교통사업자는 항공교통이용자의 피해구제 신청을 신속·공정하게 처리하여야 하며, 그 신청을 접수한 날부터 14일 이내에 결과를 통지하여야 한다.

④ 제3항에도 불구하고 신청인의 피해조사를 위한 번역이 필요한 경우 등 특별한 사유가 있는 경우에는 항공교통사업자는 항공교통이용자의 피해구제 신청을 접수한 날부터 60일 이내에 결과를 통지하여야 한다. 이 경우 항공교통사업자는 통지서에 그 사유를 구체적으로 밝혀야 한다.

⑤ 제3항 및 제4항에 따른 처리기한 내에 피해구제 신청의 처리가 곤란하거나 항공교통이용자의 요청이 있을 경우에는 그 피해구제 신청서를 「소비자기본법」에 따른 한국소비자원에 이송하여야 한다.

⑥ 항공교통사업자는 항공교통이용자의 피해구제 신청현황, 피해구제 처리결과 등 항공교통이용자 피해구제에 관한 사항을 국토교통부령으로 정하는 바에 따라 국토교통부장관에게 정기적으로 보고하여야 한다.

⑦ 국토교통부장관은 관계 중앙행정기관의 장, 「소비자기본법」 제33조에 따른 한국소비자원의 장에게 항공교통이용자의 피해구제 신청현황, 피해구제 처리결과 등 항공교통이용자 피해구제에 관한 자료의 제공을 요청할 수 있다. 이 경우 자료의 제공을 요청받은 자는 특별한 사유가 없으면 이에 따라야 한다.

⑧ 국토교통부장관은 항공교통이용자의 피해를 예방하고 피해구제가 신속·공정하게 이루어질 수 있도록 다음 각 호의 어느 하나에 해당하는 사항에 대하여 항공교통이용자 보호기준을 고시할 수 있다.

  1. 제1항 각 호에 해당하는 사항

  2. 항공권 취소·환불 및 변경과 관련하여 소비자 피해가 발생하는 사항

  3. 항공권 예약·구매·취소·환불·변경 및 탑승과 관련된 정보제공에 관한 사항

⑨ 국토교통부장관은 제8항에 따라 항공교통이용자 보호기준을 고시하는 경우 관계 행정기관의 장과 미리 협의하여야 하며, 항공교통사업자, 「소비자기본법」 제29조에 따라 등록한 소비자단체, 항공 관련 전문가 및 그 밖의 이해관계인 등의 의견을 들을 수 있다.

⑩ 항공교통사업자, 항공운송총대리점업자 및 「관광진흥법」 제4조에 따라 여행업 등록을 한 자(이하 "여행업자"라 한다)는 제8항에 따른 항공교통이용자 보호기준을 준수하여야 한다.

⑪ 국토교통부장관은 「교통약자의 이동편의 증진법」 제2조제1호에 해당하는 교통약자를 보호하고 이동권을 보장하기 위하여 다음 각 호의 어느 하나에 해당하는 사항에 대하여 교통약자의 항공교통이용 편의기준을 국토교통부령으로 정할 수 있다.

1. 항공교통사업자가 교통약자를 위하여 제공하여야 하는 정보 및 정보제공방법에 관한 사항
2. 항공교통사업자가 교통약자의 공항이용 및 항공기 탑승·하기(下機)를 위하여 제공하여야 하는 서비스에 관한 사항
3. 항공운송사업자가 교통약자를 위하여 항공기 내에서 제공하여야 하는 서비스에 관한 사항
4. 항공교통사업자가 교통약자 관련 서비스를 제공하기 위하여 실시하여야 하는 종사자 훈련·교육에 관한 사항
5. 교통약자 관련 서비스에 대하여 접수된 불만처리에 관한 사항

⑫ 항공교통사업자는 제11항에 따른 교통약자의 항공교통이용 편의기준을 준수하여야 한다.

제61조의2(이동지역에서의 지연 금지 등) ① 항공운송사업자는 항공교통이용자가 항공기에 탑승한 상태로 이동지역(활주로·유도로 및 계류장 등 항공기의 이륙·착륙 및 지상이동을 위하여 사용되는 공항 내 지역을 말한다. 이하 같다)에서 다음 각 호의 시간을 초과하여 항공기를 머무르게 하여서는 아니 된다. 다만, 승객의 하기(下機)가 공항운영에 중대한 혼란을 초래할 수 있다고 관계 기관의 장이 의견을 제시하거나, 기상·재난·재해·테러 등이 우려되어 안전 또는 보안상의 이유로 승객을 기내에서 대기시킬 수밖에 없다고 관계 기관의 장 또는 기장이 판단하는 경우에는 그러하지 아니하다.

1. 국내항공운송: 3시간
2. 국제항공운송: 4시간

② 항공운송사업자는 항공교통이용자가 항공기에 탑승한 상태로 이동지역에서 항공기를 머무르게 하는 경우 해당 항공기에 탑승한 항공교통이용자에게 30분마다 그 사유 및 진행상황을 알려야 한다.

③ 항공운송사업자는 항공교통이용자가 항공기에 탑승한 상태로 이동지역에서 항공기를 머무르게 하는 시간이 2시간을 초과하게 된 경우 해당 항공교통이용자에게 적절한 음식물을 제공하여야 하며, 국토교통부령으로 정하는 바에 따라 지체 없이 국토교통부장관에게 보고하여야 한다.

④ 제3항에 따른 항공운송사업자의 보고를 받은 국토교통부장관은 관계 기관의 장 및 공항운영자에게 해당 지연 상황의 조속한 해결을 위하여 필요한 협조를 요청할 수 있다. 이 경우 요청을 받은 자는 특별한 사유가 없으면 이에 따라야 한다.

⑤ 그 밖에 이동지역 내에서의 지연 금지 및 관계 기관의 장 등에 대한 협조 요청의 절차와 내용에 관한 사항은 대통령령으로 정한다.

제62조(운송약관 등의 비치 등) ① 항공운송사업자는 운송약관을 정하여 국토교통부장관에게 신고하여야 한다. 이를 변경하려는 경우에도 같다.

② 제1항에 따른 신고 또는 변경신고가 신고서의 기재사항 및 첨부서류에 흠이 없고, 법령 등에 규정된 형식상의 요건을 충족하는 경우에는 신고서가 접수기관에 도달된 때에 신고 의무가 이행된 것으로 본다. 〈신설 2017. 8. 9.〉

③ 제1항에 따른 운송약관 신고 등 필요한 사항은 국토교통부령으로 정한다.

④ 항공교통사업자는 다음 각 호의 서류를 그 사업자의 영업소, 인터넷 홈페이지 또는 항공교통이용자가 잘 볼 수 있는 곳에 국토교통부령으로 정하는 바에 따라 갖추어 두고, 항공교통이용자가 열람할 수 있게 하여야 한다. 다만, 제1호부터 제3호까지의 서류는 항공교통사업자 중 항공운송사업자만 해당한다.

1. 운임표

2. 요금표

3. 운송약관

4. 피해구제계획 및 피해구제 신청을 위한 관계 서류

⑤ 항공운송사업자, 항공운송총대리점업자 및 여행업자는 제14조제1항 및 제2항의 운임 및 요금을 포함하여 대통령령으로 정하는 바에 따라 항공교통이용자가 실제로 부담하여야 하는 금액의 총액(이하 "항공운임 등 총액"이라 한다)을 쉽게 알 수 있도록 항공교통이용자에게 해당 정보를 제공하여야 한다.

⑥ 항공기사용사업자, 항공기정비업자, 항공기취급업자, 항공기대여업자, 초경량비행장치 사용사업자 및 항공레저스포츠사업자는 요금표 및 약관을 영업소나 그 밖의 사업소에서 항공교통이용자가 잘 볼 수 있는 곳에 국토교통부령으로 정하는 바에 따라 갖추어 두고, 항공교통이용자가 열람할 수 있게 하여야 한다.

⑦ 여행업에 대하여는 제28조(같은 조 제1항제19호에 한정한다)를 준용한다. 이 경우 제28조제1항 각 호 외의 부분 본문 중 "국토교통부장관"은 "특별자치시장·특별자치도지사·시장·군수·구청장(자치구의 구청장을 말한다)"으로 본다.

제63조(항공교통서비스 평가 등) ① 국토교통부장관은 공공복리의 증진과 항공교통이용자의 권익보호를 위하여 항공교통사업자가 제공하는 항공교통서비스에 대한 평가를 할 수 있다.

② 제1항에 따른 항공교통서비스 평가항목은 다음 각 호와 같다.

1. 항공교통서비스의 정시성 또는 신뢰성

2. 항공교통서비스 관련 시설의 편의성

3. 항공교통서비스의 안전성

4. 그 밖에 제1호부터 제3호까지에 준하는 사항으로서 국토교통부령으로 정하는 사항

③ 국토교통부장관은 항공교통서비스의 평가를 할 경우 항공교통사업자에게 관련 자료 및 의견 제출 등을 요구하거나 서비스에 대한 실지조사를 할 수 있다.

④ 제3항에 따른 자료 또는 의견 제출 등을 요구받은 항공교통사업자는 특별한 사유가 없으면 이에 따라야 한다.

⑤ 국토교통부장관은 제1항에 따른 항공교통서비스의 평가를 한 후 평가항목별 평가 결과, 서비스 품질 및 서비스 순위 등 세부사항을 대통령령으로 정하는 바에 따라 공표하여야 한다.

⑥ 제1항부터 제5항까지에서 규정한 사항 외에 항공교통서비스에 대한 평가기준, 평가주기 및 절차 등에 관한 세부사항은 국토교통부령으로 정한다.

제64조(항공교통이용자를 위한 정보의 제공 등) ① 국토교통부장관은 항공교통이용자 보호 및 항공교통서비스의 촉진을 위하여 국토교통부령으로 정하는 바에 따라 항공교통서비스에 관한 보고서(이하 "항공교통서비스 보고서"라 한다)를 연 단위로 발간하여 국토교통부령으로 정하는 바에 따라 항공교통이용자에게 제공하여야 한다.

② 항공교통서비스 보고서에는 다음 각 호의 사항이 포함되어야 한다.

1. 항공교통사업자 및 항공교통이용자 현황

2. 항공교통이용자의 피해현황 및 그 분석 자료

3. 항공교통서비스 수준에 관한 사항

4. 「항공안전법」 제133조에 따른 항공운송사업자의 안전도에 관한 정보

5. 국제기구 또는 다른 나라의 항공교통이용자 보호 및 항공교통서비스 정책에 관한 사항

6. 항공교통이용자의 항공권 구입에 따라 적립되는 마일리지(탑승거리, 판매가 등에 따라 적립되는 점수 등을 말한다)에 대한 항공운송사업자(외국인 국제항공운송사업자를 포함한다)별 적립 기준 및 사용 기준

7. 제1호부터 제6호까지에서 규정한 사항 외에 국토교통부령으로 정하는 항공교통이용자 보호에 관한 사항

③ 국토교통부장관은 항공교통서비스 보고서 발간을 위하여 항공교통사업자에게 자료의 제출을 요청할 수 있다. 이 경우 항공교통사업자는 특별한 사유가 없으면 이에 따라야 한다.

2 항공교통이용자 보호기준

항공사업법 제61조를 근거로, 국토교통부장관은 항공교통이용자의 피해를 예방하기 위해 항공교통이용자 보호기준을 고시하여 항공사는 이를 준수하도록 의무를 규정하였다. 항공교통이용자 보호기준의 주요내용은 다음과 같다.

1) 제4조 초과판매로 인한 탑승거부 발생시 배상의무

대한민국 영토에서 출발하는 항공권 초과판매로 탑승불가자가 발생하는 경우 항공사는 [소비자분쟁해결기준]에 따라 배상하도록 명시하였다.

2) 제5조 수하물 피해 발생 시 책임한도 임의 경감 금지

수하물의 분실 또는 파손에 대해 항공사가 국내법 및 몬트리올협약 등의 규정보다 책임한도를 낮추려는 것을 금지하였다.

3) 제6조 항공권 취소/환불/변경 조건 등 안내 명확화

항공사가 국내에서 항공권을 판매하는 경우 계약을 체결하기 전에 손님에게 항공권 취소와 환불에 관한 거래 조건을 제공하고 손님이 쉽게 인지할 수 있도록 고지하도록 규정하였다.

4) 제7조 이동지역 내 장시간 대기 금지

국내공항에서 승객을 탑승 시킨 채로 이동지역 국제선의 경우 4시간, 국내선의 경우 3시간 이상 지연을 금지하였다. 이동지역 내 지연이 발생할 경우 항공사는 매 30분마다 지연사유와 진전내용 등을 승객에게 고지하고 2시간 이상 지연시 음식물 등을 지원하도록 하였다.

5) 제8조 항공권 판매 후 변경사항 안내

항공사는 국내에서 출발하는 항공편이 30분이상 지연, 결항 등 운항 계획이 변경될 때에는 항공권을 구매한 구매자에게 전화, 문자 등으로 고지하도록 규정하였다.

3 대한민국 상법

우리나라의 항공운송사업은 비약적인 성장을 하였으나 항공사고 발생시 항공사와 피해자간의 책임한계를 명확하게 규명하고 소비자를 보호하는 법적 근거가 미비하였다는 지적이 지속되어 2011년 우리나라 [상법]은 몬트리올 협약을 준용하여 항공운송편을 신설하였다. 주요 내용은 다음과 같다.

표 7-2_대한민국 상법 내 항공운송 관련

주요조항 내용	비고
여객의 사망 또는 상해 손해배상책임 (제905조) • 여객의 사망 또는 신체적 상해 발생시, 11만 3,100SDR(한화 약 1억 78백만 원)까지 운송인 무과실책임, 손해액이 약 11만 3,100SDR을 초 과할 경우, 운송인의 과실책임을 지며, 과실이 없음을 증명하면 면책 될 수 있음을 규정	
연착에 대한 책임 (제907조) • 운송인이 그 과실이 없음을 증명할 경우, 면책될 수 있으며, 운송인의 책임은 국제여객 1명당 4,694SDR(한화 약 740만원), 국내여객 1명당 1,000SDR(한화 약 157만원)을 한도로 책임을 제한	몬트리올 협약과 동일
수하물 멸실훼손에 대한 책임 (제910조) • 여객 수하물의 멸실, 훼손, 연착으로 인한 손해에 대해 운송인의 책임 한도액은 여객 1명당 1,131SDR(한화 약 178만원)로 제한	

4 소비자분쟁해결기준

[소비자기본법] 제16조 2항은 소비자와 사업자 사이에 발생하는 분쟁을 원활하게 해결하기 위하여 대통령령이 정하는 바에 따라 [소비자분쟁해결기준]을 제정하도록 규정하고 있다. 항공서비스 이용에 있어서도 분쟁의 합의 또는 권고의 기준으로 [소비자분쟁해결기준]을 활용하고 있다.

1) 국내 항공교통부문 분쟁해결기준 주요 내용

표 7-3_국내 항공교통부문 분쟁해결기준 주요 내용

피해유형	배상기준	비고
위탁수하물의 분실·파손	손해배상(항공운송 약관에 의거 배상)	• 수하물가격신고 후 종가요금을 지급한 경우 신고가격으로 배상함
운송불이행. 단, 기상상태, 공항사정, 항공기 접속관계, 안전운항을 위한 예견하지 못한 정비 등은 제외	체재 필요시 적정숙식비 등 경비 부담	• 확약된 항공편의 운항 취소, 확약된 예약을 예약자 또는 탑승자의 확인을 거치지 않고 예약 취소, 초과예약, 확약된 항공권 소유자의 예약 기록 미비
① 대체편이 제공된 경우 - 3시간 이내 대체편 제공시 - 3시간 이후 대체편 제공시	불이행된 해당 구간의 운임의 20% 배상 불이행된 해당 구간의 운임의 30% 배상	
② 대체편을 제공하지 못한 경우	불이행 해당구간 운임환급 및 해당구간 항공권 또는 교환권 제공	• 대체편은 12시간 이내 제공된 경우를 말함
운송지연, 단, 기상상태, 공항 사정, 항공기 접속관계, 안전 운항을 위한 예견하지 못한 정비 등은 제외	체제 필요시 적정 숙식비 등 경비부담	• 시간은 목적지 도착을 기준으로 함
① 2시간 이상~3시간 이내 운송지연	지연된 해당구간 운임의 20% 배상	
② 3시간 이상 운송지연	지연된 해당구간 운임의 30% 배상	
항공권 미사용 시 환급. 여객 사정으로 항공권 유효기간 만료 전(또는 약관에서 별도로 정한 기간 이내) 환급 요구 시		
① 항공권 전부 미사용시	항공권 구입금액에서 취소 수수료를 공제한 차액 환급	• 취소시한 이내에 예약을 취소하지 않은 경우 위약금을 공제함
② 항공권 일부 사용시	항공권 구입금액에서 사용구간 적용운임 및 취소수수료를 공제한 차액 환급	

피해유형	배상기준	비고
항공권 분실 시 환급조건		• 분실항공권 환급은 항공운송약관에서 정한 기간 이내에 분실신고 및 본인 또는 타인에 의해 미사용 또는 미 환급 확인 및 추후 이 중사용 발생 시 배상 동의 후 환급함
① 대체항공권을 구입하지 않은 경우 - 전부 미사용 분실 항공권 - 일부 사용 분실 항공권	지급운임 전액 환불 탑승구간 적용운임 공제 후 환급	
② 대체항공권을 구입한 경우	대체항공권 구입금액 환급	• 분실항공권과 동일한 항공사 및 동일 구간 이용조건

2) 국제 항공교통부문 분쟁해결기준 주요 내용

표 7-4 _ 국제 항공교통부문 분쟁해결기준 주요 내용

피해유형	배상기준	비고
위탁수하물의 분실·파손	손해배상(항공운송 약관에 의거 배상)	• 수하물가격신고 후 종 가요금을 지급한 경우 신고가격으로 배상함
운송불이행. 단, 기상상태, 공항사정, 항공기 접속관계, 안전운항을 위한 예견하지 못한 정비 등은 제외	체재 필요시 적정숙식비 등 경비 부담	
① 대체편이 제공된 경우 - 운항 4시간 이내 　4시간 이내 대체편 제공시 　4시간 초과 대체편 제공시 - 운항 4시간 초과 　4시간 이내 대체편 제공시 　4시간 초과 대체편 제공시	 USD 100 배상 USD 200 배상 USD 200 배상 USD 400 배상	• 목적지 도착 기준 • 각 항공사에서 정하고 있는 탑승수속 마감시간 이후 도착자는 제외 • 조상기준 금액은 최고 한도임 • 운항시간 4시간을 운항거리 3,500km와 동일하게 적용함 • 대체편은 12시간 이내 제공된 경우를 말함
② 대체편을 제공하지 못한 경우	불이행 해당구간 운임환급 및 USD 400 배상	
③ 대체편을여객이 거부한 경우	불이행 해당구간 운임환급 및 ①의 규정에 준하여 최초 대체편 제공가능시기를 산정하며 배상	

피해유형	배상기준	비고
운송지연, 단, 기상상태, 공항 사정, 항공기 접속관계, 안전 운항을 위한 예견하지 못한 정비 등은 제외	체제 필요시 적정 숙식비 등 경비부담	• 목적지 도착 기준
① 2시간 이상~4시간 이내 운송지연	지연된 해당구간 운임의 10% 배상	
② 4시간 이상 운송지연	지연된 해당구간 운임의 20% 배상	
③ 12시간 초과 운송지연	지연된 해당구간 운임의 30% 배상	
항공권 미사용 시 환급. 여객 사정으로 항공권 유효기간 만료 전(또는 약관에서 별도로 정한 기간 이내) 환급 요구 시		• 취소시한 이내에 예약을 취소하지 않은 경우 위약금을 공제, 적용 서비스요금 및 통신비를 운임에서 공제함
① 항공권 전부 미사용시	항공권 구입금액에서 취소 수수료를 공제한 차액 환급	
② 항공권 일부 사용시	항공권 구입금액에서 사용구간 적용운임 및 취소수수료를 공제한 차액 환급	
항공권 분실 시 환급조건		• 분실항공권 환급은 항공운송약관에서 정한 기간 이내에 분실신고 및 본인 또는 타인에 의해 미사용 또는 미환급 확인 및 추후 이중사용 발생 시 배상 동의 후 환급함 • 분실항공권과 동일한 항공사 및 동일 구간 이용조건 • 본인 또는 타인에 의해 이중사용 발생 시 배상동의 및 적용 서비스 요금(재발행 수수료) 여객부담 조건
① 대체항공권을 구입하지 않은 경우 - 전부 미사용 분실 항공권 - 일부 사용 분실 항공권	지급운임 전액 환불 탑승구간 적용운임 공제 후 환급	
② 대체항공권을 구입한 경우	대체항공권 구입금액 환급	
③ 분실항공권 재발행	탑승구간을 제외한 미사용 구간 항공권 발행	

항공 약어 및 용어

1 항공 약어

1) 항공 약어 정의

국제민간항공기구ICAO에서 정한 약어로서 업무 간소화 및 표준화를 통해 비용 절감, 신속한 업무 처리, 항공사간 통일된 의미 전달을 목적으로 함.

*ICAO: International Civil Aviation Organization

2) ALPHABET READING

구분	내용	구분	내용	구분	내용
A	Alpha	B	Bravo	C	Charlie
D	Delta	E	Echo	F	Foxtrot/Father
G	Golf	H	Hotel	I	India
J	Juliett	K	Kilo	L	Lima
M	Mike	N	November	O	Oscar
P	Papa	Q	Quebec/Queen	R	Romeo
S	Sierra/Smile	T	Tango	U	Uniform
V	Victor/Victory	W	Whiskey	X	X-ray
Y	Yankee	Z	Zulu		

3) 월, 요일

구분	내용	구분	내용	구분	내용
1월	JAN	7월	JUL	월요일	MO
2월	FEB	8월	AUG	화요일	TU
3월	MAR	9월	SEP	수요일	WE
4월	APR	10월	OCT	목요일	TH

구분	내용	구분	내용		내용
5월	MAY	11월	NOV	금요일	FR
6월	JUN	12월	DEC	토요일	SA
				일요일	SU

4) 2/3 LETTER CODE

CODE	풀이	CODE	풀이
ACK	ACKNOWLEDGE 사실을 확인(인정)함	OAL	OTHER AIRLINES 기타 항공사
ADD	ADD 추가하다	OSI	OTHER SERVICE INFORMA-TION 기타 서비스 정보
AHL	ADVICE IF HOLD 수하물 지연 또는 분실 추적	PIR	property irregularity report 사고 수하물 신고서
AIP	ASIANA IMPORTANT PASSEN-GER 아시아나 귀빈 탑승객	PLS/PLZ	PLEASE 부디(상대방에게 정중하게 무엇을 부탁하거나 하라고 할 때 덧붙이는 말)
ATA	ACTUAL TIME OF ARRIVAL 항공기 실제 도착시간	PNR	PASSENGER NAME RECORD 탑승객 성명 기록
ATC	AIR TRAFFIC CONTROL 항공교통의 안전, 정렬 및 흐름의 촉진을 위하여 적당한 당국에 의하여 운영되는 항공교통 관제 업무	PTA	PREPAID TICKET ADVICE 항공여객 운임선불 제도
ATD	ACTUAL TIME OF DEPARTURE 항공기 실제 출발시간	RBD	RESERVATION BOOKING DES-IGNATOR 특정운임이 허용하고 있는 BOOK-ING CLASS 정보를 조회하는 기능
AOG	AIRCRAFT ON GROUND 지상 대기 항공기	RPA	RESTRICTED PASSENGER AD-VICE 운송제한 승객(육체/정신질환 환자, 신체부자유/허약자, 보호자 비동반소아, 임산부, 맹인, 알코올/마약중독자, 죄수 등)
CHD	CHILD 소아	RPT	REPEAT 반복
CIP	COMMERCIAL IMPORTANT PASSENGER 상용고객	RSN/RZN	REASON 사유
CTC	CONTACT 연락	RT	ROUND TRIP 왕복여행

CODE	풀이	CODE	풀이
COR	CORRECTION 수정	RTN	RETURN (회항)항공기가 목적지 공항에 착륙하지 못하고 최초 출발지 공항으로 되돌아 가는 것
DLY	DELAY (회항)항공기 정비, 환자 발생, 불법 행위의 발생, 악기상 및 예기치 못한 사태 등으로 인하여 지연되어 운항하는 것	RTW	ROUND THE WORLD TRIP 세계일주여행
DNF	DAILY NECESSITY FEE) 수하물사고로 인하여 목적지 공항 도착손님에게 인계되지 못한 손님의 현지 생필품 구매를 제공하기 위한 보상금액	SEG	SEGMENT 부분
DPR	DAMANGE AND PILFERAGE 수하물 분실 및 도난	SKD	SCHEDULE 일정
ETA	ESTIMATED TIME OF ARRIVAL 항공기 도착 예정시간	SOP	STANDARD OPERATION PROCEDURE 표준운영절차
ETD	ESTIMATED TIME OF DEPARTURE 항공기 출발 예정시간	SPA	SPECIAL PRORATION AGREEMENT 항공사간 판매시 적용요율로 이해관계가 일치하는 두항공사가 별도로 맺는 정산 계약(협정)
EMD	ELECTORNIC MICELLANEOUS DOCUMENT 유료 서비스 판매 및 추적이 가능(예: 초과 수하물 요금, 기타 청구, 위약금, 잔여 값, 라운지 입장 요금 등)하며, 티켓 판매 외에 부과되는 모든 수수료에 사용할 수 있는 유일한 솔루션으로, 기존의 모든 종이 및 기타 전자 Miscellaneous Document를 대체	SSR	SPECIAL SERVICE REQUIREMENT 특별한 서비스 요구사항
FLT	FLIGHT 항공편	SYS	SYSTEM 제도
FOC	FREE OF CHARGE 무료	TCP	THE COMPLETE PARTY 일정한 구성원수로 이와 비슷한 용어로 Minimum Group Size 표현이 있는데 이는 그룹(단체)을 구성하기 위한 최소한의 승객(예약인) 수를 의미
GRP	GROUP 단체	TKT	TICKET 항공권

CODE	풀이	CODE	풀이
INF	INFANT 유아	TTL	TICKET TIME LIMIT 예약시 일정시점까지 항공권을 구입하도록 하는 항공권 구매시한
IRR	IRREGULAR 비정상적인	UM	UNACCOMPANIED MINOR 보호자없이 여행하는 비동반 소아
LBQ	Lost Baggage Questionnaire 분실수하물 물품명세서	VIP	VERY IMPORTANT PASSENGER 귀빈 승객
L/F	LOAD FACTOR 항공기 총중량에 대하여 항공기가 견뎌낼수 있는 최대하중 비율	W/B	WEIGHT AND BALANCE 항공기 무게와 균형
MCT	MINIUM CONNECTING TIME 항공기 최소연결 시간	WL	WILL 실행예정
MSG	MESSAGE 메시지	WT	WEIGHT 중량
NBR	NUMBER 숫자	WZ	WITH 동반
NIL	NONE 특이사항 없음	ZED	ZONAL EMPLOYEE DISCOUNT 항공사가 직원들에게 제공하는 복지성 할인 항공권
NRC	NO RECORD 기록없음		

5) 4 LETTER CODE

CODE	풀이	CODE	풀이
ARNG	ARRANGE 사전 정리	GOSH	GO SHOW 사전 예약없이 여객기에 탑승하러 나옴
ARNK	ARRIVAL UNKNOWN 도착 미정	INFT	INFANT 유아
ASAP	AS SOON AS POSSIBLE 가능한 빠른 시간내	NOOP	NO OPERATION 비운항
ATTN	ATTENTION 주의(경청)	NOSH	NO SHOW 나타나지 않음
AVIH	ANIMAL IN HOLD 위탁수하물로 운반되는 반려동물	NOSUB	NO SUBJECT TO LOAD 일반적으로 무임 혹은 할인 항공권의 경우 확약된 예약을 할 수 없는 SUB-LO 조건이나, 경우에 따라서는 정해진 Booking Class로 항공편 좌석 예약이 가능한 조건을 NOSUB 라고 하며 'SUBLO가 아니다'라는 뜻임

CODE	풀이	CODE	풀이
AUTH	AUTHORITY, AUTHORIZATION 인가(허가)	NSSA	NO-SMOKING AISLE SEAT 비흡연 통로석
BIKE	BICYCLE 자전거	NSSB	NO-SMOKING BULKHEAD SEAT 비행기에서 클래스를 구분하는 칸막이 바로 뒤에 있는 비흡연 좌석
BLND	BLIND PASSENGER 장애(맹인) 승객	NSST	NO-SMOKING SEAT (SEAT NUMBER MAY BE INCLUDED) 비흡연석
BSCT	BASSINET 기내 벽면에 부착하는 바구니같이 생긴 아기침대	NSSW	NO-SMOKING WINDOW SEAT 비흡연 창가석
BRDG	BOARDING 탑승	OTHS	OTHER SERVICE 기타 서비스
CBBG	CABIN BAGGAGE 기내로 운송되는 유상수하물로서 승객이 고가품 및 파손되기 쉬운 물품을 특수수하물 운송 시 별도로 좌석을 구매	PETC	ANIMAL IN CABIN 기내 반입 반려동물
CHNG	CHANGE 변경	PSGR	PASSENGER 승객
CHRG	CHARGE 청구	PSPT	PASSPORT 여권
CHTR	CHARTER 전세	RCFM	RECONFIRM 재확인
CHNT	CHANGE NAME TO ~으로 이름 변경	RSVN	RESERVATION 예약
CNXL	CANCEL 취소	SPCL	SPECIAL 특별한
CTCA	ADDRESS 주소	SPML	SPECIAL MEAL 특별기내식(종교적/채식/건강식/소아용/승무원용 등으로 구분)
CTCB	BUSINESS PHONE 직장전화	SPEQ	SPORTS EQUIPMENT 스포츠 장비류
CTCH	HOME PHONE 자택전화	STCR	STRETCHER PASSENGER 보행불가 및 휠체어 이용 불가로 누운 상태에서 의료용 침대를 이용하는 승객
CTCE	E-MAIL 이메일	STVR	STOPOVER 최종목적지까지 가는 도중 경유지 공항에서 일정시간(24시간 이상) 체류

CODE	풀이	CODE	풀이
DEPO	DEPORTEE 강제 추방자	TOTL	TOTAL 총합
DOCA	APIS ADDRESS DETAILS 여행자정보 사전확인 자료	TRVL	TRAVEL 여행
DOCO	APIS VISA 여행자정보 사전확인 비자	TKTL	TICKETING TIME LIMIT 항공예약후 실제 항공권을 발행해야 하는 제한 시간
DOCS	APIS PASSPORT OR IDENTITY CARD 여행자정보 사전확인 여권 또는 신분증	UMNR	UNACCOMPANIED MINOR 보호자를 동반하지 않은 비동반 소아
DUPE	DUPLICATE 사본	WCHR	WHEELCHAIR (FOR RAMP) 공항 안쪽 보호구역에서 이동하는 휠 체어 이용승객
DVRT	DIVERSION 항공기가 목적지 공항에 착륙하지 못 하고 교체공항이나 중간공항에 착륙 하는 것	WCBD	WHEELCHAIR (DRY CELL BATTERY) 항공기에 탑재하는 건식 배터리타입 의 전동 휠체어
EXST	DIVERSION 항공기가 목적지 공항에 착륙하지 못 하고 교체공항이나 중간공항에 착륙 하는 것	WCBW	WHELLCHAIR (WET CELL BATTERY) 항공기에 탑재하는 습식 배터리타입 의 전동 휠체어
ETAS	ELECTRONIC TRAVEL AUTHORITY SYSTEM 전자식 비자발급 시스템	WCHC	WHELLCHAIR (ALL THE WAY TO SEAT) 기내용 휠체어
EXTN	EXTENSION 연장	WCHS	WEHLLCHAIR (UP AND DOWN STEPS) 접이식 휠체어
FONE	TELEPHONE 연락처	WCMP	WHELLCHAIR (MANUAL POWER) 수동식 휠체어
FQTV	FREQUENT TRAVLER	WCOB	WHELLCHAIR(ON BOARD) 기내 탑재 휠체어
FQTR	FREQUENT FLYER MILEAGE PROGRAM REDEMPTION 상용고객 우대 적립 프로그램 제도	WEAP	WEAPONS 무기류
FQTU	FREQUENT FLYER UPGRADE AND ACCRUAL 상용고객 우대 업그레이드	XBAG	EXCESS BAGGAGE 초과 수하물

CODE	풀이	CODE	풀이
GRPF	GROUP FARE 단체요금	YPTA	YOUNG PASSENGERS TRAVELLING ALONE 혼자 여행하는 청소년으로 비동반소아(UM) 서비스 대상보다 상위 연령이지만 아직 청소년으로 홀로 해외 여행할 때를 의미하는 것으로 대부분은 성인 여행객과 동일하게 취급하지만 항공사에 따라 별도로 안내, 케어 등 추가 서비스를 제공하고 유료화하는 경우도 있음
GRPS	PSGRS TRAVELING TOGETHER USING A COMMON IDENTITY 공통으로 함께 여행하는 승객		

2 항공 용어

1) 공항부문

구분	내용
지연 (Delay)	항공기 정비, 환자 발생, 불법 행위의 발생, 악기상 및 예기치 못한 사태 등으로 인하여 지연되어 운항하는 것
결항 (Cancellation)	항공기 운항을 취소하는 것
회항 (Diversion 및 Return)	항공기가 목적지 공항에 착륙하지 못하고 교체공항이나 중간공항에 착륙 또는 최초 출발지 공항으로 되돌아 가는 것
음료 (REFRESHMENT)	일반적인 음료(beverage)중 비알콜성 음료를 말한다
스낵 (SNACK)	샌드위치류의 간이 음식으로 정규식사(Regular Meal)와 구분된다.
데이유즈호텔 (DAY USE HOTEL)	당일편으로 연결되는 Transit 손님의 휴식을 위한 호텔 사용을 말한다.
레이오버호텔 (LAY-OVER HOTEL)	다음날까지의 호텔 숙박을 말한다.
수하물사고 (BAG IRR)	손님의 수하물을 운송 또는 보관하는 과정에서 발생한 분실, 파손, 도난 또는 지연인계 사고
체크인 (Check-in)	항공기 탑승을 위해 누구나 거쳐야하는 필수과정으로 탑승권 발급과 수하물 위탁을 위한 수속과정을 의미
IATCI (Inter-Airline Through Check-in)	항공사 간 연결 항공편 이용 승객에게 최초 탑승 수속 한번으로 최종 목적지까지의 좌석 배정, 탑승권 발급, 수하물 탁송을 일괄적으로 처리해주는 서비스

구분	내용
무료취급수하물 (FBA, Free Baggage Allowance)	승객 수하물 위탁허용 범위(개수 및 중량)
종가신고수하물	항공사 책임한계를 초과하는 고가의 물품을 운송하고자할 경우, 분실 또는 파손의 위험으로부터 보호받기 위해 손님 스스로 가격신고를 하고 해당 종가요금을 항공사에 지불하는 것
G/D (General Declaration)	항공기가 입항, 출항을 하기 위해 행정당국에 제출하는 신고서로서 항공편의 일반 사항, 승무원 명단, 승객 명단, 수출입 화물 목록 등이 수록된 문서를 포함함
PM (Passenger Manifest)	항공기 탑승객 명단
SHR (Special Handling Report)	특별한 응대가 필요한 승객에 관한 정보
RAMP FUEL	항공기가 주기장에 있으면서 운항을 위한 모든 연료를 탑재하였을때의 연료 무게
TAXI FUEL	주기장에서 Takeoff 할때까지 소모된 연료
TRIP FUEL	항공기가 이륙하여 출발지에서 목적지까지 비행하는데 소모되는 연료
용모	메이크업, 헤어, 액세서리 등 외모를 총칭
복장	유니폼 및 회사에서 지급된 출퇴근시 복장 및 가방
이미지메이킹	용모 및 복장, 태도 등 외면적 자기 관리

2) 예약부문

전문 용어	표준 용어
A/C	항공기
ACL	허용 탑재량
ACTN	조치, 처리
ADC	추가요금
AIRLINES	항공사
AUTH	승인
BAG	수하물
BOARDING	탑승
BOOKING	예약
CANCEL	취소
CGO	항공 화물
CARRIER	항공사
CHTR	전세기
CLAIM	손해배상청구

전문 용어	표준 용어
CNFM	확약
DLY	지연
DOC	서류
E/D CARD	출입국 카드
GTR PAX	공무해외여행자
HAND CARRY	휴대
HANDLING	처리
INDEMNITY LTR	서약서(배상 동의서)
IRR	상황
MANUAL	업무지침
MCO	지불증
MISSING	분실
NET AMOUNT	할인 후 금액
NOREC	예약기록이 없는
ON TIME	정시
PAX	손님
PENDING	조치 중
PNR	예약 기록
REQUEST	요청
STAND BY	대기
STPC HTL	항공사 제공호텔
SURFACE	육로 이동
SURCHARGE	추가
TIGHT	여유가 없는
THRU CHK-IN	일괄수속
UM	비동반 소아
VOID	취소

참고문헌

- 윤문길 외(2020), '항공서비스경영론', 한경사

- 윤문길 외(2019), '항공시장의 변화와 혁신', 한경사

- 윤문길 외(2017), '항공운송서비스개론', 한경사

- 박혜정 외(2018), '항공경영실무', 백산사

- 박혜정 외(2020), '항공경영의 이해', 백산사

- 허희영(2020), '항공서비스원론', 북넷

- 허희영(2018), '항공운송산업론', 북넷

- 홍석진 외(2009), '新 JAL VS ANA, 최후의 공방', 범한

- IATA Dangerous Goods Regulations, 61st Edition, 2020, IATA

- IATA Airport Handling Manual, 39th Edition, 2020, IATA

- Passenger Services Conference Resolutions Manual, 30th Edition, 2011, IATA

- IATA Ground Operations Manual, 4th Edition, 2015, IATA

- NCS직무능력연구소(2020), '2020 최신판 ALL-NEW 인천국제공항공사 NCS+전공+기출예상문제', 시대고시기획

- NCS직무능력연구소(2020), '2020 최신판 ALL-NEW 한국공항공사 NCS+전공+기출예상문제', 시대고시기획

- Jeffrey Price(2016), 'Practical Airport Operations, Safety, and Emergency Management: Protocols for Today and the Future', Butterworth-Heinemann

- Richard De Neufville 외(2013), 'Airport Systems, Second Edition: Planning, Design and Management', McGraw-Hill

- Johnny Ch Lok(2019), 'Airline And Airport Service Performance Improving Strategy', Independently Published

- Dr Sumeet Suseelan(2019), 'Airline Airport & Tourism management: Aviation Manual', Notion Press

- IATA(2020), 'Guidance for Crew Health Precautions During Pandemic' 1st Edition, IATA

- 양재필 외(2013), '항공산업의 역사적 고찰 및 향후 전망', (사)한국경영사학회

- 김철우(2013), '항공사 여객서비스 시스템의 진화와 발전전략', 한국항공대학교

- 'ICAO 홈페이지', www.icao.int

- 'IATA 홈페이지', www.iata.org

- 'TSA 홈페이지', www.tsa.gov

- 'EASA 홈페이지', www.easa.europa.eu

- 'Boeing사 홈페이지', www.boeing.com

- 'Airbus사 홈페이지', www.airbus.com

- '대한항공 홈페이지', www.koreanair.com

- '아시아나항공', www.flyasiana.com

- '제주항공 홈페이지', www.jejuair.net

- '진에어 홈페이지', www.jinair.com

저자 소개

김한성 ──────────────────────────────────

현) 경인여자대학교 항공서비스학과 전임교수 · 학과장
　　국토교통부 도로정책심의위원회 위원
전) 아시아나항공㈜ 미얀마 양곤지점장 등
　　에어서울㈜ 경영전략팀장 등
　　에어프레미아㈜ 국제업무팀장 등

강설민 ──────────────────────────────────

현) 질병관리청 산하 대한결핵협회 인사팀
전) 에어서울㈜ 인천공항지점
　　에어프레미아㈜ 공항서비스운영팀
　　유네스코 한국위원회 유네스코학교팀

한향숙 ──────────────────────────────────

현) 경인여자대학교 항공서비스학과 전임교수 · 조교수
　　경인여자대학교 교양교육센터장
전) 수원과학대학교 항공관광과 겸임교수
　　대한항공㈜ 객실승무원 · 사무장

박세은 ──────────────────────────────────

현) 경인여자대학교 항공서비스학과 학사과정

항공사 여객운송 공항서비스 실무

초판 1쇄 발행 2020년 10월 26일
4판 1쇄 발행 2024년 1월 10일

저   자 김한성·강설민·한향숙·박세은
펴 낸 이 임순재
펴 낸 곳 (주)한올출판사
등   록 제11-403호
주   소 서울시 마포구 모래내로 83(성산동, 한올빌딩 3층)
전   화 (02)376-4298(대표)
팩   스 (02)302-8073
홈페이지 www.hanol.co.kr
e - 메 일 hanol@hanol.co.kr
I S B N 979-11-6647-404-0

항공사 여객운송
공항서비스 실무